基于时空大数据的武汉发展研究：
透视、评价与策略

Research on Wuhan Development Based on Spatial Temporal Date:
Perspective, Evaluation and Strategy

盛洪涛 田燕 赵中元 肖建华 罗琼 / 编著

基于时空大数据的武汉发展研究：
透视、评价与策略
Research on Wuhan Development Based on Spatial Temporal Date:
PERSPECTIVE, EVALUATION AND STRATEGY

编　　著：盛洪涛　田　燕　赵中元
　　　　　肖建华　罗　琼
参编人员：李延新　胡跃平　詹庆明
　　　　　梅建明　舒　红　罗名海
　　　　　童秋英　汪如民　周海燕
　　　　　孟　成　杨如琴　袁建峰
　　　　　陈　伟　徐桢敏　沙建峰
　　　　　孙贻璐　陈光华　谢　慧
　　　　　余　帆　向华丽　王宏志
　　　　　陶明辉　刘　斌　章　莉

RESEARCH ON WUHAN
PERSPECTIVE

DEVELOPMENT BASED ON SPATIAL
EVALUATION

RESEARCH ON WUHAN
TEMPORAL DATE
STRATEGY

基于时空大数据的武汉发展研究：
透视、评价与策略
Research on Wuhan Development Based on Spatial Temporal Date:
PERSPECTIVE, EVALUATION AND STRATEGY

目录 / Contents

序一 / 015

序二 / 017

前言 / 019

1 绪论 / 022

1.1 > 问题与挑战 / 023

1.2 > 地理国情与空间大数据 / 023
    1.2.1 > 地理国情及作用 / 024
    1.2.2 > 地理国情大数据 / 024

1.3 > 研究方向与主要内容 / 024
    1.3.1 > 研究方向与选题 / 024
    1.3.2 > 主要研究内容 / 025

2 地表覆盖及资源环境状况 / 028

2.1 > 概述 / 029

2.2 > 地表覆盖分析 / 031
    2.2.1 > 地表覆盖基本概况 / 031
    2.2.2 > 地表覆盖特征 / 031

2.3 > 资源环境质量分析 / 033
    2.3.1 > 资源环境质量与胁迫指数 / 033
    2.3.2 > 资源环境质量空间特征 / 035
    2.3.3 > 资源环境胁迫的空间特征 / 036

2.4 > 土地利用碳排放分析 / 038
    2.4.1 > 碳排放和吸收系数 / 038
    2.4.2 > 碳源与碳汇 / 039
    2.4.3 > 净碳排放强度 / 041

2.5 > 策略与措施 / 041

3 人口分布与变迁分析 / 044

3.1 > 概述 / 045
    3.1.1 > 工作基础 / 045
    3.1.2 > 研究方法 / 045

3.2 > 1953年以来人口演变特征 / 046

基于时空大数据的武汉发展研究：
透视、评价与策略
Research on Wuhan Development Based on Spatial Temporal Date :
PERSPECTIVE, EVALUATION AND STRATEGY

目录 / Contents

3.3 > 1990年以来普查人口在空间上的演变特征 / 046
- 3.3.1 > 总量及空间分布 / 046
- 3.3.2 > 年龄结构 / 047
- 3.3.3 > 文化素质结构 / 048
- 3.3.4 > 就业人口结构 / 048

3.4 > 2015年人口分布分析 / 048
- 3.4.1 > 各行政区人口空间分布 / 048
- 3.4.2 > 都市发展区内人口空间分布 / 049
- 3.4.3 > 三环内人口空间分布 / 049
- 3.4.4 > 人口聚集分析 / 050

3.5 > 未来人口预测 / 050

4 城市空间演变及发展趋势 / 052

4.1 > 概述 / 053

4.2 > 近现代武汉城市空间发展演变分析（1870~1990年）/ 053
- 4.2.1 > 近现代城市空间扩张演变历程 / 053
- 4.2.2 > 近现代城市空间扩张演变特征 / 054

4.3 > 当代武汉城市空间发展演变分析（1990~2015年）/ 057
- 4.3.1 > 都市发展区土地利用变化研究 / 057
- 4.3.2 > 建成区扩展与空间结构演变研究 / 058
- 4.3.3 > 用地空间扩展驱动因素分析 / 061

4.4 > 未来武汉城市空间发展趋势与建议 / 062
- 4.4.1 > 城市空间发展预测 / 062
- 4.4.2 > 城市空间结构优化 / 063

5 交通运行与发展状况分析 / 066

5.1 > 概述 / 067

5.2 > 交通现状与运行评价 / 067
- 5.2.1 > 交通发展现状 / 067
- 5.2.2 > 交通运行评价 / 069
- 5.2.3 > 交通拥堵成因分析 / 071

5.3 > 静态交通设施运行分析 / 073
- 5.3.1 > 停车设施数据平台 / 074
- 5.3.2 > 建筑配建停车分析 / 075
- 5.3.3 > 路内停车现状分析 / 075
- 5.3.4 > 相关停车政策建议 / 079

5.4 > 区域交通体系发展 / 080
- 5.4.1 > 区域交通发展现状 / 080
- 5.4.2 > 区域交通运行评价 / 082
- 5.4.3 > 结论与建议 / 083

基于时空大数据的武汉发展研究：
透视、评价与策略
Research on Wuhan Development Based on
Spatial Temporal Date：
PERSPECTIVE, EVALUATION AND
STRATEGY

目录　　　　　　　　　　　　　Contents

6

经济地理演变分析 /088

6.1 > 概述 /089
6.1.1 > 国内外研究现状 /089
6.1.2 > 数据来源 /089

6.2 > 经济空间结构变迁分析 /091
6.2.1 > 经济总量空间结构变迁分析 /091
6.2.2 > 经济密度空间结构变迁分析 /093
6.2.3 > 生产要素空间结构变迁分析 /095
6.2.4 > 产业时空演变分析 /097

6.3 > 经济地理发展比较研究 /100
6.3.1 > 武汉与武汉城市圈内部城市比较 /100
6.3.2 > 武汉与成都、南京、杭州比较 /101
6.3.3 > 武汉与北京、上海、广州比较 /102

6.4 > 结论与建议 /104
6.4.1 > 主要结论 /104
6.4.2 > 重塑武汉经济地理政策建议 /106

7

公共服务设施服务能力分析 /110

7.1 > 概述 /111
7.1.1 > 研究方法 /111
7.1.2 > 公共服务设施评价准则 /111

7.2 > 公共设施数据库建设 /112
7.2.1 > 资料收集与整理 /112
7.2.2 > 人口专题库建设 /112
7.2.3 > 公共服务设施专题库建设 /112

7.3 > 公共服务设施分布与服务评价 /112
7.3.1 > 教育设施分布与服务评价 /112
7.3.2 > 社会福利设施分布与服务评价 /118
7.3.3 > 医疗设施分布与服务评价 /121
7.3.4 > 商业设施分布与服务评价 /122
7.3.5 > 文化设施分布与服务评价 /127
7.3.6 > 体育设施分布与服务评价 /130
7.3.7 > 加油加气站设施分布与服务评价 /134

8

基于网格的社区宜居性建模与分析 /136

8.1 > 概述 /137
8.1.1 > 国内外研究现状 /137
8.1.2 > 技术流程 /138
8.1.3 > 数据基础与处理 /138

8.2 > 社区宜居性评价指标体系及模型的建立 /139
8.2.1 > 评价体系建立的原则 /139
8.2.2 > 评价指标体系因子的确定 /139

基于时空大数据的武汉发展研究：
透视、评价与策略
Research on Wuhan Development Based on Spatial Temporal Date：
PERSPECTIVE, EVALUATION AND STRATEGY

目录 / Contents

8.2.3 > 主客观综合评价模型的建立 /140

8.3 > 武汉市社区宜居性评价 /145
8.3.1 > 评价结果与分析 /145
8.3.2 > 对策与建议 /152

9 历史文化资源调查与保护利用分析 /158

9.1 > 概述 /159

9.2 > 武汉市历史文化资源调查与分析 /159
9.2.1 > 调查与建库 /159
9.2.2 > 总体情况分析 /165

9.3 > 武汉市历史文化资源保护利用评价 /171
9.3.1 > 评价思路 /171
9.3.2 > 评价体系构建 /172
9.3.3 > 资源保护利用评价 /174

9.4 > 策略与建议 /180

10 武汉城市圈生态发展水平建模与分析 /182

10.1 > 概述 /183
10.1.1 > 研究范围 /183
10.1.2 > 研究方法 /183
10.1.3 > 数据来源 /183

10.2 > 武汉城市圈现状解析 /184
10.2.1 > 地形地貌与气候 /184
10.2.2 > 水资源情况 /184
10.2.3 > 土地资源情况 /185
10.2.4 > 空气质量情况 /189

10.3 > 区域生态安全格局构建 /190
10.3.1 > 分析模型框架 /190
10.3.2 > 水环境生态系统 /190
10.3.3 > 土壤与地质保护生态系统 /193
10.3.4 > 生物多样性与生态资源保护系统 /194
10.3.5 > 农业生产保护系统 /196
10.3.6 > 综合评价分析 /196

10.4 > 生态资源环境指标体系构建 /197
10.4.1 > 指标体系整体框架 /197
10.4.2 > 潜在指标库构建 /198
10.4.3 > 指标遴选 /199

基于时空大数据的武汉发展研究：
透视、评价与策略
Research on Wuhan Development Based on
Spatial Temporal Date :
PERSPECTIVE, EVALUATION AND
STRATEGY

目录 | Contents

10.4.4 > 评价指标体系 / 199

10.5 > 生态资源环境水平评价 / 201
    10.5.1 > 生态基底 / 201
    10.5.2 > 水生态特色 / 206
    10.5.3 > 城乡建设生态胁迫 / 208
    10.5.4 > 人文生态 / 211
    10.5.5 > 小结 / 211

10.6 > 策略及建议 / 211
    10.6.1 > 生态资源发展 / 211
    10.6.2 > 各城市生态空间区域协调发展 / 212

11 武汉城市圈城镇扩展与热岛遥感监测 / 214

11.1 > 概述 / 215

11.2 > 夜光遥感分析 / 215
    11.2.1 > 夜光遥感数据 / 215
    11.2.2 > 研究方法与技术流程 / 215
    11.2.3 > 城镇用地提取方法 / 217
    11.2.4 > 城镇用地提取结果与分析 / 217

11.3 > 城市热岛监测分析 / 219
    11.3.1 > 热岛分析相关数据 / 219
    11.3.2 > 陆面温度遥感反演原理 / 219
    11.3.3 > 城市热岛监测技术流程 / 221
    11.3.4 > 武汉城市圈热岛时空特征及潜在影响研究 / 222
    11.3.5 > 武汉城市圈热岛变迁 / 227

12 武汉城市圈"两型"社会建设评估及动态监测 / 230

12.1 > 概述 / 231

12.2 > 总体设计 / 231
    12.2.1 > 框架设计 / 231
    12.2.2 > 技术路线 / 232
    12.2.3 > 软硬件环境 / 234
    12.2.4 > 数据组织与数据库 / 234

12.3 > 生态环境与交通动态监测评估系统 / 241
    12.3.1 > 功能框架 / 241
    12.3.2 > 功能设计 / 241

目录

Contents

12.4 > 监测体系建设 / 242

12.4.1 > 机制与制度建设 / 242
12.4.2 > 规范与标准建设 / 243
12.4.3 > 安全体系建设 / 243

附录 / 246

附表一　教育设施评价准则表 / 247
附表二　社会福利与保障设施评价准则表 / 248
附表三　医疗卫生设施评价准则表 / 249
附表四　商业设施评价准则表 / 250
附表五　文化设施评价准则表 / 251
附表六　体育设施评价准则表 / 252
附表七　加油加气站设施评价准则表 / 253
附表八　武汉城市圈生态资源环境评价指标信息一览表 / 254
附表九　武汉城市圈森林覆盖率目标值一览表 / 257

后记 / 259

PERSPECTIVE

RESEARCH ON WUHAN

DEVELOPMENT BASED ON SPATIAL

EVALUATION

TEMPORAL DATE

STRATEGY

基于时空大数据的武汉发展研究：
透视、评价与策略
Research on Wuhan Development Based on Spatial Temporal Date：
PERSPECTIVE, EVALUATION AND STRATEGY

序一
Preface 1

党的十八届三中全会提出，要加快生态文明建设，加强自然资源资产的管理，加快转变经济发展方式，推进国家治理体系和治理能力的现代化。在这一系列的转型发展要求中，实现对地理空间的集约化、生态化管理，实现人与自然、人与城市的和谐相处就显得十分重要。要实现上述目标，需要对自然、社会、经济进行各种全国性的普查与调查。

2014-2015年期间，国务院领导了全国第一次地理国情普查工作。这次普查是基于空间的自然和社会经济综合性普查，是综合利用现代测绘、多维时空数据挖掘、空间信息云计算和网络地理信息系统等技术，利用各时期已有测绘成果对地表自然和人文要素进行全面普查，并统计分析其变化，形成普查和监测数据、图形和报告，实现对地理国情信息的动态获取、快速处理、变化检测和综合分析。地理国情普查监测成果将是制定和实施国家发展战略与规划、优化国土空间开发格局和各类资源配置的重要依据，是推进生态环境保护、建设资源节约型和环境友好型社会的重要支撑，是做好防灾减灾工作和应急服务的重要保障，也是相关行业开展调查统计工作的重要数据基础。

武汉市在此次地理国情普查与研究工作中发挥了重要作用。他们充分利用已有基础测绘成果，整合利用各部门的普查数据，在全市域范围内查清了自然和人文地理要素的范围、位置、基本属性和数量特征，系统掌握了权威、客观、准确的地理国情信息。他们以地理国情普查所获取的土地利用数据、城市用地数据、交通运行状况与设施分布数据、地下空间利用数据、生态环境和人口经济统计领域等数据为基础，建立了基于GIS平台的城乡时空基底大数据库。

在开展普查工作的同时，武汉市同步开展了综合性研究工作，是全国综合统计分析的试点城市。武汉市的综合统计分析工作目标性强，直面武汉当前发展中的一些问题，具有系统性、综合性、技术先进性的特点。本书研究成果既是对城市自然、经济和社会的一次较全面的体检，为城市健康发展把脉，又是一面历史镜子，反映出城市发展的变化，更是照向未来的镜子，从中可以一窥城市的未来。相信本书研究成果一定会对武汉市的城市规划、土地管理、经济管理、社会管理、历史文化保护等方面具有参考价值和借鉴意义。同时，本书的出版会对全国地理国情普查成果的应用起到良好的示范作用。

武汉市正在建设国家中心城市，是长江经济带上的特大城市，未来城市的发展在世界经济的新常态下依然会面临诸多问题和挑战，希望武汉同仁坚持不懈地做好地理国情监测工作，为绿色、宜居、包容、高效、活力城市建设做出新的贡献。

中国科学院 院士
中国工程院 院士

2017年4月

RESEARCH ON WUHAN PERSPECTIVE

DEVELOPMENT BASED ON SPATIAL EVALUATION

TEMPORAL DATE STRATEGY

序二
Preface 2

《基于时空大数据的武汉发展研究》一书展现了站在"十三五"的门槛上，随着国家"丝绸经济带"、"长江经济带"、"京津冀协同发展"的战略实施，迎来了多重国家战略叠加期的武汉在机遇和挑战面前更具责任担当的姿态。每个城市的城市化进程没有现存的模板，在理解和把握世界发展新态势，把握我国发展的新特点、新要求的基础上，只有更深刻、全面地了解武汉这座城市的独特之处，分析其生命力所在和局限，才能将古今中外城市和区域发展经验融汇入最适合武汉的、特制的发展之路。

本书的研究是一次对武汉市较全面的体检，通过调查和系统分析研究，为武汉实现长期绿色、低碳可持续发展开出了发展良方。数据丰富全面，定量分析充分，多学科融合交叉，是一个探寻武汉发展规律，揭示发展短板、明确发展途径的过程，是努力为武汉的新征程、新起跳提供准确坐标和助推器的新尝试。

本书采用了基于时空的定量分析方法和评价模型，选用的数据来源广泛、准确度高、现势性强；研究方向坚持了目标导向和问题导向相结合，具有全面、系统、综合的特点；所提出的结论和策略建议以深入的研究内容和扎实的数据实证为依据。

全书以2014-2015年间开展的全国第一次地理国情普查形成的时空大数据为基础，整合多年沉淀的研究成果，从宏观、中观、微观多尺度全面分析评价了武汉在"十二五"末期的国土、人口、城市规划、交通、经济、公共服务、历史文化资源、城市圈生态环境等方面的现实状况，并通过多种类对比研究，提出了城市空间、经济和社会发展中存在的不足，并做出对策建议。依据《长江经济带发展规划纲要》，长江经济带要建成生态更优美、交通更顺畅、经济更协调、市场更统一、机制更科学的黄金经济带，打造"一轴、两翼、三极、多点"的经济发展新格局。本书前瞻地看到武汉在这其中托起长江的脊梁之作用，武汉将全面建设成为超大城市，具备超前的基础设施建设、以科技创新为核心的新型产业为支撑、人与自然和谐相处的环境建设合理布局。武汉和武汉城市圈以及中部城市群的协同发展将同时秉持水墨画山水城市之"美"和作为世界城市之"用"。以互联网、大数据、云计算、虚拟现实、增强现实等现代科技手段为辅助，建立新的城市规划、建设、运营治理体系和咨询体系。

欣见《基于时空大数据的武汉发展研究》一书的出版，其透视、评价与策略可为对武汉深层次结构的全面认识、武汉城市发展的政策制定、工作方法改进之参考。

中国城市规划学会 副理事长
同济大学 副校长

2017年春

RESEARCH ON WUHAN PERSPECTIVE

DEVELOPMENT BASED ON SPATIAL EVALUATION

TEMPORAL DATE STRATEGY

基于时空大数据的武汉发展研究：
透视、评价与策略
Research on Wuhan Development Based on Spatial Temporal Date :
PERSPECTIVE, EVALUATION AND STRATEGY

>

前言
Foreword

"十二五"末期，武汉的城市定位和发展目标逐渐明晰。到"十三五"末，通过经济、城市、民生"三个升级版"建设，全面建成小康社会，基本形成具有武汉特色的超大城市治理体系，基本形成国家中心城市框架体系，综合经济实力进入全国第一方阵，中国中部中心地位进一步凸显。要实现上述目标，需要透彻研究武汉发展现状，研究未来目标要求，研究新常态、新理念、新竞争格局下特大城市的发展规律，据此做出理性地实事求是地评估，了解城市家底，彰显城市特色，补全短板，大胆审慎选择各项策略路径，大力推动各项政策措施的落实。

本书以10多年的研究积累为基础，充分利用全国第一次地理国情普查的契机，以问题为导向，以发展目标为牵引，对武汉市进行了基于时空大数据的发展研究，全文共分为12章。

第一章阐述了武汉的发展机遇和挑战，介绍了武汉时空大数据的构成，介绍了研究方向和主要研究内容。

第二章采用理论研究与实证分析相结合、景观生态学和空间分析等方法，分析了武汉市地表覆盖状况；开展了资源环境质量分析，参照国家生态环境质量等相关标准，建立了资源环境质量指数和资源环境胁迫指数，定量对比分析了武汉市资源环境在空间上的优势和压力；开展了土地利用碳排放效应研究，基于武汉市土地利用类型数据，参考国内外碳排放相关研究，估算不同土地利用类型的碳排放量，研究武汉市碳排放量空间分布特征。

第三章对城市人口变迁进行研究，收集整理了各个来源的人口信息，开展了历史人口、现状人口数据库建设，分析了历年来全市人口演变和现状人口分布特征，开展了其空间分布和变迁分析，对未来城市人口进行了预测。

第四章综合采用史料文献法、地图重构法、数据分析法等多种方法，从历史、当代、未来三大视角研判武汉城市空间演变与发展，期望达到对城市空间扩张及演变规律的总体认知和把握，为武汉市未来实现精明增长提供决策参考。通过一系列方法如空间紧凑度指数、空间形态分维数、城市空间重心指数等指标开展量化的分析，梳理和提炼城市空间扩张特征，从人口、经济、政策等方面研究扩张驱动机制，并提出相应的控制对策。

第五章按照研究范围分为两个大部分。第一部分以武汉市为研究范围，重点开展武汉市主城区城市交通运行水平分析及各类停车设施分布的研究，采用定性分析与定量相结合的方法，在分析武汉市交通现状、发展的基础上，综合考虑社会经济、土地利用、机动车增长等多因素影响，分析城市交通拥堵成因，提出静态交通设施供应、管理、保障等方面的政策建议。第二部分以武汉城市圈为研究范围，以区域对外交通设施分布运营现状为基础，参考国内外相关研究指标，提出区域交通系统评价指标体系，分析评估武汉城市圈交通发展水平，研究区域交通发展趋势，最终提出交通发展战略建议方案。

第六章运用区域经济地理理论与方法，以大量 GIS 数据为基础，从历史纵向上分析武汉市内部经济空间结构，从横向上与国内相关城市进行比较分析，对城市经济地理演变规律进行了归纳，对影响武汉发展的问题进行了总结，对未来武汉经济发展提出了建议。

第七章收集与整理了武汉市现状人口和公共设施空间数据，建立了武汉市公共设施服务评价准则，运用泰森多边形、GIS 空间分析、网络分析、两步移动搜寻法等方法，基于现状路网对各类公共设施进行空间可达性分析，评价其空间可达性及服务水平，为公共设施的均等化规划布局提供参考。

第八章基于城市基础网格的"网格—社区—城市"的多层次多元时空信息，研究了适用的统计分析方法，开展了对城市社区宜居性的分析评价，并提出有关对策和建议。

第九章系统梳理了城市不同管理部门的历史文化资源数据，运用"3S"等技术手段，建立统一的、全市域覆盖的历史文化资源数据地理信息系统，并从资源的保护状况和开发利用潜力等方面开展评估，为有关部门开展历史资源的保护开发工作提供依据和指导。

第十章以打造全国示范的绿色城市圈的总目标为指引，探讨了武汉城市圈区域生态安全格局和生态资源环境发展水平评价指标体系，摸清城市圈生态资源现状，掌握地表自然、生态以及建设活动基本情况，建立了城市圈生态现状数据库，从城市圈整体和县（市、区）级两个层面，对城市圈生态环境发展水平进行评价，了解了城市圈生态发展水平，剖析了现状问题，提出了应对策略。

第十一章采用夜光遥感技术研究了武汉城市圈在 1992 年 -2014 年期间的城镇建设用地变化，以 MODIS 与 Suomi-NPP 遥感影像为支撑，对武汉城市圈城市化过程中的城市热环境时空规律进行了监测和分析。

第十二章研究了武汉城市圈"两型社会"建设评估与动态监测的技术、方法与信息系统，按照统一的空间参考、分层分类编码标准和数据生产要求，对各类资源进行整合建库；开发系统框架，实现对相关数据资源的综合展示、查询、统计和分析；结合专题研究成果，提供武汉城市圈生态与交通基本评价和分析功能。

期望通过以上研究成果，能对武汉市的自然资源利用、人口、生态环境、城市布局、城市交通、公共服务设施、经济发展、历史文化遗产保护和城市圈生态建设等方面有一个较全面的画像，能对城市的未来建设有所帮助和启迪。同时，这些研究成果由于时间、资金、能力的限制，不可避免存在分析不够、论证不充分等缺陷，希望有更多的人、机构和政府组织参与进来，为武汉超大城市建设贡献更多的智力支持。

2016 年 12 月

# PERSPECTIVE 1

RESEARCH ON WUHAN

DEVELOPMENT BASED ON SPATIAL

EVALUATION

TEMPORAL DATE

STRATEGY

第1章 绪论
Chapter 1 Introduction

1.1 > 问题与挑战

我国城市发展已经进入新的时期。改革开放以来，我国经历了世界历史上规模最大、速度最快的城镇化进程，城市发展波澜壮阔，取得了举世瞩目的成就。城市发展带动了整个经济社会发展，城市建设成为现代化建设的重要引擎，城市已是我国经济、政治、文化、社会等方面活动的中心。

在刚刚过去的"十二五"期间，武汉市紧紧围绕建设国家中心城市、复兴大武汉的宏伟目标和武汉2049远景战略，敢为人先、追求卓越，经济社会发展取得重大成就。经济总量实现历史性跨越，跃上万亿元台阶，进入全国城市第一方阵，"新武汉造"加速崛起；城市建设规模空前，城市面貌发生根本性变化，地铁、快速路网、过江通道和城市有机更新改造引领城市蝶变，综合交通枢纽地位巩固提升，"米"字形高铁中心正在形成；武汉长江中游航运中心建设纳入国家战略；改革创新先行先试，获批国家全面创新改革试验区，发展活力竞相迸发；国际大通道加快形成，国际化水平显著提升，城市影响力不断增强；民生社会事业显著进步，城市文明建设跃上新高度，成功摘取全国文明城市桂冠[1]。但在城市管理和建设中还存在一些短板，当前需要解决的主要问题与挑战包括[2][3]：

1. 完善城市空间布局导向体系，建设"1+3+3"城市格局，推进城乡协调发展

近年来，武汉市建成区面积不断扩大，2015年达567km^2。这种"摊大饼"的发展模式带来的是交通拥堵、环境恶化等"大城市病"。究其原因，主要还是城市空间布局导向不明晰，执行力也不够强。

2. 完善基础设施体系，建设枢纽城市

"十二五"期间，武汉市城市基础设施建设累计投入超过6000亿元，建成了一批功能性、网络化、枢纽型基础设施，提升了城市功能，改善了城市面貌。但总的来看，基础设施的历史欠账依然较多，基础设施体系尚不完善，特别是地下管网改造和综合管沟管廊等地下空间建设滞后。

3. 发挥两型示范，推进生态文明建设，打造美丽武汉

武汉临江临水、依山傍水，多年来，武汉市一直把建设"具有滨江滨湖特色的现代生态城市"作为城市规划建设的目标，但在实施过程中，贯彻得还不尽如人意。

4. 构建民生保障体系，率先全面建成小康社会，建设幸福武汉

民生幸福是发展的根本出发点和落脚点。"十二五"时期，武汉市坚持民生优先，不断加大民生投入，人民生活持续改善。但从全面建成小康社会战略目标来看，还存在不少短板，城乡居民收入与同类城市比较依然偏低，今后几年还要完成300多万人的农业转移人口市民化，实现常住人口基本公共服务全覆盖，率先实现精准脱贫任务，总体实现基本公共服务均等化，实现共享发展。

5. 实施创新驱动发展战略，推进全面创新改革试验，形成大众创业、万众创新生动局面

中央选择武汉试点推进全面创新改革试验，武汉也坚持把创新摆在全市发展全局的核心位置，加大全面创新改革试验和国家创新型城市建设力度，加快将东湖高新区建成世界一流的创新平台，让武汉成为全球科技创新、产业创新、商业模式创新、管理创新、社会创新的重要参与者和引领者，目前任务依然艰巨。

6. 发挥武汉龙头辐射带动作用，积极融入国家"三大战略"，提升武汉话语权

国家"三大战略"的提出，既丰富和完善了区域发展战略，也为武汉的对内对外开放提供了新的历史机遇。武汉要在"三大战略"中发挥更大作用，体现中心城市的地位和功能，既要成为区域发展的龙头，更要发挥辐射带动作用。但从目前来看，以武汉为核心的武汉城市圈经济整体实力不强，经济融合度也较低，辐射带动作用很有限，广大的腹地也没有给武汉提供足够的支撑。需要围绕基础设施、产业、区域市场、城乡建设、生态建设保护"五个一体化"，全力推动武汉城市圈融合发展。要积极主动融入和对接长江经济带、"丝绸之路经济带"、"21世纪海上丝绸之路"等国家战略，进一步提升引领辐射和资源配置能力，努力成为带动区域协同发展的增长极，实现开放融合发展。

以上问题的逐步解决，需要认真系统地进行调查、研究和归纳，了解现状、科学分析，提出解决思路和对策。

1.2 > 地理国情与空间大数据

2014~2015年期间，武汉市以地理国情普查为契机，整合并充分利用各级、各类地理信息资源，开展了全市和武汉城市圈的地理国情普查

和监测，建立了时空大数据库，分析了经济社会发展和自然资源环境的空间分布规律，形成了一些研究成果，对全市及区域范围的空间规划管理、区域政策制定、灾害预警、科学研究和为社会公众服务等提供了智力支撑。

1.2.1 > 地理国情及作用

地理国情，狭义地理解就是具有国情属性的地理信息，如国家的面积、边界线的长度等，而广义地理解就是用地理信息来反映国情，即国情的地理分布、空间可视化表达，如国家的人口分布、矿产资源分布等。地理国情的含义非常广泛，只要国情与地理信息建立联系都属于地理国情的范畴，即国情与地理信息的有机结合[4]。

地理国情是非常重要的基本国情。地理国情普查，是了解国情、把握国势、制定国策的重要基础性工作。经济社会发展与自然资源、环境、生态、人文等地理国情要素息息相关。为适应社会经济发展、国防建设和科学管理需要，更好地反映我国各类地理环境要素的分布与关系，党和国家领导人从战略高度审时度势，对地理国情监测工作作出了一系列重要指示。2010年12月，时任中共中央政治局常委、国务院副总理的李克强同志在对2010年全国测绘局长会议的批示中指出"要加强基础测绘和地理国情监测"。他在2011年5月23日视察中国测绘创新基地时指出："地理国情是重要的基本国情，是搞好宏观调控、促进可持续发展的重要决策依据，也是建设责任政府、服务政府的重要支撑。我国正处在工业化、城镇化快速发展时期，也是地表自然和人文地理信息快速变化的时期。如何科学布局工业化、城镇化，如何统筹规划、合理利用国土发展空间，如何有效推进重大工程建设，地理国情监测至关重要。要充分利用测绘的先进技术、数据资源和人才优势，积极开展地理国情变化监测与统计分析，对重要地理要素进行动态监测，及时发布监测成果和分析报告，为科学发展提供依据"。

1.2.2 > 地理国情大数据

武汉市地理国情大数据内容包括市域范围内的自然地理和人文地理要素数据。

自然地理要素数据主要是指地表地形地貌、生态资源等自然地理要素的空间分布、特征及其相互关系数据。主要包括：市域范围内国土面积、地形地貌、山体、河流、湖泊、湿地、耕地、园地、林地、草地等自然地理环境要素的分布现状和变化情况。自然地理要素数据主要服务于推进生态文明建设，为落实基本农田保护、基本生态控制线保护以及城市"五线"（红线、蓝线、绿线、紫线、黄线）保护政策提供依据。

人文地理要素数据主要是指地表人工建设和经济社会活动等人文地理要素的空间分布、特征及其相互关系数据。主要内容是面向城市建设和经济社会的超常规发展态势，通过开展对城镇化发展、交通基础设施建设、经济建设和民生事业发展等的调查和监测获得的数据。人文地理要素数据通过空间化、可视化，并进行空间分布特征、相互关系、变化趋势的统计分析，为推进城市规划实施、调控经济产业布局、优化公共设施配置等提供依据。

1.3 > 研究方向与主要内容

1.3.1 > 研究方向与选题

本研究以地理国情数据为基础，结合各类历史空间数据、社会经济等专题数据资料，紧紧围绕资源与人口状况、城乡空间发展状况、公共服务设施均等化、经济地理发展与潜能、历史文化保护、生态环境与协调性几个方向，建立研究框架。研究内容的选择遵循以下原则。

1. 科学性与可操作性相结合原则

以科学的理论基础和统计方法为指导，符合客观规律，确保研究课题的科学性和合理性。同时，兼顾运用多学科理论、多方法分析，确保技术路线的可行性和可操作性。

2. 自然与人文经济兼顾原则

以地理国情要素为基础，充分结合社会、经济、人文等要素，选择覆盖自然地理、人文经济、城市发展多个方面，形成反映资源、环境、生态、经济、建设等主题的统计分析研究成果，从地理空间的角度客观、全面、综合地展示武汉城市发展和建设面貌。

3. 系统性与尺度匹配原则

着眼城市的整体特征，从城市宏观、中观、微观三个层面，围绕国土空间开发、资源节约利用、生态环境保护、城镇化发展、区域总体发展规划实施等重点方向，开展选题。同时，结合数据精度，注重课题研究的空间尺度，做到有精有粗，数据与研究内容相匹配。

4. 问题导向原则

以解决问题为导向，充分考虑社会发展需

求，选择城市发展过程中的热点问题进行研究，突出武汉城市特点，确保研究成果具有现实意义。

5. 目标指引原则

紧紧围绕武汉国家中心城市建设目标，服务活力、宜居、生态、和谐武汉建设，选择相关课题，提升城市重点功能区功能，保护城市文化与文脉，强化城市特色，建设智慧宜居的城市。研究方向与选题如表1-1所示。

1.3.2 > 主要研究内容

1. 地表覆盖及资源环境状况

开展武汉市地表覆盖分析，基于地理国情地表覆盖分类体系，分析地表覆盖现状，掌握武汉市不同空间区域的土地利用/覆盖特征、空间分布和区域差异；开展资源环境质量分析，参照国家生态环境质量等相关标准，建立资源环境质量指数和资源环境胁迫指数，定量对比分析武汉市资源环境在空间上的优势和压力；开展土地利用碳排放效应研究，基于武汉市土地利用类型数据，参考国内外碳排放相关研究，估算不同土地利用类型的碳排放量，研究武汉市碳排放量空间分布特征。

2. 人口分布与变迁分析

人口规模、结构及其演变特征趋势是城市规划工作的核心问题之一，是制定重大项目长远规划的重要出发点。随着城市化进程的加快，武汉市人口分布特征变化明显，中心城区人口高度聚集，交通拥堵日益严重，带来了一系列城市空间发展问题。收集整理了各个来源的人口信息，开展了历史人口、现状人口数据库建设，分析了历年来全市人口演变和现状人口分布特征，开展了其空间分布和变迁分析，对未来城市人口进行了预测。

3. 城市空间演变及发展趋势

分析研究了1861~2015年150多年期间武汉城市空间的演变特征和规律，1861~1990年以武汉市主城区范围为研究范围，重点从城市空间形态历史演进方面，研究城市扩张过程及城市空间结构的演变；1990~2015年以武汉市都市发展区为研究范围，重点从规划实施与城市空间扩张的数据化开展研究，剖析了近20年来城市空间发展的成效和问题，对未来城市宏观发展方向进行了分析和预测。

4. 城市交通运行评价与区域交通发展

第一部分以武汉市为研究范围，重点开展武汉市主城区城市交通运行水平分析及各类停车设施分布的研究，寻找武汉市当前交通发展中面临的问题和成因，并对停车发展策略提出符合武汉市实际的相关意见和建议。第二部分则以武汉城市圈为研究范围，重点开展针对城市圈对外交通发展状况的研究，在区域交通评价指标体系的指引下对各类交通设施的分布和运行水平进行评价并提出未来交通发展战略。

5. 经济地理演变与对比分析

从历史纵向上对武汉市经济空间结构进行研究，包括经济总量变迁分析、经济密度变迁分析、生产要素变迁分析、产业时空演变分析等；从横向上进行比较分析，研究武汉与武汉城市圈其他城市的比较，武汉与平级城市如成都、杭州、南京的比较，武汉与国内一线城市如北京、上海、广州的比较等；对武汉市经济地理演变规律进行了归纳，对影响武汉发展的问题进行了总结，对未来武汉的经济发展提出了建议。

6. 公共服务设施服务评价

运用2015年第一次地理国情普查成果，建立了包含名称、分类、分级和规模等基本属性在内的中小学、医院、养老设施、文化设施、体育设施、商业设施、加油加气站等公共设施数据库；建立了公共设施评价准则，参考国家及相关城市标准，纳入空间可达性指标，从用地面积、建筑面积、服务人数、服务半径、交通可达性等角度，建立武汉市各类公共设施的评价指标，作为各类公共设施服务评价的基本准则；在建立的评价准则的基础上，采用GIS空间分析、两步移动搜索等地理空间建模技术，开展基于人口空间分布的服务设施可达性与服

表1 > 研究方向与选题

序号	研究方向	研究选题
1	资源与人口状况	地表覆盖及资源环境状况
2		人口分布与变迁分析
3	城乡空间发展状况	城市空间演变及发展趋势
4		城市交通运行评价与区域交通发展
5	公共服务设施服务	公共服务设施服务评价
6		基于社区网格的宜居环境评价
7	经济地理发展与潜能	经济地理演变与对比分析
8	历史文化资源保护与利用	历史文化资源调查与保护利用评价
9		武汉城市圈生态发展水平建模与评价
10	生态环境与协调性	武汉城市圈城镇建设与热岛遥感监测
11		武汉城市圈"两型社会"建设评估与动态监测

务能力评价，以此为数据，提出了有关对策和建议。

7. 基于社区网格的宜居环境评价

以武汉市城市基础网格为基础，建立了基于网格的社区宜居性的多级评价指标数据库；进行了社区宜居性的人口—经济—社会管理等多元加权平均统计分析，进行了统计模型设定的检验诊断和统计估值评价；开展社区宜居性的空间格局分析，包括社区宜居性的全局和局部空间自相关分析等，对社区建设提出了对策和建议。

8. 历史文化资源调查与保护利用评价

在对各部门的相关数据进行梳理和整合的基础上，针对武汉市的历史文化资源开展全面普查，利用GPS定位现场采集空间数据，并通过资源调查登记表采集属性数据，最终建立基于GIS技术的全市域覆盖的历史文化资源数据库。在调查的基础上，分别针对中心城区和新城区历史文化资源的总体情况进行统计，并分析资源保护方面存在的困境和问题。从历史文化资源的承载力和吸引力两个方面，构建全市历史文化资源保护利用评价体系，根据评价目标，对评价的指标体系进行设计，明确各指标对应的评分标准以及历史文化资源的分级标准，并根据分级标准对评价对象进行分类。依据评价体系对中心城区和新城区的历史文化资源进行全面评价，为城市规划和建设过程中历史文化资源的利用和保护提供依据。从加强资源开发利用、完善实施保障机制和加大宣传、公众参与力度等方面提出推进武汉市历史文化资源合理保护和永续利用的相关建议。

9. 武汉城市圈生态发展水平建模与分析

以打造全国示范的绿色城市圈的总目标为指引，一是摸清城市圈生态资源现状，掌握地表自然、生态以及建设活动基本情况，建立城市圈生态现状数据库；二是通过生态环境资源评估，了解城市圈生态水平，剖析现状问题，提出应对策略。

10. 武汉城市圈城镇建设与热岛遥感监测

城乡一体化建设是武汉城市圈协调建设的最重要内容之一，城市热岛是城镇建设引起的局部温度效应，是城市规划建设需要解决的一个问题。采用夜光遥感技术研究了武汉城市圈在1992~2014年期间的城镇建设用地变化，以MODIS与Suomi-NPP遥感影像为支撑，对武汉城市圈城市化过程中的城市热环境时空规律进行了监测和分析。

11. 武汉城市圈"两型社会"建设评估与动态监测

对武汉城市圈"两型社会"建设评估与监测系统进行了总体设计，按照统一的空间参考、分层分类编码标准和数据生产要求，对武汉城市圈生态与交通数据进行了整合及建库，开发了系统框架，实现对相关数据资源的综合展示、查询、统计和分析，结合专题研究成果，提供武汉城市圈生态与交通基本评价和分析功能。

参考文献 >

[1] 万勇. 2016武汉市"两会"政府工作报告[R], 2016.

[2] 汪祥旺. 创新驱动转型发展 提升中部崛起[N/OL]. 凤凰网湖北频道, 2015.http: //hb.ifeng.com/

[3] 武汉市人民政府. 武汉市国民经济和社会发展第十三个五年规划纲要[Z], 2016.

[4] 国务院第一次全国地理国情普查领导小组办公室. 第一次全国地理国情普查实施方案[Z], 2013.

2

RESEARCH ON WUHAN **PERSPECTIVE**

DEVELOPMENT BASED ON SPATIAL **EVALUATION**

TEMPORAL DATE **STRATEGY**

基于时空大数据的武汉发展研究：
透视、评价与策略
Research on Wuhan Development Based on Spatial Temporal Date :
PERSPECTIVE, EVALUATION AND STRATEGY

第 2 章
地表覆盖及资源环境状况

Chapter 2
Land cover and natwral resource conditions

武汉市地处东经113°41'~115°05'，北纬29°58'~31°22'，处于江汉平原东部、长江与汉江交汇处，属于鄂东南丘陵地貌，域内湖塘港汊棋布，沃野平川相连，丘陵断续起伏，中间低平，中心城区地势平缓，平均高程21~29米，南部丘陵、岗垄环抱，北部低山林立，高程500~800m，属于亚热带季风性湿润气候区，具有雨量充沛、日照充足、四季分明等特点，农业发达，全市水域面积占市域面积比例达25%以上，素有"百湖之城"的美誉。

2.1 > 概述

当前时期是全面建成小康社会的攻坚期，加快推进新型城镇化的关键期，经济社会发展迈向和进入新常态，各项改革日益深入，环境保护面临重大转型和改善机遇。面对复杂而艰巨的环境保护形势和任务要求，需要正确识别当前的资源环境现状以及未来的重大资源利用情况。因此，结合地理国情普查、土地调查、土地规划和社会经济等数据，定量研究武汉市地表覆盖现状、生态资源环境市情、土地利用碳排放等内容，有助于了解武汉市经济社会持续健康发展的资源环境基础，破解武汉市资源环境约束，对把握武汉市用地形势，进一步提高武汉市土地利用效率和利用质量，制定建设发展宏观政策和规划有重要指导意义。

本研究采用以下技术方法。

1. 理论研究与实证分析相结合

通过查阅文献资料，掌握国内外相关领域的技术成果，以武汉市为实证，研究土地利用碳排放分析和资源环境质量评价分析，得到实践性研究成果。

2. 景观生态学

采用景观生态学的指标描述地表覆盖分布特征，如斑块破碎度可表达斑块空间结构特征及其动态变化的过程；优势度指数及均匀度指

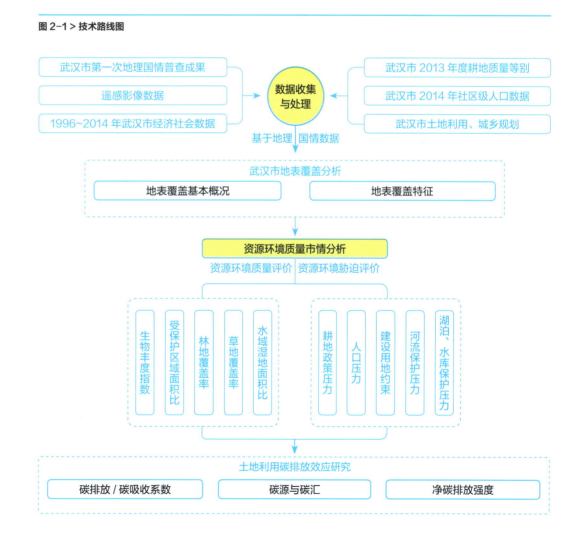

图 2-1 > 技术路线图

图 2-2 > 武汉市地表覆盖分布图

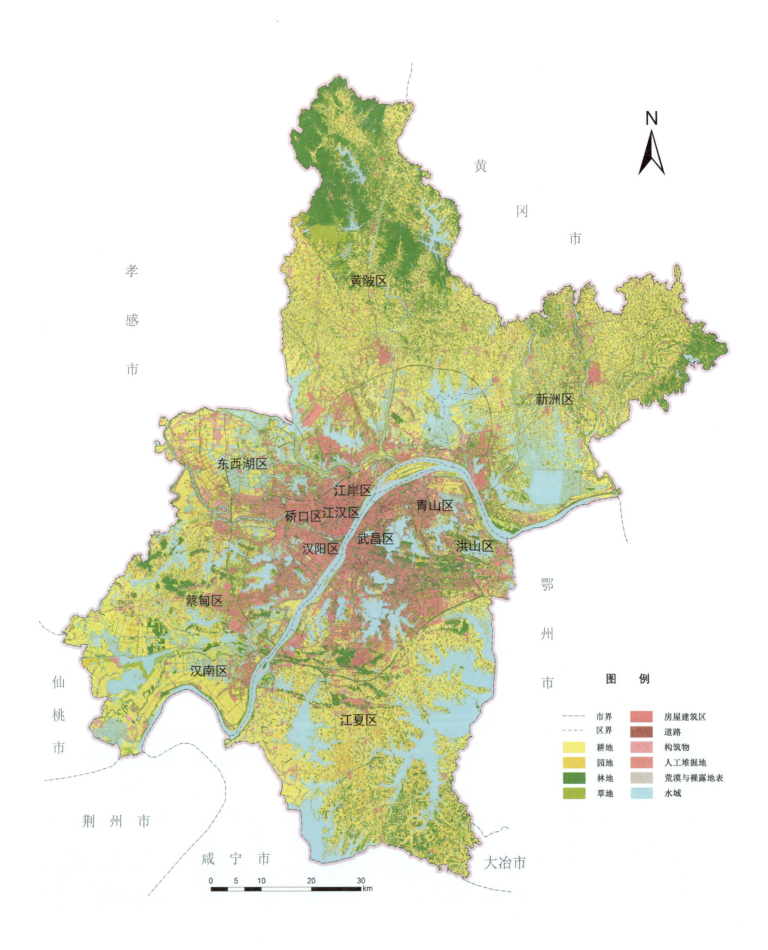

数可分析景观总体特征等。

3. 空间分析

空间分析是基于地理对象的位置和形态特征的分析和建模的系列技术，其目的是为获取和传输空间信息。已有空间分析技术主要是直接从地理事物和现象的位置和空间联系等方面去研究空间事物，以期对空间事物作出定量的描述，实现基于定量度量空间的管理和分析。研究技术路线如图2-1所示。

图2-3 > 中心城区地表覆盖类型占比雷达图

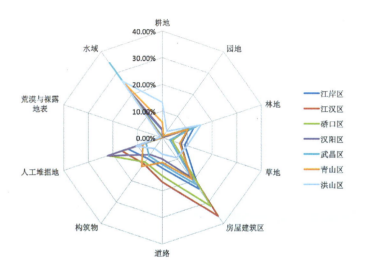

图2-4 > 新城区地表覆盖类型占比雷达图

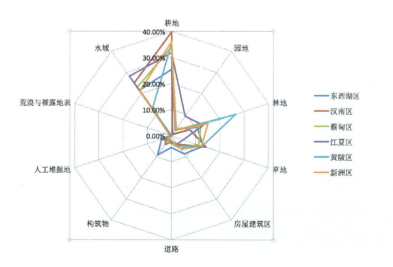

2.2 > 地表覆盖分析

2.2.1 > 地表覆盖基本概况

武汉市域总面积8576km², 耕地、园地、林地和草地等农用地占比61.77%，房屋建筑区、道路、构筑物和人工堆掘地等建设用地占比16.60%；耕地、水域和林地占比比较大，共计68.79%［图2-2］。其中，中心城区占比较大的地类为房屋建筑区、道路和人工堆掘地等建设用地和水域［图2-3］，新城区占比比较大的地类为耕地、林地等农用地和水域［图2-4］。

此外，武汉市内主要生态保护区面积共529km², 占市域总面积的6.17%。保护区域主要分布在新城区，仅少量的位于洪山区，江夏区的生态保护区面积最大，蔡甸区次之，东西湖区最少，市域主要生态保护区分布情况呈现出明显的地域差异。

都市发展区是未来武汉城市功能的主要集聚区和城市空间重点扩展区。都市发展区内水域、耕地、林地和房屋建筑区占据了主导地位，耕地、园地、林地、草地等农用地占比45.42%，房屋建筑区、道路、构筑物和人工堆掘地等建设用地占比30.36%。与武汉市整体地表覆盖现状相比，都市发展区内耕地占比有所下降；建设用地占比有所提高，荒漠与裸露地表和水域占比情况与武汉市整体现状类似［图2-5］。

2.2.2 地表覆盖特征

采用景观格局指数，从地表覆盖的数量、类型、形状和空间邻接关系等方面，选取各地类的景观破碎度［表2-1］、景观优势度和景观均匀指数［表2-2］开展定量分析，掌握地表覆盖结构组成与空间分布格局。

景观破碎度反映景观破碎化程度。耕地、园地和林地景观破碎度最大的分布在江汉区，房屋建筑区景观破碎度最大的分布在洪山区，道路、水域景观破碎度最大的均位于黄陂区，总体上，耕地、园地、林地和草地在新城区的破碎度较低，在中心城区的破碎度较高，尤以江汉区最为明显。

景观优势度指数用于测度地表覆盖类型中一种或几种类型支配整个地表覆盖的程度。均匀度是描述景观由少数几个主要景观类型控制的程度[1]。汉南区的优势度最高，均匀度最低。说明汉南区内各地类占比差异大，区域景观为某一种或几种类型所控制，结合图2-4可知，汉南区耕地和水域占优势地位。洪山区的优势

031

图 2-5 > 武汉市都市发展区地表覆盖分布图

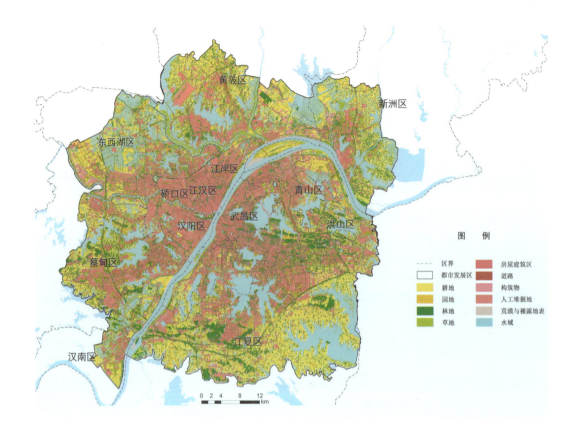

表 2-1 > 武汉各区景观破碎度（单位：个/hm²）

景观类别	江岸区	江汉区	硚口区	汉阳区	武昌区	青山区	洪山区	东西湖区	汉南区	蔡甸区	江夏区	黄陂区	新洲区
耕地	0.3	5.56	0.62	0.58	1.46	0.67	0.39	0.57	0.27	0.29	0.16	0.3	0.36
园地	0.69	1.94	1.13	0.9	0.51	1.01	0.63	0.85	1.2	0.78	0.68	0.91	1.3
林地	1.7	3.44	2.21	1.52	1.9	2.73	1.13	1.72	1.1	1.04	0.67	0.64	1.52
草地	1.17	3.52	2.61	1.61	3.56	3.12	1.29	1.37	0.73	1.26	1.1	1.6	1.91
房屋建筑（区）	1.69	1.39	1.33	1.75	2.65	2.74	3.74	2.22	2.67	2.53	3.73	2.85	2.53
道路	0.03	0.02	0.02	0.03	0.06	0.05	0.06	0.02	0.02	0.03	0.02	0.14	0.05
构筑物	1.43	1.98	1.5	1.24	2.30	1.34	1.89	0.87	0.88	1.69	1.69	1.81	1.94
人工堆掘地	0.17	0.29	0.14	0.16	0.43	0.23	0.24	0.28	0.19	0.16	0.21	0.32	0.52
荒漠与裸露地表	0.49	0.97	0.6	0.87	0.78	1.16	0.3	0.55	0.22	0.42	0.61	1.18	1.37
水域	0.21	0.15	0.28	0.34	0.05	0.36	0.48	1.12	0.96	0.63	0.43	1.59	1.48

表 2-2 > 武汉各区景观优势度和均匀度

景观指数	江岸区	江汉区	硚口区	汉阳区	武昌区	青山区	洪山区	东西湖区	汉南区	蔡甸区	江夏区	黄陂区	新洲区
景观优势度指数	0.30	0.58	0.52	0.36	0.54	0.32	0.24	0.31	0.64	0.46	0.51	0.60	0.54
景观均匀度指数	86.98%	74.67%	77.45%	84.58%	76.65%	86.28%	89.47%	86.36%	72.24%	79.99%	77.95%	74.13%	76.72%

表 2-3 > 资源环境质量与胁迫评价指标体系

指标类型	评价指标	计算公式
资源环境质量指数	草地覆盖率	草地 / 区域面积
	水域湿地面积比	(河流 + 水渠 + 湖泊 + 水库 + 坑塘)/ 区域面积
	受保护区域面积比	(自然保护区 + 风景名胜、旅游区 + 森林公园 + 湿地保护区 + 地质公园)/ 区域面积
	林地覆盖率	林地 / 区域面积
	生物丰度指数	(0.35× 林地 +0.21× 草地 +0.28× 水域湿地 +0.11× 耕地 + 0.04× 建设用地 +0.01× 未利用地)/ 区域面积
资源环境胁迫指数	人口压力	人口数 / 区域面积
	建设用地压力	(人工堆掘地 + 构筑物 + 道路 + 房屋建筑区)/ 区域面积
	耕地政策压力	耕地 / 区域面积
	水环境保护压力 河流保护压力	河流总面积 / 区域面积 × 水质修正
	湖泊 / 水库保护压力	湖泊和水库总面积 / 区域面积 × 水质修正

表 2-4 > 资源环境质量单因子指标权重赋值表

指标类型	分指标	权重
资源环境质量指数	草地覆盖率	0.11
	水域湿地面积比	0.18
	受保护区域面积比	0.26
	林地覆盖率	0.18
	生物丰度指数	0.27

度最低，均匀度最高，说明洪山区内各地类占比较为均匀。结合图 2-3、图 2-4 可知，江汉区和硚口区占有优势地位的地类均为房屋建筑（区）、道路和人工堆掘地；武昌区占有优势地位的地类为房屋建筑（区）、道路和林地；黄陂区、新洲区和蔡甸区占有优势地位的地类均为耕地、林地、草地和水域；江夏区占有优势地位的地类为耕地、水域和林地。

2.3 > 资源环境质量分析

2.3.1 > 资源环境质量与胁迫指数

1. 指标体系构建原则

资源环境质量的"质"就是人居环境、生态环境的状态。资源环境胁迫的"胁迫"就是人类活动对自然资源和生态环境构成的压力[2]。资源环境指标体系选择遵循科学性原则、目的性原则、系统性原则和可操作性原则[3]。

2. 评价指标含义与量化方法

中心城区以区为单元，新城区以街道为单元，将武汉市划分为 92 个评价单元，参照《生态环境状况评价技术规范》（HJ 192—2015）[4]~[7]，建立资源环境质量指数和资源环境胁迫指数指标体系 [表 2-3]。

（1）资源环境质量计算

权重按专家经验打分，各单因子指数权重见表 2-4。资源环境质量状况计算公式为：

$$REQ=\sum W_i \times Q_i \quad （公式 2-1）$$

式中：REQ 为资源环境质量指数；W_i 为城市生态环境质量评价单因子指数权重；Q_i 为城市生态环境质量单因子指数值。

（2）资源环境胁迫计算

对各单因子指数（除耕地面积外）采用极值法进行归一化处理，公式如下：

$$Q_j = \frac{Q_i - Q_{\min}}{Q_{\max} - Q_{\min}} \quad （公式2-2）$$

式中：Q_j 为资源环境胁迫分指标归一化，$j=1, 2, 3, 4$，分别为人口压力、建设用地约束、河流面积比归一化和湖泊/水库面积比归一化；Q_i 为原始资源环境胁迫分指标指数值；$Q_{\max}$ 为原始单因子指数最大值；$Q_{\min}$ 为原始单因子指数最小值。

另外，对归一化后的河流面积比和湖泊/水库面积比指数考虑比例差异，分别对湖泊、水库和河流进行归一化权重分配，公式如下：

$$M_j = Q_j \times \frac{A_i}{A} \quad （公式2-3）$$

式中：M_j 为街道内水环境归一化权重分配值，$i, j=1, 2$，分别为河流、湖泊/水库；A_i 为单位街道中河流、湖泊和水库面积；A 为街道内河流、湖泊/水库总面积。

进而对归一化权重分配后的河流面积比和湖泊/水库面积比指数考虑水质达标情况，分别计算河流保护压力、湖泊/水库保护压力，公式如下：

$$S_w = M_j \times n \quad （公式2-4）$$

式中：S_w 为街道内水环境保护压力；M_j 为河流面积比和湖泊/水库面积比均一化；n 为水质达标情况，$n=-1, 0, 1, 2, 3$，-1 代表水质等级超过标准一级，0 代表水质等级与标准一致，$1、2、3$ 代表水质低于标准一、二、三级。

其次，对街道内总的水环境保护压力值进行汇总得：

$$S = \sum_{i=1}^{n} S_w \quad （公式2-5）$$

式中：S 为水环境保护压力；S_w 为街道内水环境保护压力；i 为单位街道中河流、湖泊/水库的个数。

最后，权重按专家经验打分，各单因子指数权重赋值见表2-5，资源环境胁迫状况计算公式为：

$$REF = \sum W_j \times Q_j \quad （公式2-6）$$

式中：REF 为资源环境胁迫指数；W_j 为城市环境胁迫评价单因子指数权重；Q_j 为城市

表2-5 > 资源环境胁迫单因子指标权重赋值表

指标类型	分指标		权重
资源环境胁迫指数	人口压力		0.40
	建设用地约束		0.40
	耕地政策压力		0.10
	水环境保护压力	河流保护压力	0.05
		湖泊/水库保护压力	0.05

表2-6 > 资源环境质量指数分级结果

资源环境质量等级	资源环境质量指数	街道个数	面积（km^2）	面积百分比（%）
1（极差）	<0.0785	6	219	2.55
2（较差）	0.0785~0.1053	28	2046	23.85
3（一般）	0.1053~0.1320	25	2441	28.47
4（较好）	0.1320~0.1588	15	1808	21.08
5（良好）	0.1588~0.1856	6	553	6.45
6（优）	>0.1856	12	1509	17.60

环境胁迫单因子指数值[表2-5]。

2.3.2 > 资源环境质量空间特征

1. 资源环境质量空间分异特征

根据每个指标确定的权重进行加权求和，得到资源环境质量状况指数，其数值越大代表相对更好的生态环境质量状况，采用基于均值—标准差法分级表示方法，将城市资源环境质量划分为6级[表2-6]。

城市资源环境质量总体表现较好。资源环境质量指数最高即资源环境质量最优的区域有12个，占城市总面积的17.60%，分别为江夏区的江夏经济开发区梁子湖风景区、流芳街道、石洞街道和豹澥街道，蔡甸区的消泗乡和玉贤镇，新洲区的双柳街道、徐古镇和道观河风景旅游区，黄陂区的长轩岭街道、蔡店街道、木兰乡等；资源环境质量指数最低即资源环境质量最差的区域有6个，占比2.55%，分别为江汉区、硚口区、东西湖区的长青街道和辛安渡，新洲区的潘塘街道，江夏区的金水等。资源环境质量最优的区域面积远大于资源环境质量最差的区域面积，呈偏正态分布[图2-6]。

武汉市资源环境质量状况分布明显不均匀。资源环境质量最优的区域，块状、带状分布态势较明显，如黄陂区的长轩岭街道、蔡店街道、木兰乡呈块状分布，江夏区的江夏经济开发区梁子湖风景区、流芳街道、豹澥街道呈带状分布；资源环境质量最优的区域全部分布于远离中心城区的新城区。资源环境质量最差的区域分布较为零散，城市中心与城市边缘均有分布，没有呈现过度集中分布趋势，如城市中心的江汉区、硚口区，城市边缘的辛安渡、金水、潘塘街道等，资源环境质量均较差。中心城区内部不同区域的资源环境质量空间分布差异较大，如城市中心的江岸区、江汉区和硚口区资源环境质量最差；而距离较近的武昌、洪山区资源环境质量状况较好。

2. 资源环境质量影响因子分异分析

对区域生态环境状况影响因子分异特征进行具体分析，了解该区域生态环境整体空间差异特征的影响因素，分析生态环境破坏或退化的原因。

（1）草地覆盖率

草地覆盖率对资源环境质量不占主导地位，但在一定程度上限制了生态环境质量的进一步提升。新城区（除江夏区东南部外）草地覆盖率普遍较高，分布相对比较均匀，差异较小，同时，草地覆盖率较高的区域呈带状分布；而中心城区草地覆盖率普遍较低。草地覆盖率最优的区域主要包括黄陂区的滠口街道（21.61%）、李家集街道（21.47%）、蔡甸区的桐湖（18.66%）、汉南区的东荆街道（17.84%）、盘龙城经济开发区（17.17%）等，草地覆盖率最差的区域主要包括江夏区的石洞街道（2.57%）、安山街道（2.69%）、江夏经济开发区梁子湖风景区（2.86%），江汉区（3.21%）和武昌区（3.12%）等。

（2）水域湿地面积比

水域湿地面积比对区域生态环境质量影响较大。城市三环线以北区域水域湿地面积比整体较差，如黄陂区、新洲区东北部。三环线内（除江汉区、硚口区、关东街道、佛祖岭街道和纸坊街道等地区）及三环线以南区域整体较好，且较好区域在一定程度上呈现楔状分布，与区

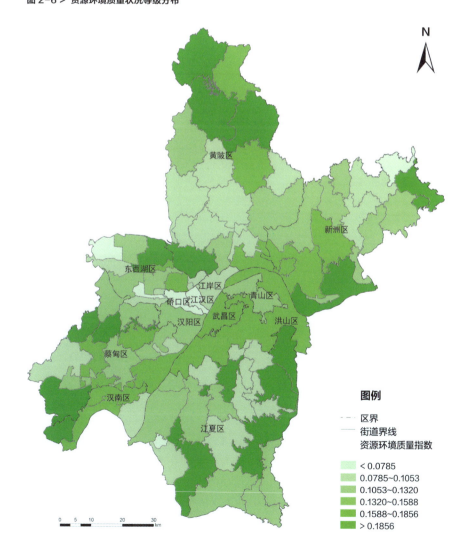

图2-6 > 资源环境质量状况等级分布

域河流、湖泊空间分布相一致。对比发现，资源环境质量最优的区域中，除徐古镇、石洞街道、蔡店街道外，水域湿地面积比较高，均在20%以上。水域湿地面积比最优的区域主要包括江夏区的江夏经济开发区梁子湖风景区（78.61%）、安山街道（53.46%）、流芳街道（48.29%）、江夏区经济开发区庙山（41.65%），新洲区的双柳街道（50.15%），除去双柳街道外均分布在江夏区。水与湿地面积比最差的区域主要包括江夏区的石洞街道（0.67%），东西湖区的吴家山街道（2.44%）和常青花园的新区街道（3.68%）以及新洲区的徐古镇（3.93%）等。

（3）受保护区域面积比

受保护区域面积对生态环境质量状况影响十分强烈。最优区域（除新洲区徐古镇外）分布于城市西南部、东部及其偏南的城市外围地区，块状分布特征明显，相对较集中。资源环境质量最优的区域中，除石洞街道（江夏区）外，受保护区域面积比均较高，受保护区域面积比较低甚至为0的区域生态环境质量状况远低于受保护区域面积比较高的区域。

（4）林地覆盖率

林地覆盖率的提高对改善区域生态环境状况具有显著效果。总体上看城市西北部林地覆盖率最优，其次为城市东南角区域，林地覆盖率高的地区资源环境质量也高。林地覆盖率最优的区域主要包括江夏区的石洞街道（80.82%），黄陂区的长轩岭街道（60.54%）、蔡店街道（60.3%），新洲区的道观河风景旅游区（50.64%）。林地覆盖率最差的区域主要包括蔡甸区的消泗乡（2.68%）和桐湖（4.02%），江夏的法泗街道（3.36%）和金水（3.54%）等。

（5）生物丰度指数

城市外围生物丰富程度较高，普遍优于中心城区。城区边缘生物丰度指数普遍较高，呈现相对集中分布态势，块状分布特征明显，尤其是城市西北、西南以及东部边缘区域，中心城区内部则相对较低。资源环境质量最优的12个区域中，生物丰度指数均较高，资源环境质量最差的6个区域中，生物丰度指数均较低，二者呈现出相对一致的分布趋势。生物丰度指数最优的区域主要包括江夏区的石洞街道（0.2971），黄陂区的长轩岭街道（0.2727）和蔡店街道（0.2695）等。生物丰度指数最差的区域主要包括江汉区（0.0893）、硚口区（0.0906）、东西湖区的长青街道（0.1183）等。

资源环境质量好的区域水域湿地面积比、保护区域面积比和生物丰度指数均较高。例如，江夏经济开发区梁子湖风景区资源环境质量指数最高，表明资源环境质量禀赋最好，同时其水域湿地面积比、保护区域面积比以及生物丰度指数均较高，资源环境质量指数的提高，离不开水域湿地面积比、保护区域面积比以及生物丰度指数的提高。林地覆盖率、草地覆盖率制约资源环境质量的提升，如资源环境质量最好的流芳街道，林地覆盖率和草地覆盖率均较低，严重制约了生态环境状况的进一步改善和提高。

2.3.3 > 资源环境胁迫的空间特征

1. 资源环境胁迫空间分异特征

对耕地政策压力、建设用地约束、人口压力、河流保护压力以及湖泊/水库保护压力进行加权得到的资源环境胁迫指数，其数值越小代表生态环境面临的压力越小，采用均值一标准差法将城市资源环境胁迫指数大小划分为6级，详见表2-7。

城市资源环境受胁迫程度较轻，总体情况较好，资源环境胁迫第2级面积最大，占城市总面积的53.41%。资源环境胁迫指数3级及其以下的区域面积占比为77.22%。资源环境胁迫指数最小即资源环境受压迫程度最小的区域为江夏区的滨湖街道，面积占比为0.84%；资源环境胁迫指数最大即资源环境受压迫程度最大的区域有14个，面积占比为7.90%，分别为江汉区，硚口区，江岸区，武昌，汉阳区，青山区，东西湖区的吴家山街道、常青花园新区街道、将军路街道和长青街道，江夏区的关东街道和佛祖岭街道，蔡甸区的沌口街道和沌阳街道等。总体看来，资源环境受胁迫程度较轻（极轻微和轻微）的区域面积远大于资源环境受胁迫程度较重（较严重、严重和重度）的区域面积[图2-7]。

武汉市资源环境胁迫状况呈现出明显的空间差异特征。区域资源环境胁迫等级差异呈环状逐渐降低，从市中心重度胁迫区向外辐射到边缘轻度胁迫区，表明离城市中心越远，资源环境胁迫越小；离城市中心越近，资源环境胁迫越大。资源环境承受压力最大（重度）的区域全部分布在市中心区域，如江汉区、硚口区、江岸区、武昌区、汉阳区、青山区等，以及非中心区域的小部分区域，如江夏区北部的关东街道和佛祖岭街道，东西湖区南部的吴家山街道、常青花园新区街道、将军路街道和长青街道。资源环境承受压力较大（严重和较严重）的区域主要分布在洪山区，江夏区北部的金港新区、江夏经济开发区大桥新区、江夏经济开发区庙山、纸坊街道和江夏经济开发区藏龙岛，东西湖区东部的盘龙域经济开发区、金银湖街道和径河街道,黄陂区南部的武湖街道、天河街道和灄口街道等。而资源环境承受压力最小(极轻微和轻微)的区域分布在市边缘区域,所占比例较大,多分布在黄陂区北部、新洲区东北部、江夏区东部和南部、蔡甸区西部等。

2. 资源环境胁迫影响因子分异分析

对区域资源环境胁迫影响因子进行具体分析,了解该区域资源环境胁迫状况整体空间差异特征的影响因素。

(1)人口压力

从城市人口胁迫总体空间分布特征来看,人口压力在整体趋势上与资源环境胁迫指数规律相吻合,具体表现在从边远区域到中心区域人口胁迫指数逐渐增大,人口胁迫指数值随着人口密度的增大而剧增。中心区域的人口压力较大,如江汉区,硚口区,东西湖区南部的常青花园新区街道和吴家山街道,汉阳区,青山区,江岸区,武昌区,江夏区北部的关东街道。同时,进一步分析发现,人口压力最大的江汉区人口密度是市平均人口密度的20倍多;人口压力次之的硚口区是市平均人口密度的近17倍。而远离市中心区域人口带来的压力最小。人口在武汉市分布十分不均匀,城市中心区域由于地理位置优越,公共设施完善,人口聚集现象明显,势必带来人口压力增大的现象。

(2)建设用地约束

从城市建设用地胁迫总体空间分布特征来看,武汉市城市建设用地呈组团放射状发展,多集中分布在中心城区和新城区,相应的建设用地面积就相对较大,建设用地受约束性也就越强。建设用地约束在整体趋势上与资源环境胁迫指数规律相吻合,具体表现在从边远区域到中心区域建设用地胁迫指数逐渐增大,建设用地胁迫指数值随着建设用地面积的增大而剧增。中心区域的建设用地胁迫较大,胁迫最大的江汉区是市平均建设用地面积比的近5倍。建设用地约束最小的江夏经济开发区梁子湖风景区建设用地面积比仅为市平均建设用地面积比的1/15。

(3)耕地政策压力

从耕地胁迫总体空间分布特征来看,武汉市耕地面积多在城市近郊区,耕地胁迫就越小,相反城市中心区域多为城市建成区,耕地胁迫就越大。耕地政策压力在整体趋势上呈现出从边缘区域到中心越来越大的趋势,局部地区略有差异。具体表现在中心区域的耕地胁迫较大,其中耕地面积胁迫最大的江汉区耕地面积比为0.0001,而耕地胁迫最小的区域多分布在城市最外围区域,其中耕地政策压力最小的金水耕地面积比为0.6356。

(4)水环境保护压力

水环境保护压力在整体趋势上呈现出在河湖分布广的区域(主要沿长江沿线的中心区域)水环境胁迫较为严重,远离中心区域的湖泊水

表 2-7 > 资源环境胁迫指数分级结果

资源环境胁迫等级	资源环境胁迫指数	街道个数	面积(km²)	面积百分比(%)
1	<0.0289	1	72	0.84
2	0.0289~0.1047	39	4580	53.41
3	0.1047~0.1945	23	1970	22.97
4	0.1945~0.2468	6	376	4.39
5	0.2468~0.3739	9	900	10.49
6	>0.3739	14	678	7.90

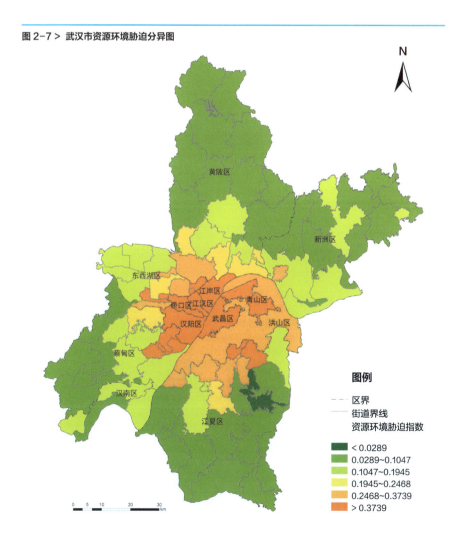

图 2-7 > 武汉市资源环境胁迫分异图

环境胁迫较小，无水体覆盖的区域水环境胁迫则趋于零。可见，有水体存在的地方必然出现水质变化，距离市中心越近，生活污水等废弃物的排放使得水环境质量更容易恶化，而远离市中心地区受水环境胁迫程度则相应较小。

武汉市资源环境胁迫状况呈现出明显的环状分布，胁迫程度从市中心向外围递减，与人口密度、建设开发强度呈正相关，与耕地保有量和水资源环境呈负相关，快速城市化、建设用地扩张、耕地资源减少、水资源污染都严重威胁资源环境质量。

2.4 > 土地利用碳排放分析

2.4.1 > 碳排放和吸收系数

根据《联合国气候变化框架公约》，碳源是指所有向大气中释放二氧化碳、甲烷等温室气体的过程、活动和机制；碳汇是指清除大气中二氧化碳、甲烷等温室气体的过程、活动和机制；净碳排放量是指所有向大气中释放和清除的二氧化碳、甲烷等温室气体，相互抵消后剩余的排放量；碳排放强度是指单位面积上二氧化碳、甲烷等温室气体的排放量。

（1）耕地碳排放系数的确定

耕地生态系统同时具有碳汇和碳源双重作用，可利用二者的差值计算出耕地的碳排放系数。相关研究表明，耕地的碳排放系数为 0.504 t / ha，耕地的碳吸收系数为 0.007t / ha，由此可得出耕地的净碳排放系数为 0.497t / ha [8] [9]。

（2）林地和草地碳吸收系数的确定

森林生态系统是最重要的碳汇。武汉市的园地主要是果园、桑园、茶园等，其碳排放强度近似与林地相同，因此将园地归并到林地中。相关学者通过运用各种相关统计和观测资料（森林资源清查、气候观测和农业统计等资料），以及参考国外研究成果和遥感数据，对 20 世纪最后 20 年间我国森林、草地、农作物以及灌草丛等陆地植被的碳吸收量进行了初步测算。结果显示，中国常绿阔叶林的植被碳汇效率较小，为 0.26t / ha，而落叶阔叶林最大，为 0.78t / ha，中国森林的加权平均值为 0.581t / ha [8] [10]。考虑到武汉市的植被和气候类型，采用这一平均碳汇系数具有一定的合理性。同时，草地的碳吸收系数也取自该研究结果，吸收系数为 0.021t / ha [9]。

（3）水域碳吸收系数的确定

科学家对我国湿地的研究表明，在积水条件下，湿地是 CO_2 的汇，而当湿地被排干围垦后，土壤中有机物分解速率大于积累速率，湿地则变为 CO_2 源。相关学者对中国 2005 年土地利用类型碳排放核算参数的研究表明，中国水域的碳汇系数平均值为 0.257t / ha。同时，还有专家对中国湿地生态系统固碳的现状和潜力进行的研究表明，中国五大湖区的碳汇系数平均值也为 0.248t / ha。因此，本研究采用上述两者的平均值进行估算，水域的碳吸收系数取值为 0.253t / ha [9]。

（4）其他未利用地碳吸收系数确定

研究区域内未利用地中主要包括荒山石砾地、砂岩地垠、荒草地、沙地、裸土地等难以利用的土地，该土地利用类型的碳排放和吸收能力都比较弱。相关研究表明，未利用地具有微弱的碳吸收能力，可以作为碳源，测算其碳吸收系数为 0.005 t / ha [9]。

（5）建设用地碳排放系数确定

建设用地的碳排放一般通过建设用地过程中的能源消耗的碳排放系数来间接估算，包括生产生活中总的碳排放量。间接估算方法主要是通过生活生产中的能源消耗产生的，主要指石油、天然气和煤炭三大类能源燃料，计算时将其消费量换算成标准煤的量。相关研究结果表明，我国建设用地的碳排放强度为 40.73t / ha [11] [12]。根据相关研究结果，结合武汉市具体情况进行修正，确定武汉市整体的建设用地碳排放系数。

由于建设用地具体包含的土地利用类型多样，情况复杂，为进一步研究建设用地内部的碳排放量情况，需要对建设用地进行详细划分，并采用不同的碳排放相对系数。具体分为一类工业用地、二类工业用地、三类工业用地、居住用地、商业用地、公共服务用地以及其他建设用地九类。不同土地利用类型碳排放系数与计算方法具体见表 2-8。

（6）碳排放结果估算

采用直接碳排放系数法对于耕地、林地（包括园地）、草地、水域、建设用地、未利用地等六种类型土地的碳排放量进行估算。其估算公式是：

$$E = \sum e_i = \sum S_i \times \delta_i \quad \text{（公式 2-7）}$$

式中：E 表示碳排放总量；e_i 表示各种土地利用类型产生的碳排放量；S_i 代表各种土地利用类型对应的土地面积；δ_i 为各种土地利用类型

的单位面积碳排放/吸收系数；i 分别代表不同土地利用类型。最后，计算碳源量和碳汇量的数值差以及单位面积上的碳排放量，以此来分析土地利用的碳排放效应，具体计算方法如下：

总碳源 = 耕地碳排放总量 + 建设用地碳排放总量　　　　　　　　　　　（公式 2-8）

总碳汇 = 园林碳吸收总量 + 草地碳吸收总量 + 水域碳吸收总量 + 未利用地碳吸收总量　　　　　　　　　　　（公式 2-9）

净碳排放量 = 碳源 − 碳汇（公式 2-10）

净碳排放强度 =（碳源 − 碳汇）/ 区域具有碳吸收能力地类总面积　　（公式 2-11）

2.4.2 > 碳源与碳汇

1. 碳源分析

根据确定的各个土地利用类型的碳排放系数计算得到各区域碳源量。从武汉市碳源量空间分布特征图来看，碳源量呈现出明显的空间分异特征，中心城区碳源量普遍大于外围边缘区域。区域碳源量等级差异呈环状分布，从中心城区高等级碳源量向外辐射到边缘低等级碳源量，表明离城市中心越近，碳排放量越大；离城市中心越远，碳排放量越小。碳源量最大的地区是洪山区，次之是青山区、汉阳区、武昌区、江岸区、新洲区阳逻街道、江夏区佛祖岭街道等。碳源量最小的区域是江夏区金水，较小的区域有新洲区道观河风景旅游区、江夏区石洞街道、黄陂区大潭原种场、蔡甸区桐湖、东西湖区常青花园新区街道等。表明，由于土地利用类型与区域经济发展水平不同，不同区域碳源量状况在空间上呈现集中分布，同时存在较大差异。

从中心城区碳源量总体空间分布特征来看，中心城区碳源量较新城区而言普遍较大；且中心城区内各区也有着明显的差异。根据碳源量的高低对 7 个中心城区进行比较，可以得出各区之间碳源量状况排序：洪山区，青山区，汉阳区，武昌区，江岸区，硚口区，江汉区。可以看出，洪山区碳源量最大，青山区和汉阳区次之，江汉区碳源量最小，且远小于其他 6 个区。计算得中心城区年碳源量为 4013751.97t，占全市年碳源量的 28.01%。

从武汉市碳源量空间分布特征图中可以看出，东湖新技术开发区中各区域碳源量差异十分显著，碳源量最大的是洪山区，是碳源量第二区域（江夏区佛祖岭街道）的近 5 倍，碳源量较小的区域是江夏区流芳街道和滨湖街道。武汉经济技术开发区中各区域碳源量也有着一定的差异，碳源量最大的区域是汉阳区，其次是蔡甸区沌阳街道，最后是差异不大的蔡甸区沌口街道和军山街道 [图 2-8]。

2. 碳汇分析

（1）碳汇量空间分布特征分析

表 2-8 > 不同土地利用类型碳排放系数与碳排放量

碳排放指标	土地利用类型		碳排放系数 (t/ha)	计算方法
碳源	耕地		0.497	耕地面积 × 碳排放系数
	建设用地	一类工业用地	83.32	一类工业用地面积 × 碳排放系数
		二类工业用地	99.15	二类工业用地面积 × 碳排放系数
		三类工业用地	128.94	三类工业用地面积 × 碳排放系数
		居住用地	68.49	居住用地面积 × 碳排放系数
		商业用地	73.32	商业用地面积 × 碳排放系数
		公共服务用地	80.65	公共服务用地面积 × 碳排放系数
		其他建设用地	60.97	其他建设用地面积 × 碳排放系数
碳汇	园林		0.581	园林面积 × 碳吸收系数
	草地		0.021	草地面积 × 碳吸收系数
	水域		0.253	水域面积 × 碳吸收系数
	未利用地		0.005	未利用地面积 × 碳吸收系数

图 2-8 > 武汉市碳源量空间分异图

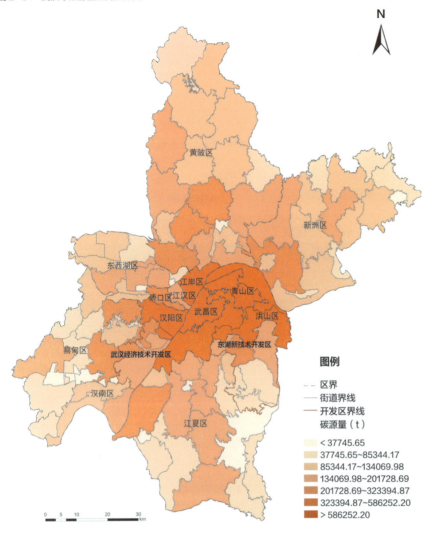

根据确定的各个土地利用类型的碳吸收系数计算各区域碳汇量。从武汉市碳汇量空间分布特征图来看，区域碳汇量的空间分异特征明显不均匀，武汉市北部、南部以及中东部碳汇量明显高于其他区域，且碳汇较好区域与较差区域相间分布，总体来看外围区域碳汇量普遍优于中心城区。碳汇量最大的地区是黄陂区长轩岭街道，其次是洪山区、黄陂区蔡店街道和木兰乡、江夏山坡街道和江夏经济开发区梁子湖风景区等。碳汇量最小的区域是东西湖区常青花园新区街道，较小的区域有东西湖区吴家山街道、江夏区金水和关东街道、东西湖区将军路街道、汉南区、黄陂区大潭原种场等。说明，由于土地利用类型与区域经济发展水平不同，不同区域碳汇量状况在空间上呈现不均匀分布，同时也存在较大差异。

从中心城区碳汇量总体空间分布特征来看，7 个中心城区间碳汇量有着十分明显的差异。根据碳汇量的高低对 7 个中心城区进行比较，可以得出各区之间碳汇量状况排序：洪山区＞武昌区＞汉阳区＞青山区＞江岸区＞硚口区＞江汉区。洪山区碳汇量最大，且远远大于其他 6 区，武昌区、汉阳区和青山区次之，江汉区碳汇量最小，是洪山区碳汇量的近 1/70。计算得中心城区年碳汇量为 11027.09t，占全市年碳汇量的 8.22%。

根据武汉市碳汇量空间分布特征图，东湖新技术开发区中各区域碳汇量差异十分显著，碳汇量最大的区域是洪山区，是碳汇量第二区域（江夏区流芳街道）的近 3.5 倍，其次是江夏区豹澥街道和滨湖街道，碳汇量较小的区域是江夏区佛祖岭街道和关东街道。武汉经济技术开发区中各区域碳汇量也有着一定的差异，碳汇量最大的区域是蔡甸区军山街道，其次是汉阳区和蔡甸区沌阳街道，碳汇量最小的区域是蔡甸区沌口街道 [图 2-9]。

（2）碳汇强度空间分布特征分析

碳汇强度可更直观地反映单位土地利用类型面积的碳吸收效率。根据武汉市碳汇强度空间分布特征图，区域碳汇强度的空间分异特征规律不明显，武汉市北部、南部以及东部碳汇强度明显高于其他区域，且碳汇强度较好区域与较差区域相间分布，总体来看外围区域碳汇强度普遍优于中心城区。碳汇强度最大的地区是江夏区石洞街道，其次是黄陂区蔡店街道和长轩岭街道、东西湖区吴家山街道、江夏区纸坊街道和湖泗街道等。碳汇强度最小的区域是蔡甸区桐湖，较小的区域有汉南区东荆街道和纱帽街道、蔡甸区消泗乡、新洲区涨渡湖街道、黄陂区滠口街道等。说明，由于区域土地利用类型规划的不同以及人口聚集与经济发展水平的不同，不同区域碳汇强度状况在空间上呈现不均匀分布，同时也存在较大差异。

从中心城区碳汇强度总体空间分布特征来看，7 大中心城区间碳汇强度有着一定的差异。根据碳汇强度的高低对 7 个中心城区进行比较，可以得出各区之间碳汇强度状况排序：江汉区＞硚口区＞洪山区＞武昌区＞汉阳区＞青山区＞江岸区。从全市总体碳汇强度水平上看，中心城区碳汇强度处于中等偏下水平。计算得中心城区碳汇强度为 0.30t/ha，是全市碳汇强度的 0.89 倍。

根据武汉市碳汇强度空间分布特征图出，东湖新技术开发区中各区域碳汇强度存在一定差异，但差异不明显。碳汇强度最大的区域是江夏区滨湖街道，然后是江夏区佛祖岭街道、关东街道，洪山区，江夏区豹澥街道，碳汇强度最小的区域是江夏区流芳街道。计算得东湖

图 2-9 > 武汉市碳汇量空间分异图

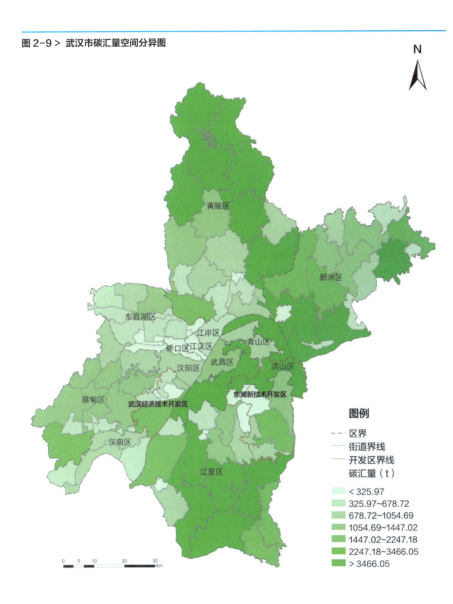

图例
- - - 区界
—— 街道界线
—— 开发区界线
碳汇量（t）
- < 325.97
- 325.97~678.72
- 678.72~1054.69
- 1054.69~1447.02
- 1447.02~2247.18
- 2247.18~3466.05
- \> 3466.05

对于中心城区而言，硚口区的碳排放强度最大，为 67.51t / ha，洪山区的碳排放强度最小为 30.99t / ha。对于开发区而言，东湖新技术开发区的碳排放强度为 26.84t / ha，武汉经济技术开发区的碳排放强度为 38.76t / ha，同样两个开发区北部地区的碳排放强度均高于南部地区。

从武汉市碳排放强度空间分布特征来看，武汉市碳排放强度呈现出从中心区域到城市边缘地区碳排放强度逐渐变小的趋势。对于整个武汉市而言，碳排放强度最大的区域主要分布在硚口区、江汉区、青山区、江岸区等中心城区，蔡甸区东部的沌口街道，江夏区北部的关东街道和佛祖岭街道等。碳排放强度最小的区域主要分布在江夏经济开发区梁子湖风景区、安山街道、流芳街道，黄陂区西北部的蔡店街道、长轩岭街道、木兰乡，蔡甸区的消泗乡和桐湖等。中心城区碳排放强度也存在着明显的差异，根据碳排放强度的大小对 7 个中心城区进行比较，可以得出各区之间的碳排放能力强弱情况，硚口区＞江汉区＞青山区＞江岸区＞汉阳区＞武昌区＞洪山区。对于开发区而言，东湖新技术开发区的关东街道、佛祖岭街道和藏龙岛的碳排放强度高于流芳街道和滨湖街道，武汉经济技术开发区的沌口街道和沌阳街道的碳排放强度高于军山街道 [图 2-11]。

2.5 > 策略与措施

武汉市资源环境质量与土地利用结构、空间布局和用地规划之间关联密切。通过优化土地利用结构和布局，可以不断提高生态环境质量，增强城市可持续发展能力。针对市域资源环境状况禀赋差异以及所面临的资源环境问题，从土地管理与规划角度提出以下策略与措施。

1. 优化完善"三线"划定成果，强化落实用途管控

（1）调整完善划定成果。根据我市资源环境质量、耕地利用等状况，优化调整"三线"划定成果，对于资源环境胁迫程度较大的中心城区，要将城区内的公园绿地、道路绿化、滨江滨湖绿化以及城内小型湖泊等纳入生态控制范畴，予以强化保护。在规划城市用地布局时，要综合考虑资源承载，合理分散规划居住、就业人口。严格限制中心城区用地，控制中心城区建设强度，积极促进新城区发展，强化建设一批重点城镇，提高武汉市各城镇整体功能水

新技术开发区碳汇强度为 0.30t / ha。武汉经济技术开发区中各区域碳汇强度相近，没有明显差异。碳汇强度最大的区域是蔡甸区军山街道，其次是汉阳区和蔡甸区沌口街道，碳汇强度最小的区域是蔡甸区沌阳街道。武汉经济技术开发区的碳汇强度为 0.27t / ha [图 2-10]。

2.4.3 > 净碳排放强度

净碳排放量体现了一个地区碳源（碳排放）与碳汇（碳吸收）的平衡情况，净碳排放强度表明了在单位面积区域一致的情况下碳排放能力的强弱，数值越大，碳排放能力就越强；反之，碳排放能力就越弱。武汉市整体碳排放强度为 16.56t / ha，中心城区的碳排放强度为 41.42t / ha，新城区的碳排放强度为 13.43t / ha。武汉市内江夏区的关东街道碳排放强度最大为 68.56t / ha，江夏经济开发区梁子湖风景区的碳排放强度最小，为 1.14t / ha。

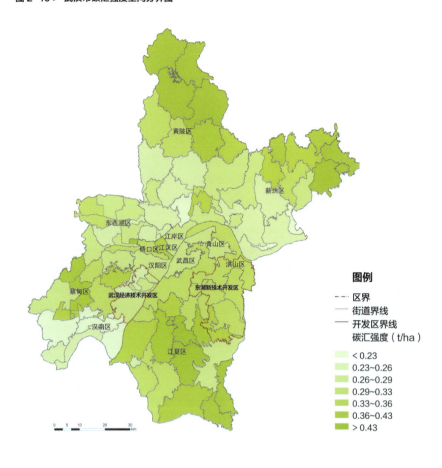

图 2-10 > 武汉市碳汇强度空间分异图

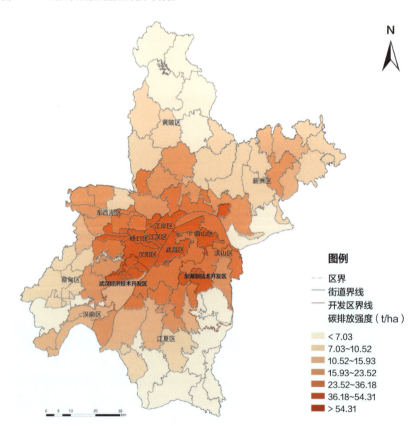

图 2-11 > 武汉市碳排放强度空间分布特征

平,将新城区作为城市空间拓展的重点区域,依托对外交通走廊组群式发展,重点布局工业、居住、对外交通、仓储等功能,承担疏散中心城区人口、缓解建设用地压力的职能,成为具有相对独立性、综合配套完善的功能新区。

(2)开展保护成效动态评估。对于永久性基本农田,要强化管控性保护、完善建设性保护、探索激励性保护相结合,将保护永久基本农田作为耕地保护一项长期的中心目标,"以整治促建设、以建设促保护"。生态保护红线内禁止从事与生态保护无关的开发活动,以及其他可能破坏生态环境的活动,除生态保护与修复工程、文化自然遗产保护、森林防火、军事与安全保密设施、必要的旅游交通、通信等基础设施外,不得进行其他项目建设。在耕地占补平衡制度的基础上,实行生态红线占补平衡制度,保障生态红线区基本数量,构建生态红线目标责任制,纳入各级政府绩效考核,应用遥感监测,定期开展生态红线区的数量监测和质量评估。

2. 创新土地供给制度,促进土地利用结构调整

(1)建立项目节地评价体系。根据《国土资源办公厅关于规范开展建设项目节地评价工作的通知》(国土资厅发〔2015〕16 号)有关要求,基于现有宏观、中观的区域土地节约集约评价,探索建立项目(企业、地块)尺度的,项目前、中、后全过程的土地节约集约利用评价指标体系,实现土地节约集约利用评价的宏观、中观、微观全覆盖,科学指导用地计划投放的规模和方向。

(2)提高工业用地门槛。严格把控工业用地的环境治理措施和环境影响评估,优先确保高新技术产业、现代制造业项目的用地需求。实行工业用地弹性年期出让制度,新增工业用地产业项目类出让年限不超过 20 年,经认定的国家和本市重大产业项目,最高不超过 50 年。鼓励工业项目向园区集中,加大对新城区工业用地的支持力度。新增工业项目投资强度不低于 100 万元/亩;固定资产投资额在 1000 万元以下,以及占地不足 10 亩的工业项目,原则上不单独供地;鼓励工业园区和企业建设多层标准厂房,引导中小企业合建、共建和租赁厂房。

(3)建立土地退出机制。以土地出让合同作为管理平台,将土地规划用途、建设条件以及出让条件中明确的产业类型、功能要求、运营管理、利用绩效和土地使用权退出机制等纳入合同约定,通过建立信息共享和多部门共同监管机制,对土地出让期限内容实施利用全过程、全要素管理。联合税务、工商等部门,通过加大对亩均税收高的企业奖励返还力度等经济手段，倒逼企业提高土地投资强度和产出水平。对于利用效率低下的存量建设用地，原土地权利人可通过存量补地价方式实施统一整体转型开发或分区整体转型开发，零星转型的原土地权利人或其全资子公司，可采取存量补地价方式自行开发，加快土地流转，预防闲置地的产生，提高土地利用质量和效益，促进产业结构调整升级。

3. 建立补偿激励机制，推进耕地保护管理

（1）建立耕地补偿机制。构建合理的耕地保护利益分配机制，使得耕地保护者在利益驱动下变被动保护为主动保护，可将耕地开垦费纳入耕地保护补偿机制，对基本农田保护区，尤其是粮食主产区提供相应的经济补偿，作为牺牲耕地非农化发展权的弥补，提高保护耕地积极性。通过估算耕地保护对区域发展的影响，农民收入、生活、就业的影响，确定耕地保护机会成本的损失，研究建立满足农民利益需求的耕地保护补偿标准。也可以通过核算耕地资源的价值，确定农民和地方政府承担的社会责任，在新增建设用地计划和土地供应计划分配上给予奖优罚劣，督促各区加大耕地保护力度。

（2）开展土地综合整治。水域湿地是影响资源环境质量好坏的重要因素，要统筹整合耕地开垦费、用于农业土地开发的土地出让金、新增建设用地土地有偿使用费等各类涉农资金，把高产农田建设与小康扶贫、水域湿地治理、生态修复等工程有机结合起来，真正实现土地的综合治理。鼓励金融投入，特别是加大农村信用社、农发行、农行对农村土地综合整治的信贷支持力度，鼓励乡村集体、农业企业和农民个人增加投入或投工投劳，按照"规定范围、规范操作、结果可控"原则制定政策，调动社会方方面面的积极性，引导社会资金投入土地综合治理，将项目实施与发展现代农业，建设生态文明密切结合，实现互利共赢。

参考文献 >

[1] 王思远，张增祥，周全斌，王长有，刘纪远. 近10年中国土地利用格局及其演变[J]. 地理学报，2002（5）：523-530.

[2] 戴为民. 城市化系统中的资源环境质量综合评价及政策选择——以安徽省为例[J]. 中国软科学，2011（11）：184-192.

[3] 万本太，王文杰，崔书红，潘英姿，张建辉. 城市生态环境质量评价方法[J]. 生态学报，2009（3）：1068-1073.

[4] 姚尧，王世新，周艺，刘瑞，韩向娣. 生态环境状况指数模型在全国生态环境质量评价中的应用[J]. 遥感信息，2012（3）：93-98.

[5] 张敏，王敏，白杨，黄沈发. 上海市生态系统质量评价及其演变特征分析研究[J]. 环境污染与防治，2015（1）：46-51.

[6] 曹园园，璩向宁，卫萍萍. 彭阳县2000—2010年人类活动影响下生态环境胁迫分析[J]. 生态科学，2015（5）：172-177.

[7] 刘耀彬，戴璐，张桂波. 水环境胁迫下的环鄱阳湖区城市化格局响应[J]. 长江流域资源与环境，2014（1）：81-88.

[8] 肖红艳，袁兴中，李波，颜文涛. 土地利用变化碳排放效应研究——以重庆市为例[J]. 重庆师范大学学报（自然科学版），2012，29（1）：38-42.

[9] 夏热帕提阿不来提. 潜江市土地利用结构变化及其碳排放效应研究[D]. 武汉：华中师范大学，2013.

[10] 方精云，郭兆迪，朴世龙，陈安平. 1981~2000年中国陆地植被碳汇的估算[J]. 中国科学（D辑：地球科学），2007，37（6）：804-812.

[11] 曲福田，卢娜，冯淑怡. 土地利用变化对碳排放的影响[J]. 中国人口.资源与环境，2011，21（10）：76-83.

[12] 卢娜. 土地利用变化碳排放效应研究[D]. 南京：南京农业大学，2011.

3

RESEARCH ON WUHAN
PERSPECTIVE

DEVELOPMENT BASED ON SPATIAL
EVALUATION

TEMPORAL DATE
STRATEGY

第 3 章
人口分布与变迁分析

Chapter 3
Population distribution and transition

3.1 > 概述

人口规模、结构及其演变特征趋势是城市规划工作的核心问题之一，是制定重大项目长远规划的重要出发点。随着城市化进程的加快，武汉市人口分布特征变化明显，中心城区人口高度聚集，交通拥堵日益严重，带来了一系列城市空间发展问题。本研究收集、整理了各个来源的人口信息，开展我市历史人口、现状人口数据库建设，分析历年来全市人口演变和现状人口分布特征，建立一套统一的人口专题数据库，开展了其空间分布和变迁分析。

3.1.1 > 工作基础

经过多年的信息化建设积累，武汉市国土资源和规划局与统计、计生、公安、工商、社保、工会等政府部门积极协作，积累了丰富的人口相关信息资源，为摸清现状人口分布特征，分析历史人口演变规律等奠定了坚实基础，主要如下：

（1）1953~2014年国内各主要城市常住人口数据；
（2）1990、2000年和2010年武汉市人口普查数据；
（3）2008、2013年武汉市经济普查数据；
（4）2015年社会参保人员信息；
（5）2015年工会会员信息；
（6）2015年工商企业信息；
（7）2015年公安户籍人口和流动人口；
（8）2014年计生人口；
（9）社管网格员实时采集人口。

3.1.2 > 研究方法

统计部门的人口数据通常以行政区为单元逐级统计和汇总，具有权威、系统、规范的特点[1]。本次研究中所采用的2010年以前的数据均为人口统计数据，分别详细到市、区、街道、社区和普查小区等尺度。2014年以来计生、公安等部门提供的人口数据中包含个体的详细地址信息，可通过地址匹配等方法进行精细化空间定位。

1. 人口空间化

（1）历史人口数据现状。分析全市人口演变特征，一般需要长时间序列、粒度相同的人口数据作为支撑。1953~2010年间收集、整理得到的人口数据尽管时间序列较长，但是受行政管辖界线变更、调整等影响，一定程度上阻碍了历史人口数据的空间化工作，无法建立一套空间单元一致的人口数据库，进而为分析某一时期各区域的人口分布状态、掌握人口分布的动态演化过程造成了困难。

（2）空间化处理。通过收集武汉市不同年份的年鉴资料，整理历年来各区（县）人民政府公布的各街道社区调整公告，借助已有的行政界线数据，建立不同年份的武汉市行政界线空间数据库。在此基础上，实现历年人口统计数据的空间化。

（3）离散化处理。采用何种计算方法或算法对人口统计数据进行离散化处理是人口数据空间化研究的核心内容。目前常用的人口离散化方法主要包括区域插值法、面积权重法、土地利用类型影响法、多源数据融合等多种方法[2]。本研究结合实际，采用面积插值法和土地利用类型影响法对历史人口数据进行离散化处理，建立1990年、2000年、2010年等3个时间点的两百米格网空间化人口数据产品，以表征20年时间序列的人口空间分布，并分析该地区的人口集疏过程及空间格局的变化。

2. 多源数据融合

信息技术和遥感技术的飞速发展带来了遥感数据源的极大丰富，为各类地物精确分类提取提供了支撑，为居住、公共服务等区域人口的精细化定位奠定了基础。移动轨迹、手机通信、微博签到等新型数据源的高效利用，为研究人口时空移动规律提供了大数据支撑。扩大和深化遥感数据及新型数据源在人口数据空间化研究中的应用，一是要研究这类数据和空间人口分布的定量关系；二是要引进决策树、神经网络、遗传算法、贝叶斯分类器等智能建模方法到空间化方法之中。

本研究通过整合现有计生人口、公安户籍和流动人口，以及网格员入户调查人口数据，前期主要采用地址匹配技术，实现多源人口数据空间化。在此基础上，利用现势性较强的遥感影像，按照数据来源权威、时间一致、现势性强等原则，综合利用多种数据源，对多源人口数据进行抽取、筛选、核查与融合，建立2015年详细到建筑物尺度的人口空间数据库，为分析不同尺度下的人口空间分布特征奠定基础。

3. 基于GIS的人口分析和度量方法

（1）描述分析法。该方法首先把所研究城市地域按照行政区划法、环线划分法、圈层距离法、方向距离法等方法划分成几个不同部分，然后再从人口数量和密度在上述几个区域内的增加变动来分析人口演变情况。描述分析法的特点是按照行政区划统计的人口数据比较容易得到，但在使用中可能会遇到由于行政区划经常变动，不同时间数据不可比较的问题。本研究中主要采用行政区划法和环线划分法进行了相关分析。

（2）地址匹配。参考国家、省市及行业的标准规范，以武汉市政务电子地图为支撑，利用空间定位技术及地址匹配技术，建立了地址数据库管理系统和地址匹配系统，实现地址信息的可视化管理。在此基础上，实现公安户籍信息、社会参保信息、工会会员信息、计生人口等含有详细地址的文本信息的空间上图，为后续数据筛选、融合等数据处理工作奠定基础。

（3）基于格网的GIS空间分析。重点运用GIS技术和格网分析法将不规则区域的人口密度数据统一到规则的区域单元上，从而确定武汉市历史人口的空间分布状况，在此基础上分三个层面对人口进行分析研究：人口空间总量变化、迁移分析和人口聚集分析、人口密度分析与空间趋势分析。采用Kernel Density\Line Density\Kriging等空间插值法，建立人口时态数据，运用人口统计分析方法和分形理论刻画武汉市人口分析特征，研究人口分布的时空演化特征与规律。

3.2 > 1953年以来人口演变特征

依据全国统计数据，1953~1982年间各大城市人口增长趋势明显。1982~1990年期间各主要城市处于大发展阶段，常住人口数量增长速度加快。1990年后，除北京、上海、广州、天津外，其他城市人口增长速度渐趋平缓。

1953年以来，武汉市常住人口数量总体呈增长趋势。其中，1953~1964年人口增长速度最快，年增长率达5.14%。1964~1982年人口增长速度最慢，年增长率为1.52%。1982~1990年人口年增长率达9.86%。1990~2000年人口增长速度缓慢，年增长率为1.55%。2000~2010年人口增长速度趋于平缓，年增长率为1.97%。2010~2014年人口增长速度减缓，年增长率为1.38%［表3-1、图3-1］。

3.3 > 1990年以来普查人口在空间上的演变特征

在空间上对1990、2000和2010年人口普查数据"还原"到各街道，建立1990~2010年含人口总量、年龄段、文化素质、产业、行业和职业的人口空间专题数据库。以区为分析单元，对各专题人口数据进行分析。

3.3.1 总量及空间分布

（1）人口总量不断增长。20年间，武汉市人口从680.4万增长至978万，人口大量向主城区聚集。其中，三环内人口从334万增长至573万，主城区内人口从354万增长至602万，都市发展区内人口由481万增长至808万［表3-2］。

（2）人口密度不断增加。20年间，全市人口密度由680.4人/km² 增长至1149人/km²，各圈层人口密度均呈增长趋势。其中，三环内人口密度由6236人/km² 增长至10704

表3-1 > 武汉市1953年来人口变化情况

起止年份	人口增长总量（人）	年均人口增长量（人）	年增长率（%）
1953~1964年	1050465	95497	5.14
1964~1982年	773835	42991	1.52
1982~1990年	3650309	456289	9.86
1990~2000年	1146191	114619	1.55
2000~2010年	1737301	173730	1.97
2010~2014年	552608	138152	1.38

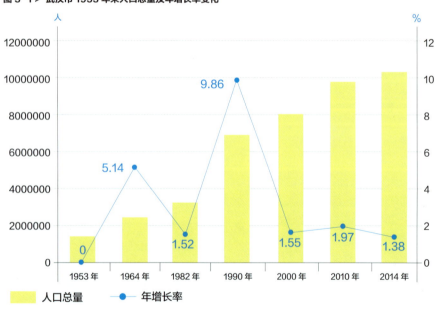

图3-1 > 武汉市1953年来人口总量及年增长率变化

人/km², 主城区内人口密度由 5091 人/km² 增长至 8670 人/km², 都市发展区内人口密度由 1145/km² 增长至 2449 人/km²。

（3）人口重心向西南方向迁移。1999~2010 年间武汉市人口重心存在迁移现象，主要方向为西南。由不同历史时期的人口总量特征分析可知，黄陂区和新洲区人口规模较大，在城镇化的进程中，黄陂区和新洲区大量人口往武汉市主城区迁移，是导致武汉市人口重心向西南方向迁移的主要原因[表3-2]。

3.3.2 > 年龄结构

1990 年，武汉市新城区年龄结构比主城区年龄结构更加年轻化。其中，少年儿童人口主要分布在黄陂县、新洲县、汉阳县和武昌县，均达到了 30%~32%；劳动年龄人口主要分布在武昌区、青山区和洪山区，达到 71%~74%；老年人口主要分布在江岸区、江汉区和硚口区，达到 11%~13%；高龄占老年人口比重最大的区域主要分布在东西湖区和青山区，达到 6.5%~7.0%。

2000 年，武汉市少年儿童人口主要分布在黄陂区、新洲区、江夏区，占比在 25%~28%，比重比 1990 年有较大下降；劳动年龄人口主要分布在武昌区、硚口区和洪山区，达到 75%~79%；老年人口主要分布在江岸区、

表 3-2 > 1990~2010 年武汉市各区域范围内的人口总量及密度

统计范围	1990 年		2000 年		2010 年	
	人口总数（万人）	人口密度（人/km²）	人口总数（万人）	人口密度（人/km²）	人口总数（万人）	人口密度（人/km²）
一环内	102.8	21635	103.7	21827	105.4	22087
一、二环间	117.8	12292	164.8	17184	193.9	20288
二、三环间	113.2	2887	167.3	4270	273.5	6980
三环内合计	333.8	6236	435.8	8142	572.7	10704
主城区	353.5	5091	458.6	6604	602.2	8670
北部组群	19.7	382	19.5	423	23.2	503
东部组群	32.1	428	28.9	587	28.8	586
东南组群	9.3	652	12.1	344	24	684
南部组群	24.9	264	31.6	633	48.1	964
西部组群	22	499	35.1	830	56.6	1337
西南组群	19.1	520	20.6	541	25.4	669
都市发展区	480.6	1145	606.4	1836	808.4	2449
江岸区	61.6	7547	74	9022	94	11448
江汉区	38.6	15273	51.8	20707	60.2	23891
硚口区	58.8	12873	72.9	15855	88.3	19337
汉阳区	39.9	3520	50.4	4458	58.2	5124
武昌区	76.3	7302	97.1	9243	125.7	12167
青山区	45.2	4510	49.5	4947	50	4975
洪山区	56.8	1113	82.6	1619	123.9	2424
东西湖区	19.1	389	29.3	597	44.5	906
汉南区	9.7	333	10	343	11.6	397
蔡甸区	47.5	440	48.3	447	60.8	563
江夏区	57.3	286	64.4	321	88.8	446
黄陂区	85.2	379	85.8	382	87.8	390
新洲区	84.4	589	88.3	617	84.6	590
合计	680.4	798	804.4	943	978.4	1149

武昌区、汉阳区和青山区，达到11%~13%，已经具有老龄化的特征；高龄占老年人口比重最大的区域主要分布在黄陂区、蔡甸区、汉南区和江汉区，达到9%~11%。

2010年，武汉市老龄化程度比2000年显著提高。其中，少年儿童人口主要分布在黄陂区、新洲区、东西湖、蔡甸区和汉南区，都在11%~14%，比重比2000年有显著下降；劳动年龄人口主要分布在洪山区、东湖风景旅游生态区和东湖新技术开发区，达到82%~85%；老年人口主要分布在黄陂区、蔡甸区、武汉化工区和青山区，达到15%~18%；高龄占老年人口比重最大的区域主要分布在江岸区、江汉区、硚口区和东湖风景旅游生态区，达到12%~15%。

总体来看，全市人口老龄化趋势明显，主城区少年儿童比重显著减少，新城区比重有一定的增加。从数量上来看，1990~2010年间，全市0~14岁少年儿童和15~60岁劳动年龄人口数均有较大程度减少。除硚口区外，60岁以上老龄和80岁以上高龄人口数不断增加。

3.3.3 > 文化素质结构

1990年，武汉市主城区人口受教育水平高于新城区。其中，未受教育人口主要分布在新洲县，在20%~25%之间，青山区比重最小，在6%~8%之间。小学学历人口主要分布在黄陂县、汉阳县和武昌县，占比在40%~45%之间；中等学历人口主要分布在武昌区、江岸区、青山区、江汉区、汉阳区和硚口区，在55%~62%之间；高等学历人口主要分布在武昌区和洪山区，达到15%~20%之间，因为这两个区是武汉市高校聚集区。

2000年，武汉市人口整体受教育水平，尤其是主城区人口受教育水平比1990年有较大的提高。其中，未受教育人口比重最大的是新洲区，在9%~11%之间，但与1990年相比有明显下降；小学学历人口主要分布在黄陂区、新洲区和江夏区，在40%~45%之间；中等学历人口主要分布在江汉区、汉阳区和硚口区，都在66%~70%之间；高等学历人口主要分布在武昌区和洪山区，达到20%~30%之间，比1990年有较大提高。

2010年，武汉市主城区与新城区受教育程度比2000年有显著提高，主城区的受教育程度依然大于新城区。其中，未受教育人口比重最大的是新洲区和黄陂区，在5%~7.5%之间；小学学历人口主要分布在黄陂区、新洲区、蔡甸区和汉南区，都在20%~26%之间，比重比2000年有显著下降；中等学历人口主要分布在江汉区、汉阳区、硚口区、武汉化工区、汉南区和蔡甸区，在65%~75%之间；高等学历人口主要分布在武昌区、洪山区和东湖风景旅游生态区，达到40%~60%之间，比2000年有显著提高。

总体来看，随着武汉市城镇化进程的加快和教育投入的加大，武汉市越来越多的学龄人口可以接受更好的教育，1990~2010年期间，武汉市整体文化素质水平显著提高，主要表现在各新城区未受教育或只接受了小学教育的人口比例显著地减少，各主城区接受了高等教育的人口比例显著增加。

3.3.4 > 就业人口结构

1990年，武汉市就业人口的产业结构分布形成了"一产外围，二产沿江，三产向心"的空间结构特征。其中，第一产业就业人口比重最大的区域是外围新城区中的黄陂县、新洲县、汉阳县和武昌县，达到60%~80%。第二产业就业人口比重最大的区域是沿江的硚口区、青山区和汉阳区，都在55%~70%之间。第三产业就业人口比重最大的区域位于江岸区、江汉区和武昌区，都在45%~55%。

与1990年相比，2000年武汉市主城区第二产业人口有向第三产业人口转移的趋势。其中，第一产业就业人口比重最大的区域是黄陂区、新洲区和江夏区，达到60%~80%。第二产业就业人口比重最大的区域是青山区，在45%~60%之间。第三产业就业人口比重最大的区域位于江岸区、江汉区和武昌区，达到65%~75%。

与2000年相比，2010年武汉市新城区第一产业就业人口比重下降，第一产业人口有向第二、三产业人口转移的趋势。武汉经济开发区第二产业就业人口占比最大，达55%~65%。第三产业就业人口比重最大的区域位于江岸区、江汉区、汉阳区、洪山区和武昌区，达到65%~80%。

总体来看，在经济快速增长和土地资源受限的双重背景下，1990~2010年期间，武汉市中心城区第二产业人口逐渐向第三产业转移；新城区第一产业人口逐渐向第二、三产业转移。

3.4 > 2015年人口分布分析

3.4.1 > 各行政区人口空间分布

2015年武汉市总人口约1082.18万，其中，中心城区628.53万，占全市人口总数的

58.08%，新城区人口453.65万人，占全市人口总数的41.92%。中心城区人口以武昌区与洪山区居多，新城区以黄陂区居多，新洲区与江夏区次之。中心城区人口密度约6550人/km²，约为新城区人口密度的11倍。中心城区以江汉区人口密度为最高，约24000人/km²，武昌区次之，约15070人/km²；新城区中东西湖区人口密度远高于其他区域，但仍略小于全市平均水平[图3-2]。

3.4.2 > 都市发展区内人口空间分布

武汉市都市发展区人口约857.85万人，其中主城区约638万人，占发展区人口的74.39%，新城组群人口约219.67万人，占发展区的25.61%。新城组群中西部组群人口数量最多且人口密度最高，南部组群次之。主城区人口密度约为新城组群的10.8倍。主城区人口呈现出轴线式连片发展，在两江沿岸人口密度最为集中，新城组群人口为组团式聚集模式，呈现出单中心或多中心的人口聚集模式，在城关镇或功能区聚集[图3-3]。

3.4.3 > 三环内人口空间分布

武汉市三环线内总人口约601万，其

图 3-2 > 各区人口密度分布

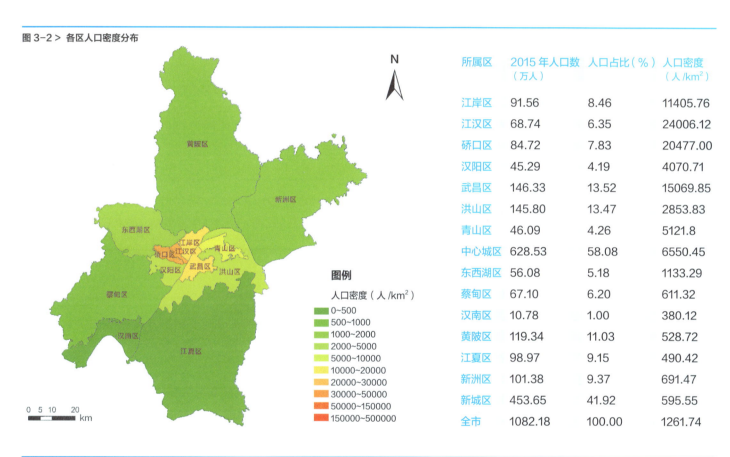

所属区	2015年人口数（万人）	人口占比（%）	人口密度（人/km²）
江岸区	91.56	8.46	11405.76
江汉区	68.74	6.35	24006.12
硚口区	84.72	7.83	20477.00
汉阳区	45.29	4.19	4070.71
武昌区	146.33	13.52	15069.85
洪山区	145.80	13.47	2853.83
青山区	46.09	4.26	5121.8
中心城区	628.53	58.08	6550.45
东西湖区	56.08	5.18	1133.29
蔡甸区	67.10	6.20	611.32
汉南区	10.78	1.00	380.12
黄陂区	119.34	11.03	528.72
江夏区	98.97	9.15	490.42
新洲区	101.38	9.37	691.47
新城区	453.65	41.92	595.55
全市	1082.18	100.00	1261.74

图 3-3 > 都市发展区人口密度分布图

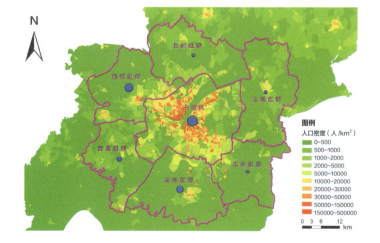

名称	2015年人口数（万人）	人口占比（%）	人口密度（人/km²）
主城区	638.18	74.39	9190.17
北部组群	29.73	3.47	643.34
东部组群	29.56	3.45	602.63
东南组群	22.04	2.57	632.90
南部组群	46.28	5.39	954.49
西部组群	66.29	7.73	1578.07
西南组群	25.75	3.00	694.16
六大组群	219.67	25.61	852.40
合计	857.85	100.00	2622.19

图 3-4 > 武汉市分圈层人口密度分布图

环线名称	2015年人口数（万人）	人口占比（%）	人口密度（人/km²）
一环内	110.20	18.32	24869.12
一、二环间	209.49	34.83	22472.99
二、三环间	281.84	46.85	7284.67
合计	601.53	100.00	11470.18

中一环、二环、三环内人口占比分别为 18.32%、34.83% 及 46.85%；人口密度从一环线向外逐渐降低，其中一环线与二环线人口密度均超出 20000 人 /km²。一环线内尤其是汉口沿江片区人口高度密集；二环线内高密度区域集中在汉口和武昌的部分老居住区，沿主干道轴线分布；二环至三环高密度区也呈现轴线分布态势，如青山区武钢片，在部分区域形成大小不一的人口节点，如关山光谷片、后湖片、古田片等区域 [图 3-4]。

3.4.4 > 人口聚集分析

对 2015 年武汉市人口进行空间聚集分析，发现主城区人口高度聚集，尤以汉口片区最为明显，其次是武昌老城区及青山片。新城区在城关镇及开发区部分区域也有聚集态势，如新洲区阳逻街、蔡甸区沌阳街等 [图 3-5]。

3.5 > 未来人口预测

人口预测是根据现有的人口状况并考虑人口发展的各种因素，按照科学的方法，测算在未来某个时间的人口规模、水平和趋势。人口预测方法分为趋势法和因子分析法两大类。趋势法是

图 3-5 > 武汉市人口聚集图

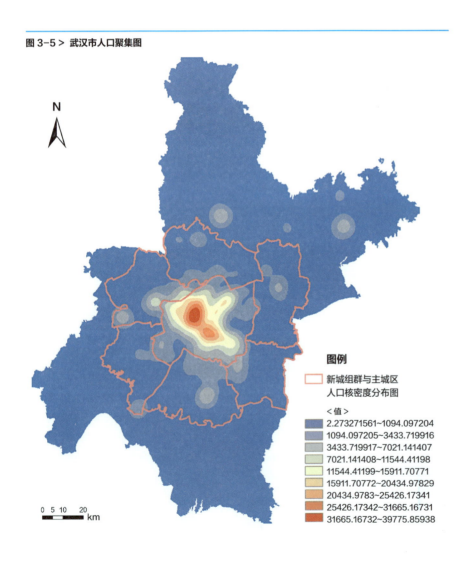

表 3-3 > 武汉市 1990~2015 年常住人口情况

年份	人数（万人）
1990 年	690.32
1991 年	700.64
1992 年	711.13
1993 年	721.13
1994 年	732.57
1995 年	743.53
1996 年	754.65
1997 年	765.94
1998 年	777.4
1999 年	789.03
2000 年	804.81
2001 年	813.8
2002 年	823.7
2003 年	836.8
2004 年	845.43
2005 年	858
2006 年	875
2007 年	891
2008 年	897
2009 年	910
2010 年	978.54
2011 年	1002
2012 年	1012
2013 年	1022
2014 年	1038
2015 年	1060

根据过去人口数量的统计数据，并假设今后人口的变化趋势仍按同样的函数曲线发展，来估算未来人口的数量。因子分析法要求所研究的人口具有较详细的统计数据，如按年龄和性别的人口数、生育率、死亡率等方面的资料，一般采用离散型的人口预测模型。本研究主要采用趋势法对未来的人口规模进行预测。

查阅武汉市历年统计年鉴，对全市1990~2015年全市常住人口数据进行收集与整理[表3-3]。

在此基础上，对武汉市1990~2015年全市常住人口数据进行趋势线分析，包括线性趋势线、指数趋势线、幂函数趋势线、多项式趋势线等趋势线分析，计算每一种拟合趋势线的相关系数R^2值（R^2值的取值范围在0~1之间，表示趋势线的估计值与对应的实际数据之间的拟合程度，R^2越接近于1表示可靠性越高），根据R^2值选取拟合程度较优的趋势线对应的模型进行预测。分别采用拟合程度较高的几种模型进行预测，并反推样本数据的拟合值，根据各模型对样本数据的拟合结果计算模型权重，建立组合模型进行预测[图3-6]。

经预测，武汉市2020、2025和2030年的人口规模将分别达到1172万、1290万和1354万[图3-7]。

图 3-6 > 人口预测趋势线

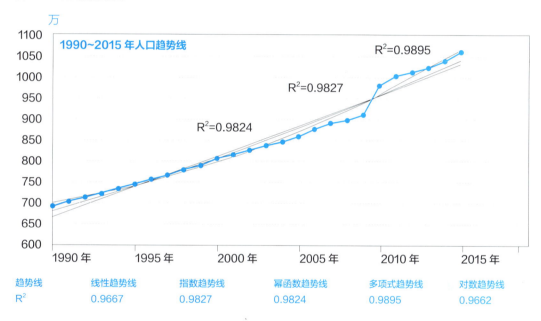

图 3-7 > 人口预测结果

参考文献 >

[1] 胡云锋，王倩倩，李军，等．国家尺度社会经济数据格网化原理和方法[J]．地球信息科学学报，2011，13（5）：573-578．

[2] 柏中强，王卷乐，杨飞．人口数据空间化研究综述[J]．地理科学进展，2013，32（11）：1692-1702．

4

RESEARCH ON WUHAN PERSPECTIVE
DEVELOPMENT BASED ON SPATIAL EVALUATION
RESEARCH ON WUHAN TEMPORAL DATE STRATEGY

第 4 章
城市空间演变及发展趋势

Chapter 4
The evolution and development trends of urban space

4.1 > 概述

20世纪50年代，国外研究者开始城市用地扩张研究。随着中国城市的快速发展，从20世纪90年代开始，我国城市空间扩展问题开始受到各界人士的关注，空间技术、遥感技术、数字图像处理技术的不断发展，极大地丰富了城市用地的研究方法，提升了研究的技术水平。

本研究旨在从历史、当代、未来三大视角研判武汉城市空间演变与发展，达到对城市空间扩张及演变规律的总体认知和把握，为武汉市未来实现精明增长提供决策参考：从历史视角梳理城市空间发展轨迹，延续城市空间文脉；从当代视角评估城市规划实施效果，研判城市空间格局；从未来视角判断城市空间发展的模式和空间结构优化方向，谋划城市空间框架。研究者通过一系列方法如空间紧凑度指数、空间形态分维数、城市空间重心指数等指标开展量化的分析，梳理和提炼城市空间扩张特征，从人口、经济、政策等方面研究扩张驱动机制，并提出相应的控制对策。

本研究综合采用史料文献法、地图重构法、数据分析法等多种方法进行研究。

史料文献法：通过搜集与武汉空间形态演变相关的文史书籍、学术论文、相关规划等文献资料，整理、研读、分析、归纳，获取相关的历史依据及理论成果，为课题的深入研究奠定基础。

地图重构法：借鉴荷兰代尔夫特理工大学形态学提炼制图方法，对近200幅1990年前的历史地图进行认知、筛选和提取，形成平台统一的各时间节点矢量信息地图，以便在同一维度上比较武汉市城市空间扩张情况，揭示城市空间形态的演变特征。

数据分析法：采用 GIS 技术与 RS 技术对1990年后的城市空间发展情况进行定量分析，包括城市空间布局与形态变化、城市专题调查研究分析、城市变化监测及规划实施情况检查三大方面的研究。

4.2 > 近现代武汉城市空间发展演变分析（1870~1990年）

4.2.1 > 近现代城市空间扩张演变历程

1. 沿江带状扩展时期（1870~1910年）

1861年汉口开埠，武汉从此开始了被动的近代化历程，城市从封闭走向开放，从沿河城市转为沿江城市。1889~1907年张之洞督鄂时期，以兴鄂振汉为己任，兴实业、修铁路、练新军、办教育、筑堤防、创市政，大力推行"湖北新政"，对武汉城市空间发展具有重要影响。

1870~1910年间，三镇各自沿长江、汉江带状扩展，建成区面积增长了8.8km²。其中，汉口增长了3.8km²、汉阳增长了1.8km²、武昌增长了3.2km²，扩张空间主要在汉口租界区域。

2. 腹地扩张 + 沿江扩展时期（1910~1950年）

辛亥革命后，1926年国民政府迁都武汉，武汉成为全国的政治中心。政治地位的提高使得城市发展迅速，1927~1937年是近代武汉发展最快的十年。抗日战争导致武汉城市的毁坏及发展倒退。

1910~1950年间，武汉三镇各自向内陆腹地自发扩张，建成区面积增长了18.5 km²。其中，汉口增长了14.9 km²、汉阳增长了0.5 km²、武昌增长了3.1 km²，汉口扩张的重心在租界和中山公园附近，汉阳和武昌主要沿江扩张。

3. 沿十字轴延展 + 跳跃式扩张时期（1950~1970年）

"一五"、"二五"期间，武汉被列为国家重点建设区域，以大型工业区的建设引导了城市空间快速扩张，武汉市进入了新中国成立后第一个城市建设高潮。大跃进后到"文革"期间，武汉市人口下降，城市建设基本停顿。

1950~1970年间，三镇各自沿长江、汉江带状扩展，同时由于外围工业区的建设导致了城市跳跃式的发展；城市内部建设密度越来越大，同时三镇之间规模上的差异进一步加大，汉阳扩展最小，武昌扩展最大。建成区面积增长了109.4km²。其中汉口增长了35.9 km²、汉阳增长了11.7 km²、武昌增长了61.8 km²。

4. 内聚填充式发展时期（1970~1990年）

"文革"期间，城市规划被削弱，建设基本停滞。改革开放后，为大力发展"有计划的商品经济"，城市建设从以工业建设为重心转移到基础设施和居住区建设上来。武汉提出"两通起飞"战略，启动了机场、港口、车站等大型交通设施建设，被确定为国家改革试点城市。

1970~1990年间，城市除了沿新修建道路轴线扩张发展外，同时在原有建成用地和城市主要发展轴线之间填充式发展。城市形态的"指状"逐渐变粗，并因填充而演化为饱满的"折扇状"，同时三镇用地规模之间的差异进一步加大，以武昌扩张最为迅速，汉阳扩张最小。建成区面积增

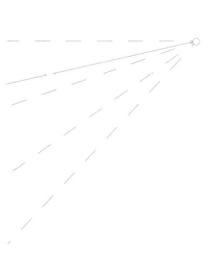

长了 142.21km²。其中，汉口增长了 16.9km²、汉阳增长了 78.4km²、武昌增长了 46.8 km²。

4.2.2 > 近现代城市空间扩张演变特征

1. 城市空间扩张演变情况

1990 年前武汉市建成区基本在主城区范围内。1870~1990 年约 120 年间，城市建成区面积增长了近 29 倍，基本呈现由沿江核心向外圈层扩张的态势 [图 4-1]。

（1）城市扩张规模

国家政策引导城市迅速扩张，奠定武汉城市基本布局框架。从武汉市城市整体空间扩张来看 [图 4-2]，1870~1990 年间，武汉市城市建成区从 7.5km² 扩展到 218.9km²，总体速度虽属于低量增长，但是在 120 年的时间跨度内，城市扩张速度却存在波动起伏 [图 4-3]，其中扩张最为明显的阶段是 1950~1970 年间，即"一五"、"二五"计划经济时期。

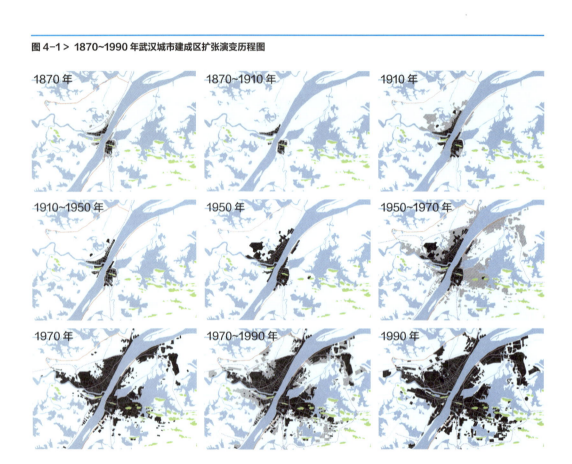

图 4-1 > 1870~1990 年武汉城市建成区扩张演变历程图

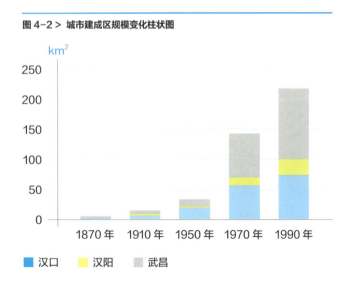

图 4-2 > 城市建成区规模变化柱状图

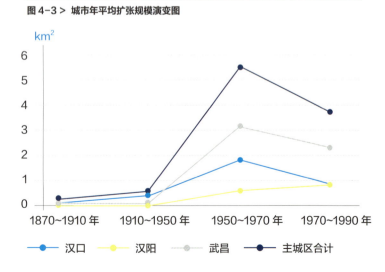

图 4-3 > 城市年平均扩张规模演变图

（2）三镇扩张速度

大型交通基础设施和工业用地建设，是城市高速扩张的最主要因素。武汉三镇各自的发展高点，基本都与设施、工业用地的扩张密切相关。

武昌的发展轨迹和城市整体轨迹较为一致，在1950~1970年阶段发展突飞猛进，之后的20年又逐步放缓；汉口自1861年起城市扩张强度一直保持相对稳步增长趋势，到1950~1970年阶段，内陆大面积的填充扩张速度达到顶峰，1970年后发展速度逐步减缓；汉阳的扩张轨迹与其他两区不同，呈现反"N"字发展态势［图4-4］。

2. 城市空间结构演变特征

（1）主城空间结构演变特征

① 从"独立的点状城廓"到"沿江、沿轴带状"到"点线面结合的圈层扩张"［图4-5］

工业导向型决定了武汉城市发展是以聚集型空间扩展方式为主。城市最初从独立的点状城廓发展起来，武昌、汉口、汉阳各自组团。接着因为城市跨江桥梁的建设，三镇逐步连接并向外沿江、沿轴带状扩展蔓延，形成东西"十字"扩展结构。最终，城市边缘区以工业为先导，随着住宅和商业设施的相继建设，逐渐演化为城市核心区，从而形成点线面结合的圈层式布局结构。

② 从"顺江生长的线性方格网"到"环线+内陆延伸放射状线"［图4-6］

三大老城核心肌理非常明显地受到两江及湖泊的影响。沿江地区的肌理特征是：城市腹地以密布的巷弄沿垂直水域方向到达水域边缘，紧临水域的轮廓划分明显比远离水域的轮廓更加细密；远离水域核心区的内陆外围地区，受铁路交通的影响，城市肌理逐步趋向于放射状的发展趋势。跨江桥梁的建设，引导着三镇主要干道网络连接成环，逐步形成"内部方格网+环状+外部放射"的城市网络肌理。

（2）三镇空间结构演变特征［图4-7］

① 汉口 —— 沿江两端拉动，内陆扇形发展

汉口以汉正街旧城为依托，以中山大道、

图4-4 > 武汉三镇城市扩张规模与强度统计表与演变图

年份 指标	1870年			1910年			1950年			1970年			1990年		
区域	汉口	汉阳	武昌	汉口	汉阳	武昌	汉口	汉阳	武昌	汉口	汉阳	武昌	汉口	汉阳	武昌
建成区总面积（km²）	3.1	0.3	4.1	6.9	2.1	7.3	21.8	2.6	10.4	57.7	14.3	72.2	74.6	25.3	119
合计	7.5			16.3			34.8			144.2			218.9		
扩张强度				3%	15%	2%	5%	1%	1%	8%	23%	30%	1%	4%	3%
扩张类型				低速	高速	低速	中速	低速	低速	快速	高速	高速	低速	低速	低速
扩张强度合计				3%			3%			16%			3%		
扩张类型				中速			低速			高速			低速		

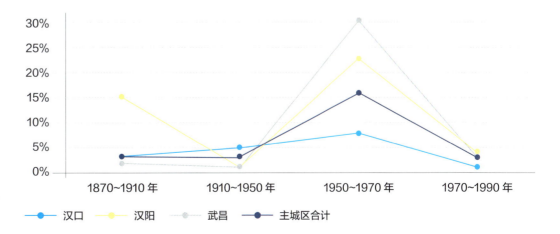

图 4-5 > 主城区空间结构演变示意图

三镇独立建设

沿江、沿轴十字扩展

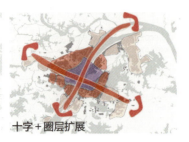
十字+圈层扩展

图 4-6 > 主城区空间结构网络肌理演变示意图

城市雏形

顺江生长的线性方格网

环线+内陆延伸放射状线

解放大道为轴,以沿江南北端的工业企业为拉动极,呈带状向两端延伸,形成汉口的主要骨架。同时,几个次要发展轴大规模向北纵深腹地填充发展。城市空间由"带状"变成饱满的"扇形"。

② 武昌 —— 丁字发展为主,井字发展趋势

武昌城市空间主要呈现"丁"字发展,以武昌古城为核心,一方面向东沿武珞路大幅度推进,另一方面,向北沿和平大道与青山工业核心对接,向南沿武咸公路逐步形成白沙洲工业区,形成沿江南北工业生长轴。同时,关山一路等城市次轴逐步形成。城市空间结构呈"井"字发展趋势。

③ 汉阳 —— L形两轴带动,三轴发展趋势

汉阳以主城为基础,沿鹦鹉大道向南发展,沿汉阳大道向西发展,整体呈现"L"形两轴带动结构。同时,逐步建设龙阳大道,形成新的城市发展轴线。

3. 城市空间形态的基因传承

(1) 注重主城山水构架的传承

注重"龟蛇锁江"十字形山轴水系。长江、汉水、龟山、蛇山、洪山、珞珈山、喻家山形成的山水十字轴是武汉主城区最具特色的自然景观。

注重"山水泽城"相融的生态特质。马鞍山、喻家山、磨山、珞珈山、蛇山、龟山等入城山系和东湖、南湖、严西湖、沙湖等入城湖泊形成的"山水泽城"是自然景观与人工建设相融合的城市特色形态。

(2) 注重城市骨架与自然要素的契合

武汉城市"山水江湖"的自然景观体系,促使城市主要结构骨架呈现着"顺江而为、沿山延展、环湖生长"等不同形式的形态特征。

图 4-7 > 主城区空间结构网络肌理演变示意图

图 4-8 > 城市历史体验轴线示意图

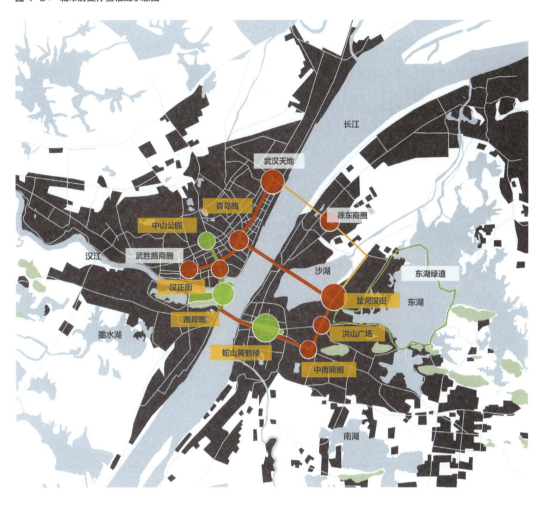

沿长江、汉江两岸，街道顺江、巷道垂江，组合成顺江而为的方格网体系；城市众多山体组合成东西山系，汉阳、武昌的主要发展骨架基本沿山脉背离长江生长；沿东湖等湖泊周边，在湖泊间隙形成组团聚集，并由环湖生长的主要城市路网骨架串联。

（3）注重城市历史体验轴线的传承

城市景观中轴线，是城市历史、景观与文化的形象体现。在武汉市历届总体规划中，都明确提出过武汉城市景观中轴线的概念，虽然这种中轴规划思想后期逐渐被取代，但是在城市发展过程中，仍逐步形成了中山公园、会展中心、洪山广场等城市体验节点。

从城市规划的演变史来看，带有强烈构图主义的城市景观中轴线，并不适合山水构架较为自由，且老城中心被两江分割的武汉，但构建城市历史、文化、景观体验轴线的思想值得传承与发扬。

未来的城市体验环线，建议在城市一环的基础上，形成"大+小"环体验线路[图4-8]。

4.3 > 当代武汉城市空间发展演变分析（1990~2015年）

都市发展区是城市功能的主要集聚区和城市空间的重点拓展区，也是本次武汉城市扩张和空间结构演变研究的重点关注区域。当代武汉城市空间演变主要从土地利用变化、建成区演变两个层次进行分析。

4.3.1 > 都市发展区土地利用变化研究

1. 1995~2005年武汉都市区土地利用变化分析

1995~2005年发展过程中[表4-1]，建设用地面积增加迅速，其中村镇及工矿用地增加幅度最大，在部分土地增加的同时，耕地、草地、水域及水利设施用地规模均缩小，农用地中的耕地规模收缩严重。

从空间分布来看，如图4-9所示，建成区的扩张主要是沿主城区向外拓展，形成"点、线、面"的分散格局。汉口，靠近三环线的后湖、杨汉湖至常青花园、东西湖地区，建设用地增长显著，形成"面"状的拓展趋势；武昌地区，环南湖地区、关山的东湖高新技术开发区发展势头强劲，以平行于城市主干道武珞路的方向往南部空间发展，形成空间扩展中的又一个"面"。武昌和平乡呈现显著的"点"式发展，这是由于1995年6月长江二桥建成后，武昌和平乡徐东村在武汉市黄金地段的区位优势立即突显，地区经济发展加剧了徐东村及周边地区强劲的用地增长。距离主城较远的盘龙城、阳逻也呈现"点"式发展态势。

2. 2005~2010年武汉都市发展区土地利用变化分析

2005~2010年发展过程中［表4-2］，建设用地面积依旧增加迅速，其中村镇及工矿用地增加幅度最大，与之形成鲜明对比的是农用地中的耕地规模收缩较多。

重点对2005~2010年间增加的城镇村工矿及交通运输用地进行分析，如图4-10所示，2005~2010年间武汉市建成区呈现零星点状生长模式，主要增加用地均为沿着2005年建成区散点式生长：汉口，环金银湖地区增长显著，沿着三环线、东西湖大道、硚口古田、东西湖区城市空间不断增加；汉阳，除了延续沌口开发区的发展外，四新片区发展较为突出；武昌，南湖地区往南发展蔓延，沿着白沙洲大道、武昌大道，向黄家湖地区迅速发展；东湖高新技术开发区也在往南、往东持续拓展，东湖北部的杨园地区和杨春湖地区建设用地增长较多。重点镇中，阳逻建设依然进行，与此同时，隔江相望的北湖也初步形成。

在1990~2010年间，城镇村及工矿用地、交通运输用地都呈现持续增长的态势，城镇村及工矿用地扩展比较平稳，从1995~2005年间每年以5%的速度发展，到2005~2010年年均变化率降为4.42%，发展速度有所放缓，但是同时期交通运输用地扩展速度非常高，年均变化率是16.6%，其发展速率是1995~2005年的八倍。

4.3.2 > 建成区扩展与空间结构演变研究

1. 形态叠加分析

1990~2015年城市扩展以填充式和边缘式为主。增长最为明显的片区［图4-11］［表4-3］是西南部的沌口组团、西部的吴家山新城、东北部的阳逻新城、东南部的东湖高新技术产业开发区。

2. 紧凑度指数

紧凑度指数是衡量城市空间形态变化的重要指标。通过紧凑度分析武汉城市形态发展的聚合程度，紧凑度值越大，其城市聚合程度越高。紧凑度指数是衡量城市空间形态变化的重要指标，其表达式为：

$$C = 2\sqrt{\pi A}/P$$

式中：C为城市紧凑度；A为城市面积；P为城市周长。

紧凑度指数与图形面积大小及距离大小无关，仅与几何图形的形状相关。圆形的紧凑度为1，其他图形的紧凑度越接近圆形越大，反之越小。由此得出，城市形状越接近圆形，紧凑度越接近1，城市空间越紧凑，反之，城市紧凑度越低，空间离散程度就越大。

表4-1 > 1995~2005年各类土地面积变化

土地类别		1995年用地规模（km²）	2005年用地规模（km²）	面积变化（km²）
农用地	耕地	1479.35	1102.61	-376.74
	园地	35.51	44.43	8.92
	林地	141.39	152.56	11.17
	草地	1.1	0.31	-0.79
建设用地	城镇村及工矿用地	512.68	771.35	258.67
	交通运输用地	17.99	57.87	39.88
	水域及水利设施用地	1016.8	996.19	-20.61
	其他土地合计	56.68	132.16	75.48

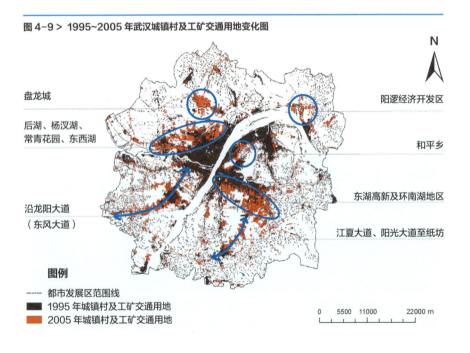

图4-9 > 1995~2005年武汉城镇村及工矿交通用地变化图

表 4-2 > 1995~2010 年各类土地面积变化

土地类别		2005 年用地规模（km²）	2010 年用地规模（km²）	面积变化（km²）
农用地	耕地	1102.61	881.98	-220.63
	园地	44.43	27.13	-17.3
	林地	152.56	194.85	42.29
	草地	0.31	13.83	13.52
建设用地	城镇村及工矿用地	771.35	941.82	170.47
	交通运输用地	57.87	106.17	48.3
	水域及水利设施用地	996.19	1081.37	85.18
	其他土地合计	132.16	14.35	-117.81

表 4-3 > 1990~2015 年主要增加区域统计

年份	主体增加区域
1990~1995 年	建设大道外侧与发展大道之间、卓刀泉周围地段
1995~2005 年	武汉市经济开发区、武汉市吴家山经济开发区
2005~2010 年	阳逻新城、盘龙新城、金银湖组团、杨春湖经济开发区
2010~2015 年	在原有片区的基础上扩展

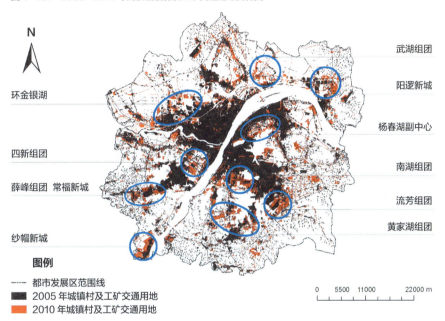

图 4-10 > 2005~2010 年武汉城镇村及工矿交通用地变化图

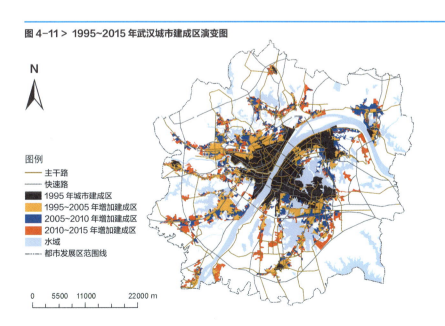

图 4-11 > 1995~2015 年武汉城市建成区演变图

通过紧凑度分析判断武汉城市形态发展的聚合程度，紧凑度值越大，其城市聚合程度越高。

由于武汉市河流、湖泊众多，其城市形态与地理水系有较大关系，城市紧凑度指数较低[表 4-4]。1990~1995 年，建成区紧凑度增加，轴线转向扇形发展，1995~2005 年建成区紧凑度降幅较大，2005~2010 年城市紧凑度指数降低，相比于 1995~2005 年降低幅度减小，说明城市空间离散程度减小，2010~2015 年城市紧凑度指数又稍微增大，城市空间聚合程度呈不明显的增大。

3. 扩张规模分析

城市扩张的规模较多地以城市扩张的数量变化来表示，引用该指数来定量分析城市建成区扩张规模大小。城市扩张规模指的是某空间单元在研究时期内建成区的年平均扩张面积。其计算公式为：

$$V = \frac{U_a - U_b}{T}$$

式中：V 表示为年扩张规模；U_a 和 U_b 分别表示研究时间跨度内的末年和初始年的城市建成区面积；T 为时间跨度，一般用年来计算。

根据划分标准来确定年均扩张面积，即：高量扩张（>30km²/年）；快量扩张（20~30km²/年）；中量扩张（10km²~20km²/年）；低量扩张（<10km²/年）。

武汉市在 1990~1995 年和 1995~2005 年处于中量增长阶段，2005~2010 年和 2010~2015 年都处于较快增加规模的阶段[表 4-5]，2005~2010 年的扩张态势尤为明显，属于高量扩张时期。

4. 扩展速率分析

城市扩展强度指数是指研究区域在研究时

期内的城市用地扩展面积占用地总面积的百分比。实质就是用研究区的用地面积对其年均扩展速度进行标准化处理，使其具有可比较性。计算公式为：

$$R = \frac{A_b - A_a}{A_a} \times \frac{1}{T} \times 100\%$$

式中：R 为城市扩展强度，A_a 为研究初期城市用地面积；A_b 为研究末期城市用地面积；T 为时间间隔。

从空间扩展强度看[表4-6]，1990~1995年、1995~2005年、2005~2010年扩展强度逐渐增加，2005~2010年扩张强度最大，属于快速发展时期。而2010~2015年扩张速度降低，说明城市扩张自2010年高速发展后开始减缓，预计未来的速度也会减缓。

5. 城市空间形状分维数

空间的分维数可以描述城市边界形状的复杂性，反映土地利用形状的变化及土地利用受干扰的程度。在分形几何中，斑块面积与周长的定义为：$P=K(A^{D/2})$，对于单个正方形的斑块，常数 $K=4$，即 $P=4(A^{D/2})$。

则城市空间形状分维数可以定义为：

$$D = \frac{2\ln(\frac{P}{4})}{\ln(A)}$$

式中：D 为某一时期城市斑块的分维数；A、P 分别是某一时期城市斑块的面积和周长。

同一种图形在两种情况下，面积越大分维数越大。在同一面积或距离数值下，从圆形到正三角形分维数逐渐变大，说明几何图形越接近圆形，分维数值越小，反之越大。由此推出，分维数 D 值越大，表示城市形状的不规则程度越大。

1990~1995年、1995~2005年，武汉市城市空间形状分维数增大明显，这段时期城市主要以快速的外部扩张为主。2005~2010年，城市空间形状分维数继续增大，这段时期武汉市虽然还是外部扩张，但扩张形势已不像之前那么明显。2010~2015年，武汉市城市空间形

表4-4 > 武汉市都市发展区建成区紧凑度指数

年份	1990年	1995年	2005年	2010年	2015年
城市面积（km²）	208.01	259.27	439.51	619.21	755.09
城市周长（km）	464.67	420.27	1173.24	1843.46	1880.18
城市紧凑度指数	0.1102	0.1358	0.0633	0.0479	0.0518

表4-5 > 武汉市都市发展区不同时间段扩张规模统计

年份	1990年	1995年	2005年	2010年	2015年
建成区面积（km²）	208.01	259.27	439.51	619.21	755.09
扩张规模（km²/年）	—	10.25	18.02	35.94	27.18
扩张类型	—	中量	中量	高量	快量

表4-6 > 武汉市都市发展区不同时间段扩张强度统计

年份	1990年	1995年	2005年	2010年	2015年
建成区面积（km²）	208.01	259.27	439.51	619.21	755.09
扩展强度	—	4.93%	6.95%	8.18%	4.39%
扩展类型	—	低速	中速	快速	低速

表4-7 > 武汉市都市发展区建成区空间形状分维数

年份	1990年	1995年	2005年	2010年	2015年
城市面积（km²）	208.01	259.27	439.51	619.21	755.09
城市周长（km）	464.67	420.27	1173.24	1843.46	1880.18
空间形状分维数	0.096	1.675	1.867	1.908	1.857

状分维数减小,这段时间城市空间增加以建成区边缘间的填充为主。综合四个时期的城市空间形状分维数,1995~2005年的城市外部空间扩展最为明显,2005~2010年向外部扩展减缓,2010~2015年转向了城市空间边缘间填充式的增长[表4-7]。

6. 城市空间重心指数

城市空间重心是描述城市空间分布的一个重要指标。它是城市保持均匀分布的平衡点,可通过对各城市地块的几何中心坐标值加权平均求得。

$$X_t = \frac{\sum_{i=1}^{n}(C_{ti} \times X_i)}{\sum_{i=1}^{n} C_{ti}} \qquad Y_t = \frac{\sum_{i=1}^{n}(C_{ti} \times Y_i)}{\sum_{i=1}^{n} C_{ti}}$$

式中:X_t、Y_t 分别为 t 时间城市用地重心坐标,X_i、Y_i 为第 i 个城市地块的几何中心坐标,C_{ti} 为第 i 个地块面积。

重心的转移距离计算分式为:

$$d = \sqrt{(X_1 - X_2)^2 + (Y_1 - Y_2)^2}$$

式中:d 代表转移的距离;X_1、Y_1 表示转移后的重心坐标;X_2、Y_2 表示基准年的重心坐标。

通过跟踪不同时期城市空间重心的移动,能够得到城市扩展方向变化的轨迹。根据多个时期的重心变化,可以预测城市的空间发展趋势。

如图4-12所示,1995~2005年,重心向西南方向偏移明显,西部增加东西湖城区和部分吴家山经济开发区的工业园区,西南部增加武汉经济开发区;2005~2010年,重心稍微像东北部偏移,东北部主要增加的是阳逻经济开发区和以武汉站为依托发展起来的杨春湖区域;2010~2015年,重心又向西南部偏移,西南部的增长以武汉经济技术开发区南部增长为主,东南部是绕城高速的入口处。

1995~2015年,武汉市建成区重心整体向西南向偏移,南偏西64.28°,偏移距离是3302.5m。

4.3.3 > 用地空间扩展驱动因素分析

1. 自然地理

除"趋江效应"外,长江和汉水所形成的"两江三地"的格局,也对三地城市形态的演变产生了影响。单纯就城市建成区自身的形态演变而言,山体和湖泊的驱动力作用表现为其对建成区扩展的挤压力。

2. 社会经济

经济的发展是城市建设的直接动力,经济发展的不同时期也有不同的城市演变模式与其适应,经济发展与形态演变的过程均呈现出周期性的特点。本研究以武汉全市的统计数据来进行分析。从图4-13、图4-14可以看出武汉市域GDP与武汉都市发展区面积整体增长率还是比较接近的,相关度较高。

人口的转换和产业的转移是城市形态演变的重要动力,从图4-15可以看出建成区人口

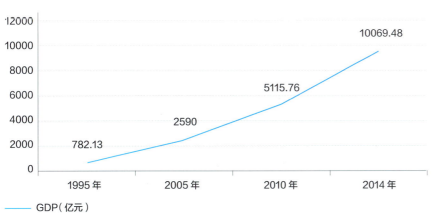

图4-12 > 1995~2015年武汉城市建成区扩展及重心变化

图例
- 1995年建成区重心
- 2005年建成区重心
- 2010年建成区重心
- 2015年建成区重心
- 1995年建成区
- 2005年建成区
- 2010年建成区
- 2015年建成区
- 都市发展区范围线

图4-13 > 武汉市域国内生产总值变化

增长与建成区面积变化的相关度很高。

3. 开发区建设

武汉开发区的建设不仅表现为工业厂房的建设，优良的山水风貌还吸引着房地产业在区内的大力发展。武汉的主要经济开发区包括：武汉经济开发区、武汉吴家山经济开发区、武汉东湖新技术开发区和阳逻经济开发区。经济开发区的建设发展是武汉市空间扩张的主要动因。

4. 交通运输

交通对武汉城市形态的演变起着至关重要的作用，其驱动力具体体现在点和线两个方面。

"点"因素：桥梁与陆地的连接点因其交通通达性的提高，区位优势凸显，往往成为建成区新的生长点：武汉长江二桥、白沙洲大桥、阳逻大桥与陆地的连接点；火车站由于其区位优势，也是建成区新的增长点：汉口站、武汉站。飞机场由于其特殊性，对周边建成区的增长有促进作用：天河国际机场。

"线"因素：主要表现为新增建成区沿交通主干道向两侧的生长，沿交通干道高速扩展的热点区域主要为：318国道、东西湖大道、临空港大道、光谷大道、江夏大道、局部三环线等。

5. 政策与规划

城市形态的演变是人类建设活动的结果，而城市规划与城市发展策略则起着对人类建设活动进行规范和约束的作用，其对城市形态的演变具有指向性的作用。

1988年版武汉总体规划：提出城市建设布局沿江河、呈带状展开，逐步构成多组团式的旧区、新区、工业区与环形放射道路系统的规划结构。1996年版武汉总体规划：优化主城三镇的空间布局，促进三镇的均衡协调发展。2010年版武汉市总体规划：以主城为核心、在重要出口通道构筑六个方向的城市主要空间发展轴，同时，充分利用轴线之间的自然生态要素，构建六个楔形生态走廊。

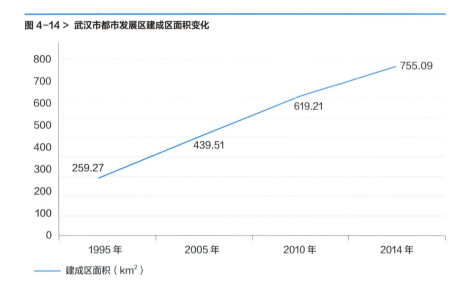

图4-14 > 武汉市都市发展区建成区面积变化

4.4 > 未来武汉城市空间发展趋势与建议

4.4.1 > 城市空间发展预测

1. 主要空间发展方向

综合1990~2015年的分析[图4-16]，各个方向均有不同程度的增长。东向轴带形增长趋势不明显，建设用地增长较为缓慢；西向和西南向轴带形增长趋势最为明显；东南向也呈带形增长，由于河流阻隔，带形较"窄"；同时，沿汤逊湖东侧向南线性式发展；东北部沿江区域呈不明显的带状发展。

主城区用地发展格局：受历史上武汉城市格局影响，至2015年武汉市主城区居住和商业的发展重点主要是在城市"山"轴的北部，汉阳地区和武昌武珞路的北部。汉阳以传统商业中心为核心向外扇形发展，武昌受东湖影响主要是沿长江向下游、武珞路向东发展，因南向发展较弱，武昌呈现马蹄形发展格局。汉阳则

图4-15 > 武汉市都市发展区建成区面积、人口变化图

主要是沌口经济开发区的发展较为显著，但其空间内商业和居民用地发展都集中于汉阳大道沿线，向南发展较为缓慢。

工业用地发展主要是在武昌和汉阳两区形成的三大核心工业区，青山武钢、关山东湖高新技术开发区以及汉阳沌口经济开发区分别占据武汉主城区的东北、东南、西南角，与主城区形成以长江为直径的半包围态势。

2. 用地空间发展潜力（未来集中发展区）

武汉市未来发展主要是：填充式发展西南轴线组团区；拓宽东北沿江轴线带和东南部汤逊湖西侧轴线带；沿城市、依据规划边缘式拓展临空港经济开发区和武汉市高新经济开发区；集中发展黄家湖组团区、豹澥新城区、北湖新城区、阳逻新城区、横店组团区、军山组团区。

未来主城区内用地的发展主要是集中在居住用地和商业服务设施用地，基于总体规划对武汉市主城区结构、功能的调整和再定位，工业发展将逐渐退出主城区空间。对于居住用地而言，其发展空间主要集中在二环以外的区域，居住组团的建设发展潜力在古田、四新、白沙和谌家矶。作为规划的城市副中心四新和杨春湖现状发展较为缓慢，在未来，四新和杨春湖地区的市级副商业中心将成为发展的重点，以白沙居住组团、古田居住组团为需求的商业服务业配套设施也将成为重要的发展潜力，武汉市的商业布局将以传统商业布局为核心，依托现有的商业轴线，并借助未来规划的道路轴线从二环线向三环线延展，形成网状格局服务主城区。

4.4.2 > 城市空间结构优化

1. 空间发展模式

1990~1995年建成区扩展模式主要为边缘式扩展和填充式发展。城市建设以居住区建设为主，空间形态上除沿新修建道路轴线推进发展外，开始转向在原有用地周边蔓延和在前一时期伸出的发展轴之间进行填充发展。城市形态的"指状"逐渐变粗，因过分填充而演化为饱满的"折扇状"。

1995~2005年建成区增长模式主要为边缘式扩展和飞地式增长[图4-17]，增长的建成区形成了四片主要的集中区域：汉口金银湖区域、吴家山新城区、武昌南湖区域（边缘式发展）；汉口沌口区域（飞地式发展）。

2005~2010年建成区增长主要为边缘式扩展和飞地式增长[图4-18]，沿原有城市空间形态，金银湖区域、吴家山新城区、沌口区域

图 4-16 > 1995~2015年武汉市都市发展区空间发展结构

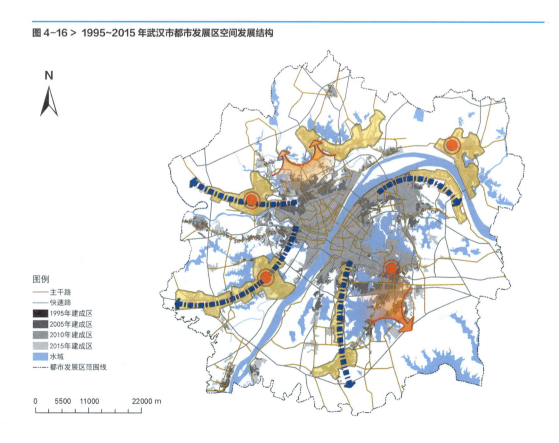

图 4-17 > 1995~2010 年城市发展模式

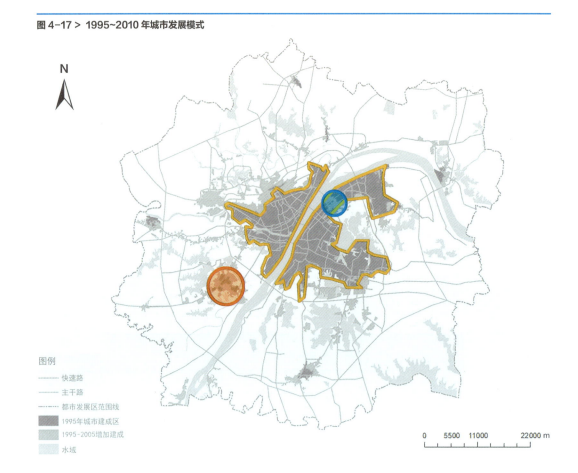

图 4-18 > 2005~2010 年城市发展模式

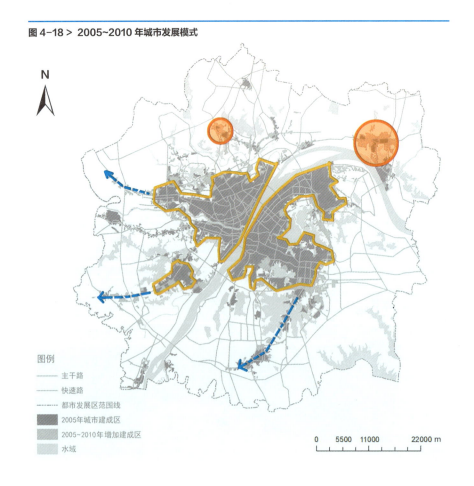

和南湖区域外延扩张突出，城市东北和西北区的阳逻新城、盘龙新城显现飞地式增长。

2010~2015 年建成区增长用地主要集中于城市近郊区 [图 4-19]，建成区扩展较为分散，以边缘式扩展为主。新增城市建成区主要位于城市主要道路两侧，或紧密联系城市外环路，依托于高校区或工业园区发展起来。东西湖城区和江夏区城区扩展明显，流芳组团、北湖新城大体形成。

2. 空间结构优化方向

圈层与轴向相结合：武汉正进入工业化中级阶段，这一阶段的重要特征就是城市的极化效应占据主导，向外扩张趋势非常明显，这种蔓延式扩张是进入轴向扩展之前必然经历的一个过程。因此，武汉城市空间拓展模式的选择应该是现阶段在城市地区以圈层拓展为主，后阶段在城市圈形成以产业为主导的线性拓展模式。

带状与组团结合发展：武汉山水资源尤其是水资源是最重要的发展资源和都市特色，武汉城市空间发展应该充分顺应山水资源均匀分布的态势，以组团结构为基础，带状布局，创造出具有滨江滨湖特色的城市空间结构和形态。

图 4-19 > 2010~2015 年城市发展模式

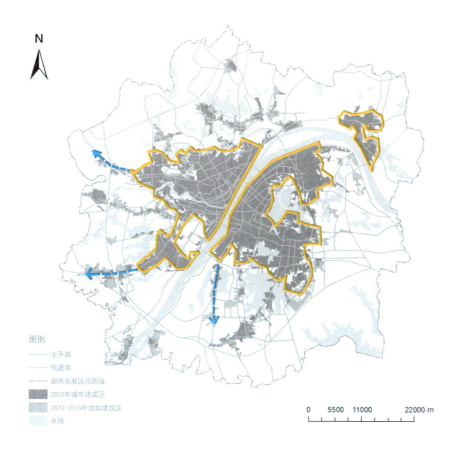

滨江为核、山水横轴相连：依托自然山水格局，充分发挥江汉路、汉正街、永清、武昌临江、沙湖等滨江地区的空间优势，实现中心服务功能的高端化，在两江交汇处聚集形成强大功能的集核。同时，逐步拓展汉水—武珞路垂江横轴，将汉江两岸、滨江城市核、鲁巷等中心功能区有机连为一线，形成武汉市的"服务轴心"。

严格保持"两环六楔"的生态框架，同时保持绿楔连通性：以三环线防护绿地为纽带，形成主城区外围生态保护圈；依托以外环线防护绿地为纽带，构成都市发展区的生态保护圈；依托六片放射状生态绿楔，建立联系城市内外的生态廊道和城市风道，以深入主城区核心，改善城市热岛效应。同时，注意六片生态绿楔之间的连通性，对于阻隔绿楔连通的建设用地应进行严格控制。

参考文献 >

[1] 邹悦. 档案与城市记忆——武汉百年规划 [J]. 城建档案，2012（4）：50-53.
[2] 李军. 近代武汉城市形态的演变 [M]. 北京：中国建筑工业出版社，2006.
[3] 鲁西奇. 城墙内外——古代汉水流域城市的形态与空间结构 [M]. 北京：中华书局，2011.
[4] 朱哲学. 武汉空间结构与功能变迁研究 [M]. 武汉：武汉出版社，2015.
[5] 吴薇. 近代武昌城市发展与空间形态研究 [M]. 北京：中国建筑工业出版社，2014.
[6] 张隼. 汉阳造：汉阳兵工厂（1895~1945 年）[M]. 成都：西南财经大学出版社，2014.
[7] 李百浩，刘炜. 湖北古镇空间 [M]. 武汉：武汉理工大学出版社，2013.
[8] 陈秋芳. 长河落日：张之洞与武汉 [M]. 武汉：湖北人民出版社，2011.
[9] 方方. 武昌城 [M]. 北京：人民文学出版社，2011.
[10] 武汉市国土资源和规划局. 规划武汉图集 [M]. 北京：中国建筑工业出版社，2010.
[11] 武汉市地图集 [M]. 北京：中国地图出版社，2015.
[12] 涂文学，刘庆平. 图说武汉城市史 [M]. 武汉：武汉出版社，2010.
[13] 武汉历史地图集 [M]. 北京：中国地图出版社，1998.
[14] 皮明庥. 近代武汉城市史 [M]. 北京：中国社会科学出版社，1993.
[15] 吴薇. 近代武昌城市发展与空间形态研究 [D]. 广州：华南理工大学. 2012.
[16] 李明术. 近现代武汉水运对城市空间演变影响规律研究（1861~2009 年）[D]. 武汉：华中科技大学. 2011.
[17] 汤黎. 人口、空间与汉口的城市发展（1460~1930 年）[D]. 武汉：华中师范大学. 2008.
[18] 董菲. 武汉现代城市规划历史研究 [D]. 武汉：武汉理工大学. 2010.
[19] 邓木林. GIS/RS 技术支持下的武汉市居住空间特征研究 [D]. 武汉：武汉大学. 2009.
[20] 廖从健，黄敬峰，盛莉等. 基于遥感的杭州城市建成区扩展研究 [J]. 城市发展研究，2013，20（6）：58-63.
[21] 李明财，郭军，熊明明. 基于遥感和GIS的天津建成区扩张特征及驱动力 [J]. 生态学杂志，2011，30（7）：1521-1528.
[22] 胡长慧. 开封城市用地扩张时空特征及驱动力分析 [D]. 郑州：河南大学. 2014.

5

RESEARCH ON WUHAN PERSPECTIVE DEVELOPMENT BASED ON SPATIAL EVALUATION

RESEARCH ON WUHAN TEMPORAL DATE STRATEGY

基于时空大数据的武汉发展研究：
透视、评价与策略
Research on Wuhan Development Based on Spatial Temporal Date：
PERSPECTIVE，EVALUATION AND STRATEGY

>

第 5 章
交通运行与发展状况分析

Chapter 5
The situation and development of urban transport system

随着国家"一带一路"、中部城市群发展战略的推进，在武汉市社会经济的快速发展带动下，武汉市及其城市圈范围的交通进入了区域发展的新的历史阶段。为促进区域交通可持续发展，需要对交通基础设施进行摸底调查，对各类设施的建设、运营情况开展评估，并有针对性地提出未来交通的发展对策。

5.1 > 概述

本次研究采用定性分析与定量测算相结合的方法，在分析武汉市交通现状、发展的基础上，综合考虑社会经济、土地利用、机动车增长等多因素影响，分析城市交通拥堵成因，提出静态交通设施供应、管理、保障等方面的政策建议。同时，以区域对外交通设施分布运营现状为基础，参考国内外相关研究指标，提出区域交通系统评价指标体系，分析评估武汉城市圈交通发展水平，研究区域交通发展趋势，最终提出交通发展战略建议方案。

5.2 > 交通现状与运行评价

伴随近年来国民收入水平的迅速提高，私人小汽车快速进入家庭，城市交通设施建设相对滞后，自 2009 年以来，武汉市投入大量资金开展城市交通基础设施建设，但大投入大建设努力带来的城市交通运行质量改善仅是阶段性的，有限的设施供给不能满足市民日益增长的交通出行需求，交通建设的正面效应正在被快速削弱，城市交通运行面临较大压力。

5.2.1 > 武汉市交通发展现状

1. 对外交通建设成绩显著

按照武汉国家中心城市、国家枢纽城市建设目标，通过近几年的持续建设和完善，武汉对外交通持续"中部领跑"，国家枢纽地位强化，区域辐射功能提升；截至 2014 年年底，武汉市对外客货运量达 2.81 亿人次和 4.85 亿吨，较 2010 年分别增长 23% 和 20%。其中：

武汉天河机场已经成为"国际范"空港，机场跑道等级为最高的 4F 级，可起降空客 A380 客机，客运吞吐量重返中部第一，达 1894.2 万人次；国际航线中部最多，达 33 条，是中部唯一直飞四大洲的枢纽机场，跨境旅客超百万人次。机场三期扩建工程继续推进，第三航站楼建设完成过半。

"铁路之心"助力武汉成为中部第一铁路枢纽，是首个拥有武汉站、汉口站、武昌站三个特等客运火车站的城市；高铁有京广、沪汉蓉铁路等；城铁有武咸、武黄、武冈城际等；普铁有京广、京九、武九、汉丹铁路等；客运已基本实现武汉至国内主要特大城市和经济圈 5 小时全覆盖，2014 年客运量达 1.43 亿人次，较上年增长 18%，已成为全国四大铁路客运枢纽之一。

"水上门户"辐射力进一步增强，已成为长江第一大内河港。2014 年武汉港通过能力达 11000 万吨，航道通航里程达 650km，其中四级及以上航道里程 221km；2014 年水路货物运量达 1.28 亿吨，较上年增长 22%；港口货物吞吐量 8150 万吨，较上年增长 6%，其中港口集装箱吞吐量突破 100 万标箱，较上年增长 18%，迈入世界内河集装箱港口"第一方阵"。

高速公路骨架高效支撑全域发展，境内规划国家高速公路全部通车，基本实现 1 小时覆盖武汉城市圈；2014 年全市公路通车总里程达 14520km，其中高速公路 634km，其他等级公路 13606km；公路累计完成客货运量达 1.3 亿人次和 2.8 亿吨，较上年分别增长 23% 和 12%。

2. 城市道路交通面貌脱胎换骨

武汉市路网总里程约 4994km，其中等级道路约 3289km，街巷道路约 1705km。道路总面积达 8620 万平方米，其中车行道面积 6206 万平方米，人行道面积 2413 万平方米，人均道路面积约 10.5 平方米 [图 5-1]。

目前，主城"3 环 13 射"快速路网已形成"3 环 8 射"，其中"3 环"分别为城市一环线、二环线和三环线，"8 射"分别为欢乐大道、雄楚大街、珞狮南路、白沙洲大道、龙阳大道、长丰大道、姑嫂树路、金桥大道，未形成的"5 射"分别为江北快速路、硚口—常青路、国博大道、友谊大道、墨水湖北路延长线。

目前，主城规划越长江通道 11 座，建成 7 座（六桥一隧），分别为天兴洲大桥、二七长江大桥、长江二桥、长江隧道、长江一桥、鹦鹉洲大桥、白沙洲大桥；在建 2 座，分别为三阳路隧道和杨泗港大桥；预留 2 座，分别为铁机路通道和工业大道通道。主城规划越汉江通道 8 座，其中建成 6 座，分别为江汉一桥（江汉桥）、江汉二桥(知音桥)、江汉三桥(月湖桥)、江汉四桥（晴川桥）、江汉五桥（长丰桥）、江汉六桥（古田桥，在建）；预留 2 座，分别

图 5-1 > 武汉市主城区现状路网图

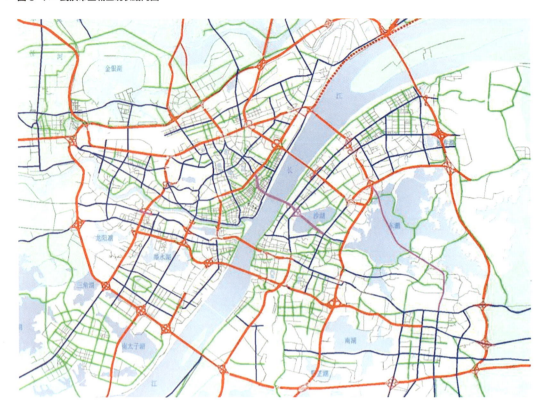

表 5-1 > 轨道交通基本指标统计表

年份 指标	车辆数（辆）	线路长度（km）	车站（座）	年客运量（万人次）
2009 年	48	10.23	10	1317
2010 年	116	28.5	25	3300
2011 年	132	28.8	25	7793.9
2012 年	312	56.2	46	8442.6
2013 年	402	72.1	61	24358.0
2014 年	620	97.1	78	35624.4
2015 年	794	125.4	102	72890.5

为古田三路、古田四路通道。截至 2015 年年底，越江交通总量达 100 万车次/日，其中越长江交通量约 58 万车次/日，越汉江交通量约 42 万车次/日。

3. 公共交通建设全面提速

目前，武汉市公共交通运输工具主要包括轨道交通、公共汽（电）车、出租车和轮渡。2014 年，武汉市全年完成公交客运量约 22.3 亿人次，较上年有所增加，增长了 2.9%，增长主要来源于轨道交通。其中，常规公交汽（电）车年客运量 14.8 亿人次，占总量的 66.4%；轨道交通年客运量 3.6 亿人次，占总量的 16.0%；出租车年客运量 3.8 亿人次，占总量的 17.2%；轮渡年客运量 943.4 万人次，占总量的 0.4%。

作为公共交通中的骨干运输部分，2014 年轨道交通共运送乘客 3.6 亿人次，日均客流 97.6 万人次，较上年增加 46%，轨道交通承担的客运量在公共交通领域内的比重为 16.0%。在前期轨道交通 1 号线、2 号线基础上，2014 年 5 月新开通轨道交通 1 号线汉口北延长线，12 月新开通轨道交通 4 号线二期，运营总里程达 97.1km，共有 78 座车站。2015 年 12 月新开通轨道交通 3 号线一期，运营总里程达

125.4km,共有102座站点。随着轨道网络骨架的逐步完善,轨道交通客流增加明显,日均客流量较2014年增长1倍左右,达到200万人次/日,占公共交通客运量的比例已超过30%[表5-1][图5-2]。

5.2.2 > 交通运行评价

1. 总体交通运行质量逐年下降

通过对连续五年武汉市主城区交通运行水平的跟踪记录,全市总体交通运行质量呈现持续下降趋势。2015年第四季度武汉市的交通拥堵程度由2012年的轻度拥堵进入到严重拥堵,形势严峻[图5-3]。

全市常发拥堵路段长度连续呈现上升趋势,2014年早高峰常发拥堵路段长度为76.7km;晚高峰拥堵路段长度为96.9km,分别较2013年增加4.8%和5.5%。

2015年9月早高峰常发拥堵路段长度78.4km,晚高峰常发拥堵路段长度为

图5-2 > 武汉市近期轨道交通线网图

图5-3 > 武汉市月度交通拥堵指数对比

图 5-4 > 武汉市常发拥堵路段分布对比

2012 年 9 月常发拥堵路段分布　　　2013 年 9 月常发拥堵路段分布　　　2015 年 12 月常发拥堵路段分布

图 5-5 > 武汉市主城区 2014 年路口流量情况

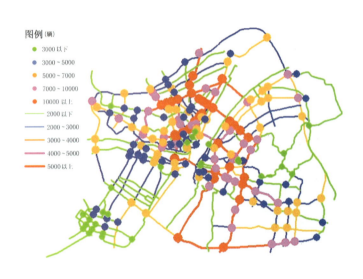

图 5-6 > 武汉市主城区 2015 年路口流量情况

图 5-7 > 近两年分等级道路运行车速变化图

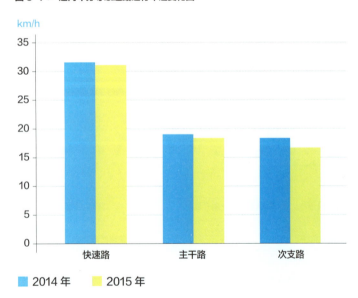

图 5-8 > 2015 年 9 月交通拥堵指数时变图

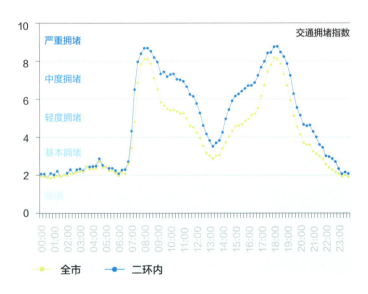

98.9km，与 2014 年相比拥堵范围不断扩大，拥堵点段由点状分布向线状分布转变，二环以内交通拥堵明显加剧，外围拥堵点段也逐步增多 [图 5-4]。

另外，主城区高峰 h 流量大于 5000 辆的路口从 2014 年的 123 个增加到 2015 年的 140 个；大于 10000 辆的路口维持在 33 个 [图 5-5、图 5-6]。

2. 交通运行车速逐年降低

从全网看来，2015 年 1~9 月高峰运行车速为 20.5km/h，较上年继续下降。其中，快速路和主干路高峰车速分别为 31.2km/h（含辅道）和 18.5km/h，较 2014 年下降 1.8% 和 3.7%；次支路高峰车速仅为 16.7km/h，较 2014 年大幅下降 9.8% [图 5-7]。

3. 交通拥堵时间大幅延长

从区域来看，全市平均每天有 4h 处于中度拥堵及以上状态，其中 1h 处于严重拥堵状态。二环线以内全天有 9.5h 处于中度拥堵及以上状态，其中 2.75h 处于严重拥堵状态。与 2014 年相比，拥堵时间大幅延长 [图 5-8]。

5.2.3 > 交通拥堵成因分析

通过对交通发展和城市用地拓展规律的分析，认为产生当前交通问题的原因主要包括如下几个方面。

1. 私人机动化发展迅猛，机动车增速逐年提高是主要原因

武汉市机动车增速伴随 2009 年大规模道路建设出现爆发式增长，机动车年均增长约 13%，但 2014 年增速达到 21%，私人机动化发展迅猛，主城机动车的 90% 以上是小汽车，私人机动化继续呈上升趋势。目前，武汉市机动车总量已超过 215 万辆，千人机动车拥有量达 210 辆。2015 年前 10 月平均月增 3.2 万辆，预计年底将新增 40 万辆，已处于城市交通快速机动化发展的中期 [表 5-2、图 5-9]。

除去高增速外，武汉市机动车发展还呈现如下两个特点：①分布也呈现人口越密集的中心城区机动车密度越高，武汉市现有机动车，65% 以上集中在三环以内区域，这与发达国际

表 5-2 > 武汉市历年机动车保有量统计表

年份	机动车保有量（辆）	增长率（%）	增长量（万辆）	其中小客车（辆）	增长率（%）	增长量（万辆）
2001 年	470002	-	-	110451	-	-
2002 年	506010	7.70%	3.6	129592	17.30%	1.9
2003 年	560649	10.80%	5.5	159796	23.30%	3
2004 年	623302	11.20%	6.3	194478	21.70%	3.5
2005 年	652713	4.70%	2.9	225960	16.20%	3.1
2006 年	703481	7.80%	5.1	263487	16.60%	3.8
2007 年	759784	8.00%	5.6	317081	20.30%	5.4
2008 年	780706	2.80%	2.1	383378	20.90%	6.6
2009 年	907394	16.20%	12.7	484792	26.50%	10.1
2010 年	1050000	15.70%	14.3	615788	27.00%	13.1
2011 年	1198307	14.10%	14.8	739764	20.13%	12.4
2012 年	1341014	11.90%	14.3	894425	20.91%	15.5
2013 年	1521200	13.43%	18	1064840	19.05%	17
2014 年	1840000	21.00%	32	1300000	22.60%	23.5
2015 年	2140000	16.63%	30	1605000	23.50%	30.5

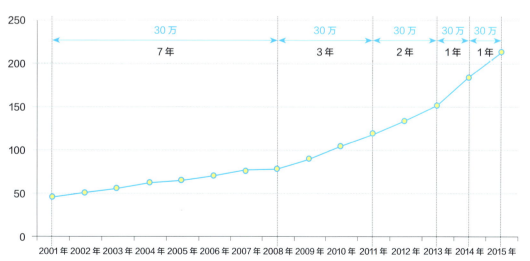

图 5-9 > 武汉市历年机动车保有量增长曲线

图 5-10 > 武汉市建设用地演化图

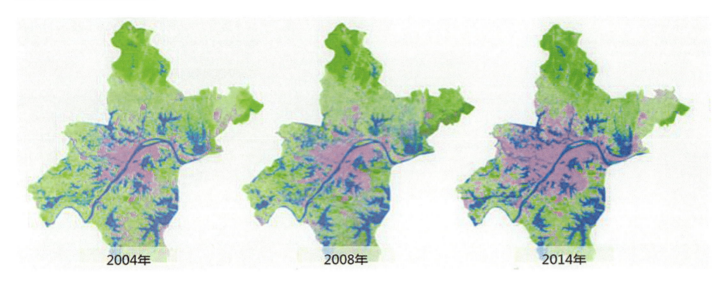

图 5-11 > 武汉市北部新城组群人员出行热力图

城市机动车的分布结构相反,交通供求矛盾突出;②机动车短距离出行比例高,武汉市小汽车低于 5km 的短途出行,占全部小汽车出行的 37%,本可骑自行车出行的人,选择开车出行。

机动车高速增长的态势、畸形的分布和出行结构,以及高频率的使用,使得武汉市道路交通供求矛盾日益突出,虽然武汉市从 2009 年开始投入巨资大力建设各项交通基础设施来满足市民出行的需要,但武汉市机动车保有量持续高速增长,远大于各项交通基础设施的建设速度,使得很多区域的道路容量处于饱和状态,全市常发拥堵地区和拥堵里程呈现明显上升趋势。机动车的高速增长给武汉市道路交通带来的压力日渐增大。事实证明:道路交通等基础设施的供给,远远赶不上机动化出行高速增长的需求,只有对机动车发展采取有效调控,合理引导居民绿色低碳出行,才是解决武汉市交通供需矛盾的有效方法。

2. "中国式"城市建设催生了以小汽车交通为主导的城市蔓延发展

当前,武汉市都市发展区城镇建设用地从 630km/h^2 扩张到 813km/h^2,单质化蔓延扩张强化了对主城区的依赖,加上轨道交通引导滞后,外围用地蔓延诱增私人机动化发展,交通回波显著 [图 5-10]。目前,在售、待售楼盘中有约 50% 集中在三环以外,三环外楼盘主要沿高、快速路扩张,由于小汽车可达性较公交具有明显优势,出行更倾向于私人机动化,由此导致主城区早晚高峰进出城道路产生潮汐拥堵。

以武汉市北部新城组群为例,利用手机大数据统计分析得到的人员出行热力图可以看出,该区域白天有近 60% 的出行活动是在主城区,且主要集中在汉口地区,根据统计发现,以上 60% 的出行中有近一半使用小汽车出行,由此进一步加重了主城区道路和进出口道路的交通压力 [图 5-11]。

3. 用地扩张没有带来城市的增长,强中心与城市蔓延"双高"发展

目前,武汉市人口依然集中在主城区发展,

外围新城区虽然用地扩张明显，但是由于主城区各项生活、工作服务设施等明显优于外围新城区，通过手机大数据分析得到的人口活动热力图显示，武汉市人口流向始终保持向主城区圈层聚集的趋势，主城区各类基础设施承载了超过规划预估的人口和出行，导致交通供需矛盾显著，进一步加剧了主城交通压力[图5-12、图5-13]。

4. 轨道建设对用地开发缺乏引导

目前，轨道站点300m覆盖范围内的建设项目中，容积率大于4.35的项目数量占比54.5%；覆盖范围外的建设项目中，容积率大于4.35的项目数量占比42.6%。轨道站点周边开发强度与非站点周边相近，目前资金平衡型建设导致项目分布均质化突出，轨道线路建设对用地开发的导向作用不显著[图5-14]。

5. 交通建设缺乏统筹协调

当前，武汉市交通建设存在统筹协调性差，建设理念误区等。片面追求高、快速路建设，忽视次支路、微循环道路建设，导致城市道路密度上不去，仅为发达国家国际城市的50%，交通流集中于骨干道路，出现拥堵后缺少次支路疏解，交通拥堵进一步加剧[表5-3]。此外，当前公交发展水平还与国际发达城市有很大差距，重视程度低，服务水平不理想，吸引力不强等特点，进一步刺激和诱发了市民出行对小汽车的依赖，若按照此趋势发展，武汉市未来年的交通出行结构中，步行和慢行等绿色出行比例将会进一步降低，机动化出行得到进一步巩固，进一步加重道路交通压力[图5-15]。另外，对停车设施的认识不够，管理缺乏统筹连贯性，没有发挥以静制动的功能。

5.3 > 静态交通设施运行分析

近年来，随着私人小汽车迅速普及，城市静态交通设施建设欠账问题凸显，停车难、停车乱问题已逐渐成为大众关注的焦点，与其他大城市一样，武汉市在规划、建设、管理等多个环节对各类静态交通设施给予了更多的重视。借地理国

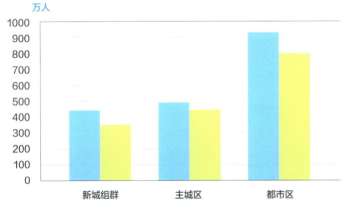

图 5-12 > 武汉市人口和用地发展图（上图：人口；下图：用地）

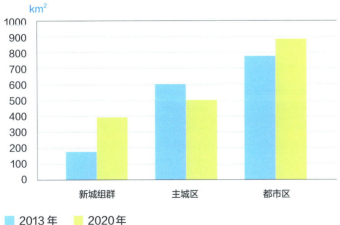

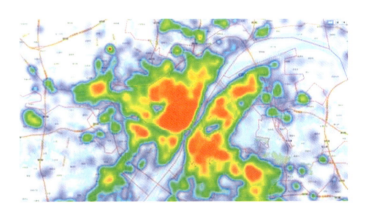

图 5-13 > 武汉市人口活动聚集热力图（上图：白天；下图：夜间）

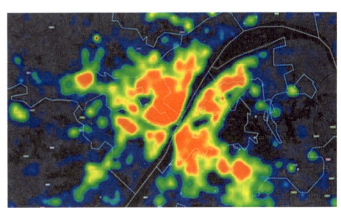

图 5-14 > 轨道 TOD 发展示意图

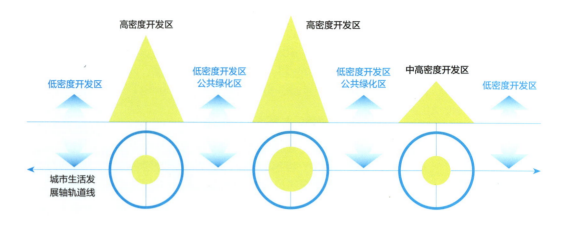

表 5-3 > 武汉与国际城市道路建设情况对比表

	东京	伦敦	武汉
研究范围	23 区	内伦敦	三环以内
面积（km²）	621	589	606
人口（万人）	845	430	610
道路面积率（%）	15.90	16.40	10.30
道路密度（km/km²）	19	16	7.3

图 5-15 > 武汉市现状与未来趋势预测的出行结构对比图

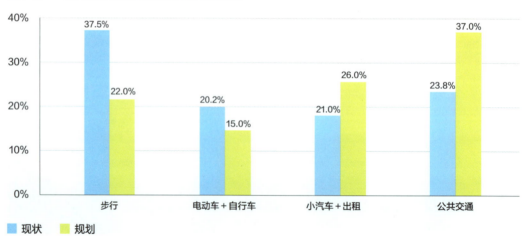

情普查的有利契机，本研究开展了大量现场调查和资料收集工作，构建了服务大众出行决策、辅助政府规划管理为主旨的信息系统平台，全面掌握了我市配建停车、公共停车、路边停车泊位的供应和分布，为深度了解我市静态交通设施使用现状及管理运营状况提供了基础数据支持。

5.3.1 > 停车设施数据平台

本研究共调阅、收集了武汉市主城区自 1990 年以来有规划审批记录的建筑配建停车资料，并根据公共停车场所在区域、功能定位的不同，重点调研已批准建设公共停车场点位的建设落实情况，对已建成停车场的管理运营状况及公共停车泊位实际供给状况、周转率等进行更新调查。针对当前路内停车问题突出的情况，本研究进行了二环线区域夜间路内停车情况摸底，并开展了主城区白天收费路段停车情况调查。

以上调查得到的建筑配建、公共停车和路内停车数据统一录入停车信息数据库，并利用停车信息系统开展诸如：配建指标分析、停车供给分析、停车需求分析、缺口和分布密度分析等，并形成具有多种主题图的武汉市主城区停车统计分析报告［图5-16］。

5.3.2 > 建筑配建停车分析

武汉市主城区共计约有停车配建设施的建筑4500个，合计配建停车泊位约73万个。其中，东湖高新区目前配建停车泊位数量最高，主城区范围汉阳区、江岸区和洪山区的配建停车泊位均超过10万个，青山区停车配建数量最低，仅3万个左右。建筑配建停车中，住宅配建停车约占配建总量的72%，其次为办公、商业类建筑，约各占总量的9%［图5-17、图5-18］。

5.3.3 > 路内停车现状分析

近年来，武汉市机动车保有量正在以每年15%以上的增幅加速上涨，目前总量已突破215万辆，特别是小汽车总量正以近年均24%的增速迅猛激增，现状主城区小汽车已突破115万辆。随着机动车的大规模发展，停车位供给不足、停车难、乱停车等现象也变得越来越严重，由此导致武汉市城市道路高峰期交通拥堵进一步加剧，停车矛盾不仅影响动态交通及居民的生活质量，同时也制约了城市的可持续发展。

在此背景下，采取有力措施，加强路内停车管理十分必要，迫在眉睫。目前，武汉市主城区路内停车主要呈现以下特点。

1. 路内停车泊位设置不合理，严重干扰道路交通运行。

目前，武汉市共有路内划线停车泊位约5万个，其中二环以内泊位约占总划线泊位数的90%，划线道路约占二环线内道路总里程的22%［表5-4］。汉口区域是路内划线停车最集中的地区，约占总量的44%。

目前，主要存在以下问题：一是分布结构不合理，主干道和次、支路的比例约为6:4，主干道承担的路内停车功能过多。二是设置方式不合理，停车泊位施划长度占所在道路长度的80%以上，存在"全线施划"、"两侧施划"、"无间隙施划"等现象。三是泊位施划距道路交叉口和地块出入口过近，影响了道路交通的正常运行。

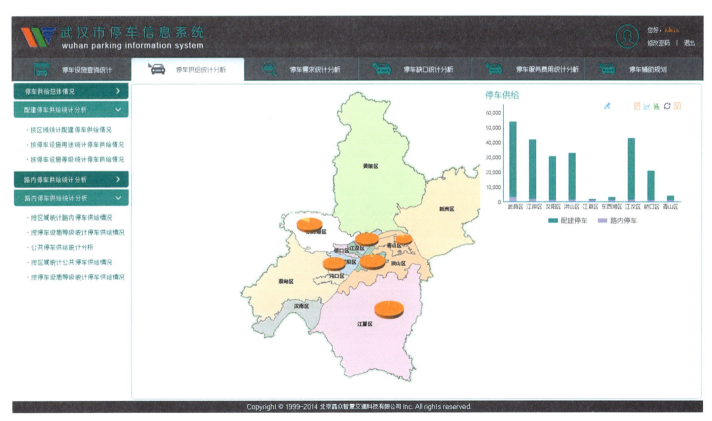

图5-16 > 停车信息系统界面

图 5-17 > 武汉市主城区各行政区停车配建泊位供给情况

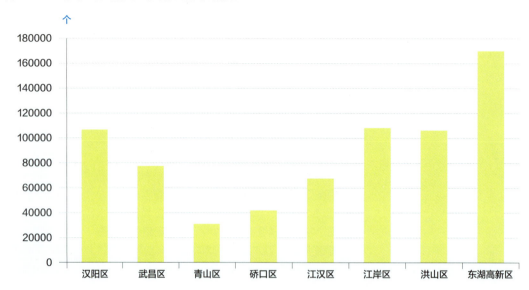

图 5-18 > 武汉市主城区各行政区停车配建泊位供给分布

本研究针对二环线区域内合计约1700km长的约360条路内划线收费停车现状开展了每日连续14h（7：00~21：00）、为期一周（7天）的白天普查工作。经统计分析，工作日白天路内停车高峰出现在上午9：30左右，高停车率时段持续到下午2：30左右，持续时间约5h，并在11：30左右达到峰值。周末上午停车率较工作日低，下午停车情况与工作日近似。现状全市划线收费停车泊位的路段高峰小时平均停车占有率约为75%以上，其中以硚口区停车率最高，达到85%，相对而言青山区高峰时段停车率最低，仅有55%［表5-5］。

运用实时交通信息系统对路内停车和道路运行状况进行了关联性分析，研究表明路内停车对三块板断面道路的交通运行影响较小，而对苗栗路、胭脂路、解放路、归元寺路等一块板断面的次支路影响较大。当停车长度超过道路长度40%时，道路通行效率明显下降，当停车长度超过道路长度70%时，大部分道路高峰时段基本处于中度拥堵及以上水平。

2. 缺乏精细化的分类管理，尤其是夜间停车缺口较大

目前，武汉市路内停车模式单一，未进行分时段泊位分类，与停车需求规律不相适应，缺乏精细化管理，夜间停车问题尤为突出。武汉市二环以内区域夜间路内停车约6.4万辆，其中70%以上在划线泊位以外停放，特别以支路占道情况最为严重，约占总停车数的49%；夜间主干道两侧也成为停车主要场所，停车数约占总量的33%。由于停车需求具有流动性，夜间停车需求总量较白天大，位于二环线各大

表 5-4 ＞ 武汉市主城区各行政区路内划线停车分布表

行政区	停车泊位数（个）	百分比（%）
硚口区	8300	16.9
江汉区	6100	12.4
江岸区	7200	14.6
武昌区	4800	9.8
洪山区	4400	8.9
青山区	4500	9.1
汉阳区	4400	8.9
经开区	3400	6.9
东湖高新区	6100	12.4
合计	49200	100.0

表 5-5 ＞ 主城区路内划线收费停车分布表

行政区	主干道及以上 划线泊位数（个）	占比（%）	次干道及支路 划线泊位数（个）	占比（%）	合计
硚口区	6401	77.10	1899	22.90	8300
江汉区	2150	35.20	3950	64.80	6100
江岸区	3567	49.50	3633	50.50	7200
武昌区	3056	63.70	1744	36.30	4800
洪山区	2986	67.90	1414	32.10	4400
青山区	2619	58.20	1881	41.80	4500
汉阳区	2532	57.50	1868	42.50	4400
经开区	1950	57.40	1450	42.60	3400
东湖高新区	5100	83.60	1000	16.40	6100
合计	30361	61.70	18839	38.30	49200

街小巷内，且多分布于居住区周边，主要集中在汉口及武昌老城区，分布在中山大道、崇仁路、顺道街、民主一街、民意四路、民意一路、黄石路等道路沿线。夜间车辆除利用已提供的4.5万个划线泊位停靠外，约有1.9万辆车占用非划线位置违章停靠。随着机动车加速增长的态势持续进行，停车缺口还将继续增大。停车难、停车混乱进一步导致武汉市高峰期间交通拥堵程度加剧［图5-19、图5-20］。

3. 路内停车收费价格不合理、管理手段落后、使用效率低

目前，武汉市路内停车泊位收费标准为3~4元/h，25元封顶，路外停车场收费标准为5~6元/h，45元封顶。路内停车收费标准低于路外停车收费标准，机动车更愿采用相对便宜的路内停靠，而路外停车设施处于闲置状态，路内、路外停车结构倒挂。

武汉市路内停车泊位采用人工方式收费和管理，一票制、议价、停车逃费等违规行为较为严重，停车封顶价难以落实，助长了占道停放、长时间停放现象，降低了路内停车泊位及路外公共停车场的使用率。据统计，约有70%的车辆停放时间超过5h，停车高峰时段从上午9：30持续到下午2：30左右，并在11：30左右达到峰值。根据国内外城市的先进经验，路内停车时长不宜超过1h，超过1h应以高收费来调控。

4. 停车执法力度有待加强，违章停车成本低

在武汉市现有的5万个路内停车泊位中，仅有1.5万个泊位能够有效管理，剩余3.5万个路内泊位处于无人有效管理状态，造成社会资源的极大浪费。尽管交管局对武汉市120条严管路段上的违停罚款金额上调至200元，提高了违章成本，但是相比国内其他城市"罚款扣分"的处罚力度，武汉市违章停车成本仍然偏低。此外，执法范围小、间歇式执法、随机执法等问题突出，容易出现"漏、逃"等现象，

图 5-19 > 武汉市二环线内夜间路内停车分布图

机动车使用者滋生侥幸心理，不利于培养依法停车的习惯。

5.3.4 > 相关停车政策建议

1. 路内停车的地位与作用

城市静态交通供给主要包括建筑配建停车、路外公共停车以及路内停车。其中，配建停车泊位占比约75%~80%，是静态交通供给的主体。路外公共停车泊位占比约10%~15%，是配建停车的补充。路内停车占比约5%~8%(《城市道路路内停车泊位设置规范》GA/T 850—2009中规定)，主要为满足居民出行临时、短时、应急停车的需要。

对于路内停车泊位施划要在不影响道路动态交通运行的前提下，遵循"科学合理、因地制宜、应划尽划"、"分类、分区、分时"差别化以及"应管尽管、严管重罚"的原则，收费标准上核心区高于外围区，白天高于夜间，路内高于路外。

2. 加强管理的若干建议

（1）对路内停车泊位进行科学施划、统一编号。科学合理地施划泊位是加强路内停车管理的先决条件，直接关系到停车管理政策措施是否可行。建议由市公安交管部门会同规划部门，在对路内停车现状与存在问题进行充分调查、分析的基础上，科学、合理地编制武汉市路内停车泊位布局规划，作为停车管理的依据和基础。

武汉市主城区小汽车保有量接近130万辆，根据5%~8%的合理比例，路内停车泊位总量宜控制在6万~10万个。现状武汉市路内停车泊位约5万个，主要分布在二环线以内。建议首先对动静交通矛盾最为突出的二环线内的路内停车泊位按照"因地制宜、应划尽划"的原则科学施划，实行"一泊位一编号"，并向社会公众发布。

原则上快速路、主干道不得设置路内停车泊位，仅允许在断面形式为高架+辅道的道路地面段，依据交通运行水平适量施划路内停车

图5-20 > 武汉市二环线内夜间路内停车分布密度图

泊位。对于三块板道路（次干道及以上等级道路），在非机动车道宽度大于5m时，可适当设置双侧停车泊位，停车泊位长度不超过路段总长度的70%。对于一块板道路（次干道及以下等级道路），单行道路仅允许设置单侧停车泊位，长度不宜超过路段总长度的60%；双向通行路段，其单侧停车泊位长度不超过路段总长度的40%，且对向停车泊位应错开布置。同时，在路口渠化区及主要地块出入口20m以内不得设置路内停车泊位。泊位设置宜以10个为一组，每组之间保留不低于4m的间隔。

（2）对路内停车泊位进行分类管理。一是全日停车泊位，全天24小时允许停车。二是夜间停车泊位，仅允许夜间（21:00至次日7:00）停车，此类泊位主要施划于夜间停车缺口较大的老旧住宅片区，如武昌老城区、徐东杨园片区、香港路和大智路片区、汉正街片区、硚口片区等。三是高峰禁停泊位，禁止在道路交通高峰期（7:00~9:00、17:00~19:00）停车，其余时段允许停车，主要施划于瞬时引发车流较大、高峰期对道路交通干扰严重的区域，如餐馆、学校、写字楼周边，还路于行。

（3）调整收费标准，优化停车结构。根据武汉市实际情况，结合国内外城市经验，建议采取"高费率，累进制"的收费方式适度提高收费标准，为保障短时停车需求能有效满足，应遵循"短时停车路内低于路外，长时停车路内高于路外"、"首小时内与首小时外差异化"的原则，提高路内泊位周转率，抑制路内长时停车需求。

（4）加强路内停车监管与执法、创新停车管理方式。目前，武汉市仅有1.5万个路内停车泊位受到监管，只占路内停车总泊位数的30%。下一步需采取有力措施，逐步扩大监管范围，将所有路内停车泊位纳入统一监管体系，做到"有位必管"，实现"全覆盖、无死角"。建议市公安、交管等执法部门，通过"委托执法"的方式，将泊位监管、收费管理与执法管理权限整合起来，杜绝"间歇性执法"，消除执法死角。同时，进一步提高违章成本，通过"严管重罚"来杜绝机动车使用者的违章侥幸心理，逐步培养市民良好的停车习惯，规范其停车行为。

为杜绝"逃票、议价"等现象，借鉴上海、广州、深圳等城市经验，建议逐步在全市范围内推广"泊位地磁感应和手机支付"等电子化收费手段，逐步取消现场人工交易，实现泊位实时监控，做到停车收费与监管分离。

3. 相关保障措施

（1）强化停车管理的统一协调。建议在即将成立的治理交通拥堵工作领导小组下，设置"停车管理办公室"，专项负责停车相关工作的协调。

（2）建立泊位更新调整机制。建立泊位滚动更新调整机制，将路内泊位与道路运行水平关联起来。对武汉市施划路内停车泊位的路段，运用实时交通信息系统对其交通运行状况进行跟踪监测，根据交通运行水平提出适时增加或撤除部分泊位的建议。由市交管部门负责每半年至少进行一次泊位更新调整。

（3）引入社会力量，加强路内停车监管。借鉴成都市经验，面向社会招聘监督员，通过引入社会力量，进一步提升路内停车服务管理水平。

（4）路内停车收费专款专用。路内停车泊位收费应专项用于路内停车设施维护、停车信息化建设、路外公共停车场建设、补贴外围停车管理成本等工作，其收取和使用情况应当每年向社会公布，接受公众的监督。

（5）鼓励新建路外停车设施，缓解路内停车压力。在加强路内停车管理的同时，仍要加大路外公共停车场的建设力度，缓解路内停车压力。鼓励老旧小区及机关、企事业单位利用自有用地新建停车设施，鼓励社会资金建设公共停车场，鼓励新建建筑超配机动车停车位，通过加大路外停车设施的供给，减少停车缺口，分担路内停车压力。

5.4 > 区域交通体系发展

武汉城市圈，是指以中部地区最大城市武汉为圆心，覆盖黄石、鄂州、黄冈、孝感、咸宁、仙桃、天门、潜江周边八个大中型城市所组成的城市群。武汉城市圈地处中国的几何中心，位于华中腹地，东连"长三角"、南接"珠三角"、西依大三峡、北承大中原，承东启西、贯通南北，是内地通往沿海地区和世界的重要中转站；同时，武汉城市圈地处中国中西部的结合部，既位于长江流域的中部，也位于中部地带五省（河南、安徽、江西、湖北、湖南）的中心位置，在连接中部地区四大城市群（武汉城市圈、中原城市群、长株潭城市群及皖江城市带）中，起着核心与枢纽作用，呈现出独特的"中部之中"区位优势。

5.4.1 > 区域交通发展现状

武汉城市圈处于湖北经济发展最活跃的区域，交通便利，初步形成了以公路、铁路为主体，包括水运、航空等运输方式构筑的综合交通体系。

1. 公路发展

2014年城市圈公路里程达到9.2万公里，占湖北省公路里程的38.7%，城市圈公路网密度达到158.1公里/百平方公里。从城市圈公路网结构来看，高速公路、一级公路及二级公路比重为20:16:64，高速公路里程占干线公路网总里程的比重约1/5，二级公路仍是干线公路网的主要构成。从空间布局来看，城市圈高速公路基本形成以武汉为轴心，七个方向延展的环+放射线模式，主要为京珠高速、许广高速、大广高速、福银高速、沪蓉高速和沪渝高速等六条主通道［图5-21］。

2014年城市圈公路运输客运量4.6亿人次，占湖北省运输总量的52%。其中，公路客运量最大的是武汉、黄冈两市，两市客运之和几乎占城市圈总量的一半。2014年城市圈公路运输货运量约5.4亿吨，占湖北省运输总量的47%。其中，公路货运量最大的武汉市，货运量占城市圈货运总量的一半；其次是黄冈和黄石，分别占城市圈货运总量的13%和10%。

2. 铁路发展

武汉城市圈现状铁路主要由普通铁路、高速铁路和城际铁路三个层次组成。普通铁路由京广铁路、汉丹铁路和长荆铁路组成，高速铁路由武广客专、石武高铁和沪汉蓉高铁组成，高速铁路和普通铁路共同组成了武汉城市圈的铁路线路骨架网络。国家发改委批复武汉城市圈城际铁路总体规划方案合计约557km，2014年已建成武汉—咸宁、黄冈、黄石三条城际铁路。城市圈铁路里程接近2000km，其中武汉、黄冈、孝感铁路里程位列前三。城市圈铁路密度约3.4公里/百平方公里。城市圈铁路客运枢纽一共有45个，其中国铁站点19个，城际站点26个［图5-22］。

3. 水运发展

武汉城市圈围绕长江、汉江两个国家内河航道，形成以武汉、鄂州、黄冈、咸宁4市港口岸线统一规划建设的武汉新港为中心，长江、汉江为通道的长江中游航运中心港航体系。武汉新港规划建设目标是"亿吨大港、千万标箱"，左岸从武汉市黄陂区武湖窑头至黄冈市蔡胡廖，岸线全长59.72km；右岸从青山区武钢运河口至鄂州长港出口，岸线全长71.31km。港区规划用地3225万平方米，现有24个长江主体港区。2011年武汉城市圈长江干流港口货物吞吐量达到1.1亿吨，集装箱吞吐量达到75.5万标箱，货物吞吐量主要集中在武汉、黄石、黄冈、

图5-21 > 武汉城市圈公路网分布图

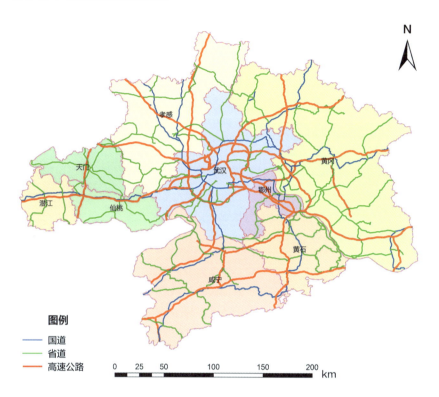

图5-22 > 武汉城市圈铁路线路站点分布图

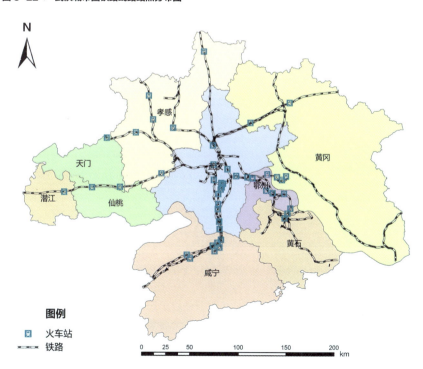

咸宁4市[表5-6]。

4. 航空发展

航空是武汉城市圈交通的重要组成部分，目前已经形成了以天河国际机场为核心的航运体系。天河国际机场由T2航站楼、国际航站楼和T3航站楼共同组成，现有一条跑道，长3400m，宽45m，两侧道肩各7.5m。国内客运在飞城市共计52个，国内货运目前在飞城市5个，国内航空公司共计25家，客运公司23家，货运公司4家。国际客运在飞城市共计28个，国际货运在飞城市4个，国际航空公司共计14家。

2014年武汉天河机场客运量接近1100万人次，旅客吞吐量超过1700万人次；货运量达到10.2万吨，货物周转量接近1.5亿吨·公里。

表 5-6 > 港口及主要功能统计表

编号	港区	主要功能
1	赤壁港区	客运、件杂货
2	陆溪口港区	综合性港区
3	石矶头港区	综合性港区
4	鱼岳港区	综合性港区
5	潘家湾港区	大型综合性港区
6	簰洲港区	综合性港区
7	金口港区	件杂货、散货、重件
8	青菱港区	件杂货、散货、粮食、黄沙
9	纱帽港区	件杂货、散货
10	军山港区	商品汽车、件杂货
11	葛店港区	散杂货
12	沌口港区	商品汽车、件杂货、散货
13	杨泗港区	集装箱、件杂货、散货
14	湛家矶港区	件杂货、散货、油品、黄沙
15	青山港区	企属矿石、钢铁、石油及制品
16	阳逻港区	集装、钢铁
17	林四房港区	煤炭
18	团风港区	散杂货
19	唐家渡港区	散杂货
20	白许山港区	化工及制品、集装箱
21	三江港区	集装箱、散杂货
22	青峰港区	件杂货、散货
23	蔡甸港区	件杂货、散货
24	永安堂港区	杂货、散货

（资料来源：武汉新港管理委员会）

5.4.2 > 区域交通运行评价

城市圈交通体系的关键是使服务于经济发展的能力与社会环境引发的需求取得适当的平衡。武汉城市圈交通体系评价则是为了通过研究，推动城市经济、社会环境与城市圈交通均衡发展，达到城市圈交通的经济持续性、社会持续性和环境持续性。

本研究从城市圈交通设施出发，考察武汉城市圈交通体系是否实现了发展和协调持续。研究的目标是为下一步规划一个符合可持续发展和两型社会要求的交通体系，以指导未来的交通建设和管理。指标评价将提供具体的技术指标评价范围，保障规划的交通系统从多方面技术指标上满足可持续发展的要求。

1. 评价内容

以武汉城市圈交通体系包含的内容和方式为基础，交通评价的主要内容包括以下三个方面。

（1）交通基础设施评价

主要是静态交通设施的评价，包括铁路、水路、公路和航空四个方面，主要指标包括公路网密度、人均公路面积、万人铁路里程数等。

（2）交通运行水平评价

主要是评价交通系统对出行需求的满足情况和交通网络的服务水平，主要指标包括对外交通运输客货运量、客货运周转量等。

（3）综合协调度评价

主要是区域发展协调性和交通系统协调性的评价，指标包括交通经济强度等。

2. 评价指标

武汉城市圈交通体系评价指标体系在构建过程中，本着科学性、代表性和可操作性的原则进行指标选取及指标值确定工作。在指标值确定上，参考及类比了国内外城市圈相关研究中的指标值以及国内外先进城市圈的现状值，结合武汉城市圈现状进行科学、合理的调整后确立。在指标计算方面采用国内外通用的计算方法，力求指标科学、可靠。具体方法如下：

（1）参考图外具有良好特色的城市圈的现状值作为标准值。

（2）参考国内城市的现状值，作趋势外推，确定标准值。

（3）依据现有的交通与社会、经济协调发展的理论，力求定量化，以作为标准值。

对那些目前统计数据不十分完整，但在指标体系中又十分重要的指标，在缺乏有关指标统计数据前，暂用类似指标替代。

考虑指标的获取难易程度，本研究提出了

图 5-23 > 武汉城市圈高快速路系统图

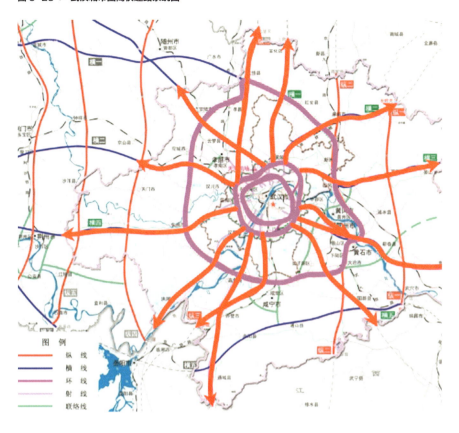

武汉城市圈交通体系评价指标包括 3 大类 19 项 [表 5-7~ 表 5-9]。

由于评价指标过多，不利于综合评价的测算与比较，因此选取其中的 10 个指标作为综合评价的基础。具体指标的评价标准对应如表 5-10 所示。

3. 综合评价

对城市圈交通体系整体进行系统性评价时，采取常用的层次分析法，对所有选取的评价指标进行加权，最终得到综合评价。综合评价值按下式计算：

$$I = \sum_{i=1}^{n} A_i \cdot Y_i$$

式中：I——综合评价值，其值的高低表示可持续发展水平；

A_i——i 项指标的权重值；

Y_i——i 项指标的得分。

据此公式，可以计算出城市圈交通系统综合评价值，并根据综合评价值对城市交通可持续发展程度进行分级。将城市圈交通系统的可持续发展程度分为强可持续发展、较强可持续发展、一般可持续发展、可持续发展和不可持续发展五种类型。

$I < 60$，不可持续发展；

$I = 60~70$，弱可持续发展；

$I = 70~80$，一般可持续发展；

$I = 80~90$，较强可持续发展；

$I > 90$，强可持续发展。

评估得到，2014 年武汉城市圈现状交通发展综合指数 70.8，城市圈交通体系处于"一般可持续发展"阶段 [表 5-11]。

5.4.3 > 结论与建议

1. 发展目标

以《长江中游城市群发展规划》、《中长期铁路网规划》、《国家公路网规划（2013~2020 年）》和正在编制的《武汉航运中心总体规划》为基础，结合城市圈发展现状，本研究提出城市圈交通发展的总体目标、原则和战略。

总体战略目标为：遵循交通发展的客观规律，以区域协调发展为目标，坚持高起点、高标准、可持续原则，建设一个布局协调、衔接顺畅、安全便捷并且高效可靠的现代化综合交通运输体系，使之成为支撑经济运行、促进社会发展必不可少的重要基础，为武汉城市圈全面发展、中部崛起发挥重大功效。

这一总体目标包括：

（1）充分利用武汉城市圈通江达海优势，

表 5-7 > 武汉城市圈交通设施评价指标

准则层	指标层	具体评价指标	单位
设施评价 B1	公路 C1	公路网密度 D1	公里 / 百平方公里
		万人公路里程 D2	公里 / 万人
	铁路 C2	铁路网密度 D3	公里 / 百平方公里
		万人铁路里程 D4	公里 / 万人
	水路 C3	—	—
		—	—
	航空 C4	机场密度 D5	个 / 百平方公里
		万人拥有机场 D6	个 / 万人

表 5-8 > 武汉城市圈交通运行评价指标

准则层	指标层	具体评价指标	单位
运行评价 B2	公路 C5	客运强度 D7	万人 / 公里
		货运强度 D8	万吨 / 公里
	铁路 C6	客运强度 D9	万人 / 公里
		货运强度 D10	万吨 / 公里
	水路 C7	集装箱吞吐量 D11	万标箱
		旅客吞吐量 D12	万人
	航空 C8	起降架次 D13	万架
		旅客吞吐量 D14	万人
		货邮吞吐量 D15	万吨

表 5-9 > 武汉城市圈交通经济协调度评价指标

准则层	指标层	具体评价指标	单位
经济协调度评价 B3	GDP 对交通的贡献 C9	公路里程经济强度 D16	公里 / 亿元
		铁路客运经济强度 D17	万人 / 亿元
		水路集装箱经济强度 D18	万标箱 / 亿元
		航空客运经济强度 D19	万人 / 亿元

表 5-10 > 武汉城市圈交通评价标准

评价标准等级	一级	二级	三级	四级	五级
公路网密度 D1	[200, 500)	[150, 200)	[100, 150)	[50, 100)	[0, 50)
万人铁路里程 D4	[0.7, 10)	[0.5, 0.7)	[0.3, 0.5)	[0.1, 0.3)	[0, 0.1)
万人拥有机场 D6	[0.001, 0.01)	[0.0005, 0.001)	[0.0002, 0.0005)	[0.0001, 0.0002)	[0, 0.0010)
公路客运强度 D7	[50, 100)	[20, 50)	[10, 20)	[5, 10)	[0, 5)
铁路货运强度 D10	[2.0, 2.5)	[1.5, 2.0)	[1.0, 1.5)	[0.5, 1.0)	[0, 0.5)
水路集装箱吞吐量 D11	[3000, 5000)	[1000, 3000)	[500, 1000)	[100, 500)	[0, 100)
航空旅客吞吐量 D14	[8000, 15000)	[4000, 8000)	[2000, 4000)	[1000, 2000)	[0, 1000)
铁路客运经济强度 D17	[0.8, 1)	[0.6, 0.8)	[0.4, 0.6)	[0.2, 0.4)	[0, 0.2)
水路集装箱经济强度 D18	[0.1, 0.5)	[0.01, 0.1)	[0.005, 0.01)	[0.001, 0.005)	[0, 0.001)
航空客运经济强度 D19	[0.6, 1.0)	[0.4, 0.6)	[0.2, 0.4)	[0.1, 0.2)	[0, 0.1)
评价指数	[90, 100]	[80, 90)	[70, 80)	[60, 70)	[0, 60)

表 5-11 > 武汉城市圈与长株潭城市群交通发展综合指数对比

评价指数	武汉城市圈	长株潭城市群
D1	81.6	76.4
D4	90.2	89.1
D6	74.2	84.5
D7	30.0	64.0
D10	72.9	70.7
D11	60.6	20.2
D14	67.3	68.0
D17	72.6	68.1
D18	69.2	60.6
D19	60.0	65.6
综合评价	70.8	68.5

构建面向国际的综合交通枢纽，提升世界贸易功能，积极融入经济全球化。

（2）降低运输成本，提高区域整体竞争力，引导武汉城市圈的形成和有序发展，在中部率先崛起，带动长江流域及中部地区经济的可持续发展，最大限度地促进我国经济的健康发展。

（3）发展武汉城市圈交通体系，构筑一体化交通，协调交通与土地利用、交通各系统之间、交通系统内部、设施与运行、体制与政策、投资与财政等之间的关系。

（4）降低交通污染，减少人员伤亡，与社会、经济、环境系统发展相协调，支持武汉城市圈的经济和城市可持续发展。

这一体系的宏观目标，应该是将运输系统人性化，追求的是人畅其行、物畅其流的经济、高效、安全的运输系统，要以提供高品质的服务作为综合运输体系的重要目标和任务，并最终实现系统与外部环境即区域运输通道与区域经济发展、城市体系空间演变及环境保护的协调发展。

2. 发展原则

（1）坚持整合资源、优势互补

武汉城市圈资源丰富，各城市发展特色鲜明、层次清晰、功能互补，具有实行分工协作、形成综合实力的优越条件。武汉城市圈交通体系要从整体利益出发，打破行政界限，确立正确的功能定位、合理的功能结构，突出优势互补，优化区域交通网络。统筹港口、公路、轨道建设，整合交通资源，拓展发展空间和经济腹地,达到完善功能、互利互惠、全面推进、协调发展,提高区域整体竞争力的目的。

(2)坚持效率优先、协调发展

武汉城市圈交通体系的建设,既要适应市场需求,提高系统效率,为武汉城市圈率先实现现代化奠定基础,也要充分考虑各地区发展进程,注重各种交通方式相互衔接和各个层次、区域运输网络的相互衔接,强化对外辐射能力。既要发挥公路网络覆盖、服务面广的特点,加强高速公路与重要的港口、机场、车站、运输站场等节点的衔接,也要发挥水运网络经济、环保的运输特点,最大限度地发挥武汉城市圈交通设施的综合效益。

(3)坚持适度超前、切实可行

武汉城市圈交通体系设施的规划建设应与经济发展相协调,与城市圈城镇体系空间布局相协调,与经济发展和生产力布局相协调。规划制定既要立足于满足近期交通需求和社会经济发展的需要,更要着眼于适应长远交通需求和社会经济现代化的要求;既要立足于满足容量需求,更要着眼于提高服务水平的要求;既要立足于 21 世纪头二十年实现交通新的跨越式发展的要求,更要着眼于未来交通现代化的需要。同时,要兼顾规划的连续性和在一定时期内的可行性。

(4)坚持点面结合、整体推进

在交通基础设施建设的布局上,要以武汉为核心,在重点培育武汉枢纽中心的同时,合理布局城市圈交通基础设施。公路建设既要重点建设快速疏港通道和对外通道等高速公路,提高通行能力和可靠性,也要重视农村公路建设、实现城乡一体化发展。主动适应现代交通体系由大规模建设逐步转向高效率管理的趋势,充分利用现代管理技术和信息化手段,提高设施维护、保养的效率和质量,降低运输系统的运行成本。

(5)坚持可持续的发展观

解决交通运输能力滞后问题将是一个长期的任务,要历史地、辩证地看交通的适应和超前问题,保持适度的建设规模和适当的发展速度。正确把握发展水平、协调度、可持续发展能力三者关系,正确处理发展与人口、资源、环境的关系,解决好发展速度、规模扩张与可持续发展的关系,保持健康、稳定的发展态势,

图 5-24 > 武汉城市圈铁路系统图

实现效益型、功能型和可持续型的跨越式发展。

3. 发展战略

（1）公路

武汉城市圈的公路交通特征主要体现在三个层次，一是城市圈交通与国家高速公路系统的衔接，二是武汉市与城市圈内城市的交通衔接，三是城市圈城市之间的交通联系。

从现有的城市圈交通体系来看，第一层次和第二层次的高速公路已基本成型，而第三层次还未形成互为联通的交通网络，武汉周边8个城市之间直达道路少，"断头路"多，有些根本就没有道路直达。因此，构建武汉城市圈交通公路网，除了武汉积极"突围"外，还需要周边城市的互动，只有连线成网、互联互通，才能发挥最大效益，武汉经济圈大交通网才能最终形成，也就是要加快规划建设第三层道路系统。

在城市圈内构建以武汉为中心的"三环十三射"的高速公路系统，形成武汉至城市圈2h公路交通圈，加强武汉与周边城市快速道路的交通联系。

三环：城市圈环线、武汉外环线和四环线；

十三条射线：武鄂高速、武黄高速、武英高速、汉十高速等［图5-23］。

（2）铁路

提升武汉铁路枢纽作为全国四大铁路枢纽、六大客运中心之一的地位。

通过兰福高铁、京广高铁和胶桂高铁及延伸线，打造与"一带一路"出口节点衔接的快速通道。

构建以武汉为中心向外放射的"二横二纵二斜"12个方向的高铁网，实现武汉至京、沪、穗、渝等1000km范围内主要城市的3小时经济圈，加强武汉城市圈与全国主要战略功能区的社会经济联系。

城市圈构建"两环十二射"快速铁路系统，在城市圈内实现各个城市向各个方向开行高铁列车的目标，减少武汉铁路枢纽过境性列车，加强城市圈城市之间的横向铁路联系［图5-24］。

（3）水路

以提高效益为中心，加快内河航运的结构调整，集中力量建设武汉城市圈水网骨干航道；建立以长江、汉江和两沙运河航道为中心，武汉港和黄石港为枢纽，干支相通、区域成网、通江达海的面向全国和国际的现代化水运体系；实现港口生产、管理现代化，并成为地区的综合物流基地；形成布局合理、管理科学、技术先进、港口航道船舶协调发展，并与其他运输方式相互衔接、畅通的现代化内河航运体系，为国民经济和社会发展提供宽松和适度超前的内河运输环境。

首要问题是完善航道条件。在武汉至安庆段形成6m水深航道、武汉至宜昌段形成4.5m

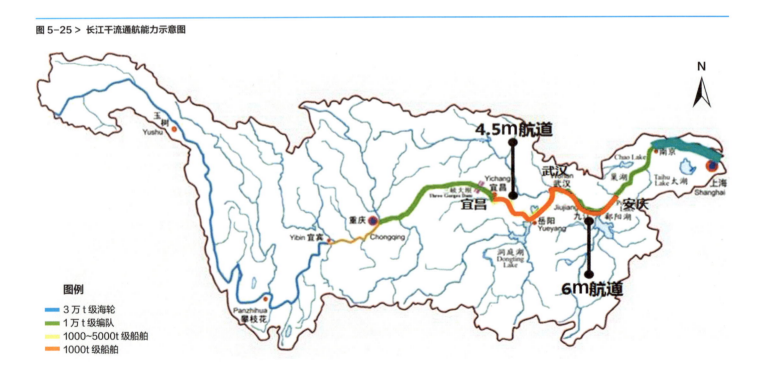

图5-25 > 长江干流通航能力示意图

图例
- 3万t级海轮
- 1万t级编队
- 1000~5000t级船舶
- 1000t级船舶

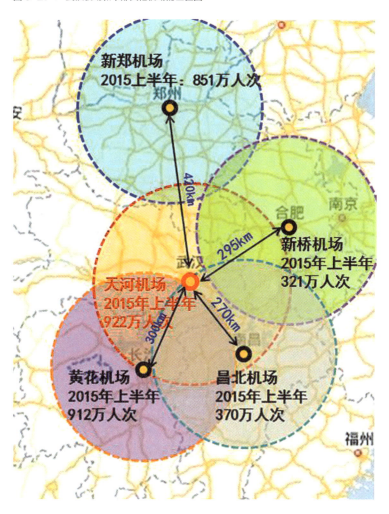

图 5-27 > 武汉机场和中部其他机场的区位图

水深航道，才能加快江海联运航线的建立［图 5-25］。

其次是优先推进核心港口建设，打造武汉港航运品牌。应集中力量优先建设核心港口配套设施，尽快提高武汉航运中心的规模与地位。

（4）航空

按照国际机场标准，将武汉天河机场建设成为辐射全国、面向国际的大型枢纽机场和航空物流中心，建成天河机场第二跑道，进行机场第三跑道的建设准备工作，加强空港配套设施建设，积极培育和发展国内、国际航线。至 2020 年，形成 3000 万人次、40 万吨货物吞吐量的年运输能力，远景发展成为拥有四条跑道的大型复合枢纽机场。同时，下一步考虑建设武汉第二民用机场或整合其他军用机场为民用机场的可能性［图 5-26］。

参考文献 >

[1] 王伟，贺兴东. 北京市停车管理问题分析与对策建议 [J]. 综合运输，2014（6）：76-79.
[2] 宋新力. "停车难"带给道路停车管理企业的思考 [J]. 经济，2012（9）：147.
[3] 戴帅，虞力英. 城市停车管理的启示与建议 [J]. 道路交通管理，2013（7）：46-47.
[4] 葛党桥. 郑州市机动车停车管理问题与对策研究 [J]. 中国商界（下半月），2009（6）：252.
[5] 刘洪营，梁国华. 中等城市停车特性及发展战略研究 [J]. 交通企业管理，2009（6）：46-47.
[6] 陈敘亦，楼肖华. 城市中心区停车规划策略研究 [J]. 城市道桥与防洪，2008（11）：97-101.
[7] 周晓玲. 运用停车收费机制引导城市交通需求 [J]. 改革与战略，2007（6）：32-33.
[8] 王燕. 以人为本促进城市机动车停车管理 [J]. 综合运输，2007（4）：56-59.
[9] 沈爱红，姜建平，戎吉成. 城市公共停车管理机制探讨 [J]. 山西建筑，2006（6）：19-20.
[10] 刘树义，张竞. 赫尔辛基市停车管理策略 [J]. 城市交通，2005（2）：25-28.
[11] 贺立国，朱丛坤，刘仁辉. 静态交通管理系统的要素分析 [J]. 哈尔滨工业大学学报，2004（10）：1388-1391.
[12] 重庆统计年鉴 2015[M]. 北京：中国统计出版社，2014.
[13] 湖南省统计年鉴 2015[M]. 北京：中国统计出版社，2014.
[14] 湖北省统计年鉴 2014[M]. 北京：中国统计出版社，2014.
[15] 湖北交通运输年鉴 2014[M]. 北京：人民交通出版社股份有限公司，2014.
[16] 湖北交通运输年鉴 2015[M]. 北京：人民交通出版社股份有限公司，2015.
[17] 2014 中国交通运输统计年鉴 [M]. 北京：人民交通出版社股份有限公司，2015.
[18] 2014 长江航运发展报告 [M]. 北京：人民交通出版社股份有限公司，2014.
[19] 武汉统计年鉴 2014[M]. 北京：中国统计出版社，2014.
[20] 武汉市绿色交通规划研究 [R]. 武汉：武汉市城市综合交通规划设计研究院，2010.
[21] 考虑交通效率与环保节能的武汉都市圈交通发展战略与情景分析 [R]. 武汉：武汉市交通发展战略研究院，2015.
[22] 武汉城市圈综合交通一体化发展研究 [R]. 武汉：武汉市城市综合交通规划设计研究院，2007.

6

RESEARCH ON WUHAN PERSPECTIVE DEVELOPMENT BASED ON SPATIAL EVALUATION TEMPORAL DATE STRATEGY

第 6 章
经济地理演变分析

Chapter 6
The evolution of economic geography

区域经济地理理论的发展经历了从19世纪初至20世纪40年代的基于产业、企业的区位选择、空间行为和组织结构规律性研究阶段，和第二次世界大战以后至20世纪80年代的区域总体空间结构与形态演化规律研究阶段，以及20世纪80年代以后的新经济地理学阶段。

新经济地理学对经济活动的空间集聚和增长集聚的动力分析，为区域经济空间结构演化研究提供了新思路与方法。伴随区域经济空间结构演化理论的发展，其相应的方法也从静态分析模拟逐步向动态过程的空间演化模拟发展。新方法与技术手段在区域空间结构演变研究中已开始发挥越来越重要的作用，特别是复杂性科学方法和 GIS 与 RS 技术的结合展示出良好的应用前景。本研究在区域经济地理理论与方法较为成熟的背景下，以大量 GIS 数据为基础，研究武汉市经济地理演变规律，从而为武汉市形成最优经济地理格局提供参考及实现经济持续、健康发展。

6.1 > 概述

6.1.1 > 国内外研究现状

经济地理理论可以分为区位论和新经济理论。区位论是经济地理理论的来源，是基础性理论，为分析和研究区域空间上的人类经济活动提供了理论支撑。区位论包含杜能的农业区位论、韦伯的工业区位论、勒施的市场区位论和泰勒的中心地理论。新经济地理理论主要是指中心—外围理论。杜能在《孤立国同农业和国民经济的关系》中，阐明了农业土地利用不仅与土地相关，更依赖于经济尤其是生产力的发展水平，取决于农产品从产地运输到市场的运费。韦伯在《工业区位论》中将运输费用、劳动费用和集聚效应纳入工业区位的选择框架内，从费用的角度来分析工业企业的区位决策。勒施在《经济空间秩序》中，研究从不完全竞争的角度来研究一般均衡区位理论，形成了市场区位论，他认为企业在区域和市场圈中选择能够得到最大利润的区位，由于竞争的存在，当区位空间达到均衡时，市场的最优空间模型是正六边形，形成一个蜂窝状的正六边形面状市场。泰勒在对德国南部地区城市、乡村集镇和农村服务区之间的空间结构进行深入研究后，构建了服务业区位选择的中心地理论。

国内学者对武汉市经济地理进行了初步研究。吴永保（2006）从需求、产业结构、资源要素供给和体制四个角度分析了武汉市经济发展动力特征。肖卫平等（2005）指出在武汉市经济发展的现阶段，以汽车零部件业、电动车等为重点，举全市之力做大做强汽车产业，引领武汉经济的腾飞应是当前武汉经济发展的重要战略选择。袁永友等（2008）通过梳理改革开放30年来招商引资对武汉市发展的影响，指出招商引资与武汉的开放和改革是密切相关的，开放促改革、促发展使得武汉经济地位回升。李德胜（2010）从五个方面提出科技引领武汉经济发展的对策建议。

王磊（2001）指出城市产业结构直接决定了城市的经济功能，进而对城市空间结构产生影响，因此提出在经济全球化背景下始终以产业结构的调整促进空间结构的良性演化，促进城市的建设乃至区域的联动发展。邓文胜等（2003）通过 GIS 强大的专题制图功能，分析了武汉市城镇体系，结果表明武汉市城镇分布不平衡，沿城镇中心（点）向外围呈圈层分布和沿江沿路轴线扩展，卫星城分布也不均衡，重点镇不突出，集镇多而分散。罗名海（2005）基于 CA 模型研究指出武汉市主城整体上呈现"摊大饼"的发展态势，并且扩散到城市地区，近郊优势增长十分明显，导致了大规模的郊区化，呈现出城乡一体化的发展态势。刘和涛等（2015）利用 RS 和 GIS 技术，分析了 1990~2010 年间武汉市建成区的时空演变特征。

近年来，随着 GIS 应用技术的普及以及空间数据采集技术的发展，武汉市空间分析更趋向于具体领域。胡娟等（2014）基于武汉市统计年鉴和 2011 年的问卷调查，利用 ArcGIS 工具，对武汉市职住空间特征和职住匹配关系进行分析和评价。罗蕾等（2015）通过对武汉市中心城区创意产业进行分类，利用 ArcGIS10 建立武汉市中心城区创意产业七大类创意企业的空间数据库，运用栅格法分别计算绘制武汉市中心城区各类创意产业企业空间分布机构密度图，并进行空间分布特征分析，揭示武汉市中心城区创意产业企业空间分布规律和各类型创意企业的空间分异特征。

国内外研究基本理清了经济地理的内涵及要素，对区域经济地理演变规律进行了初步的分析，并借鉴和应用大量现代工具及方法对经济地理进行了定量和建模研究。但就武汉市而言，对武汉市经济地理进行系统研究的成果尚不多见。

6.1.2 > 数据来源

1. 研究对象

本研究在对武汉市经济地理演变的研究过

程中,选取的是武汉市 13 个行政区作为区级研究对象,分别是江岸区、江汉区、硚口区、汉阳区、武昌区、青山区、洪山区、东西湖区、汉南区、蔡甸区、江夏区、黄陂区、新洲区。

2. 数据来源

(1)经济空间结构变迁数据说明

为保证对武汉市经济地理的演变作深入而透彻的研究,本研究的纵向数据采用时间序列即 1978~2014 年进行考虑,以便对武汉自改革开放以来的经济地理演变作整体分析。

基于数据的可得性和充分性考虑,对经济指标时间节点数据的选择,本研究采用全国三次经济普查时间点,即 2004、2008 和 2013 年。一是在研究产业集聚时,经济指标数据易获得且全面;二是在将武汉市与国内外城市进行比较时,作为比较的国内城市的数据比较容易获得,且在选取的时间节点分析的结果更加有说服力。

(2)武汉市与其他城市比较研究的数据来源

本研究的所有统计数据来源于 2000~2014 年的《湖北统计年鉴》、《武汉统计年鉴》、《武汉年鉴》、《北京统计年鉴》、《北京年鉴》、《上海统计年鉴》、《上海年鉴》、《广州统计年鉴》、《广州年鉴》、《成都统计年鉴》、《成都年鉴》、《南京统计年鉴》、《南京年鉴》、《杭州统计年鉴》、《杭州年鉴》、《2014 中国火炬统计年鉴》、《东湖高新区 2014 统计年鉴》。

(3)比较研究中的案例选择标准

本研究在对武汉与国内城市的比较分析中,选取了武汉城市圈内部城市,与武汉发展水平相当的成都、南京和杭州,国内一线城市北京、上海和广州。

选取武汉城市圈内部城市进行比较,是基于湖北省内部视角进行考虑。武汉城市圈是中部地区三大城市群之一,而武汉市作为城市圈的核心城市,对未来城市圈的发展,起着决定性的作用。将武汉市与城市圈内部城市比较,就是要从定性和定量的角度全面了解武汉市在城市圈的地位,经济总量、生产要素在城市圈内占比达到何种程度,产业结构是否具有了相对优势,对内部城市的经济辐射能力如何,以及是否具有作为核心城市带动整个城市圈发展的能力与潜力。

选取成都、南京、杭州进行比较,是基于国内同类城市角度进行考虑。成都作为西部重要的城市,与中部地区的武汉既存在合作也存

图 6-1 > 武汉市 2004~2008 年经济密度分布演化图

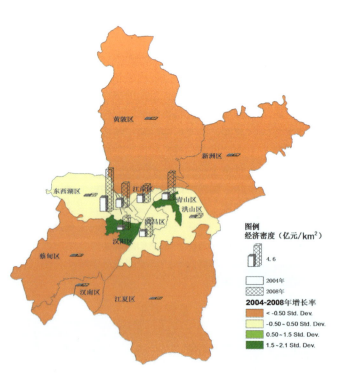

图 6-2 > 武汉市 2008~2013 年经济密度分布演化图

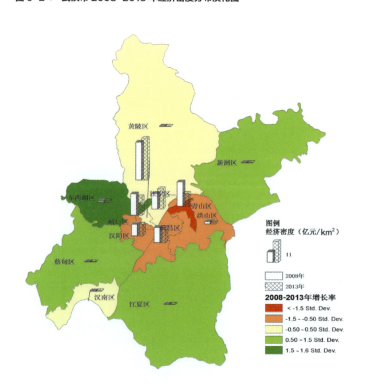

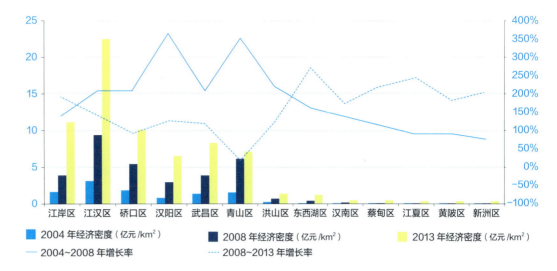

图 6-3 > 武汉市 2004~2013 年经济密度与经济增长率二维叠加图

在竞争的关系，拿成都与武汉相比，就是要从定性与定量的角度分析武汉相对成都的优势与差距，如经济总量、生产要素、产业结构、工业化阶段等，为未来武汉市制定政策、战略提供理论支撑；南京和杭州作为东部发展较早的城市，更多地享受了改革开放的政策，在发展水平上逐渐拉大了与中西部地区城市的差距。2004 年国家提出了促进中部崛起战略，武汉市作为中部地区最大的城市，经过十多年的发展，是否真正崛起？现如今与东部城市相比还存在哪些不足？又具有了哪些相对优势？通过选取代表城市南京和杭州进行比较，对武汉市相对东部地区城市的发展有个整体把握。

选取北京、上海和广州进行比较，是基于国内发达城市角度进行考虑。北上广作为国内发达的一线城市，其经济发展水平高，产业结构、产业布局等相对成熟。武汉与之比较，一方面是要了解武汉与发达城市的差距与相对优势，更重要的是从发达城市的发展过程中吸取经验，结合武汉市自身特点，为未来政策、战略的制定提供合理借鉴。

6.2 > 经济空间结构变迁分析

6.2.1 > 经济总量空间结构变迁分析

经济总量空间结构变迁分析用地区生产总值、工业总产值的横向和纵向指标来考察。为进一步测度武汉市经济总量空间布局，引入了经济重心、经济地理集中度两个经济指标。其中，生成的 GIS 专题地图主要有经济密度展布图、人口—经济重心变迁图和经济地理集中度图等，见图 6-1~ 图 6-10。

图 6-1、图 6-2 所示为武汉市 2004~2013 年经济密度分布演化图。具体来说，图 6-1 为 2004、2008 年经济密度柱状统计地图与 2004~2008 年经济增长率分类展布地图的叠加地图；图 6-2 为 2008~2013 年经济密度柱状统计地图与 2008~2013 年经济增长率分类展布地图的叠加地图。从经济密度柱状统计地图来看，中心城区经济密度远高于远城区。从经济增长率展布地图来看，2004~2008 年中心城区经济增长速度高于远城区，汉阳区和青山区远高于平均水平，2008~2013 年则进行了逆转，远城区经济增长速度高于中心城区，东西湖区、蔡甸区、江夏区和新洲区远高于平均水平，其中东西湖区经济增长速度尤为明显，而青山区经济减速特别明显。由此，可以明显看出市域范围内中心城区的产业转移力度，以及远城区（新城或卫星城）的发展已初见端倪。

图 6-3 为武汉市 2004~2013 年经济密度柱状图与经济增长率折线图的二维叠加图。从柱状图来看，中心城区经济密度远高于新城区，且均随着时间的推移经济密度在增加，其中 2013 年江汉区经济密度远高于其他地区。从折线图来看，经济增长率均大于零，

图 6-4 > 武汉市 2004~2013 年人口与经济重心变迁图

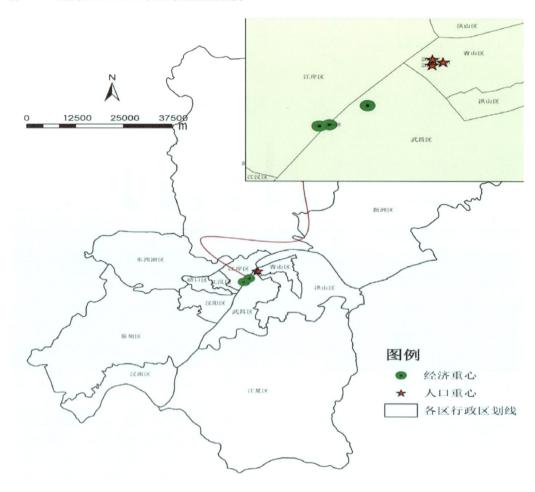

图 6-5 > 武汉市 2004~2008 年经济地理集中度变迁图

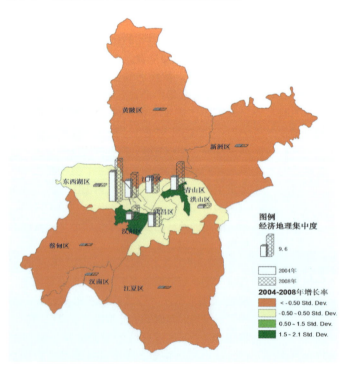

图 6-6 > 武汉市 2008~2013 年经济地理集中度变迁图

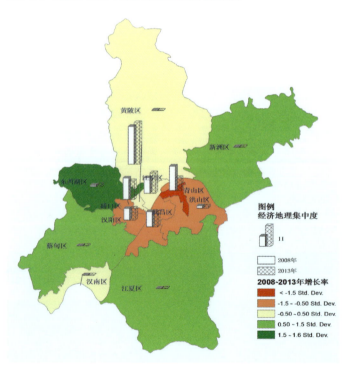

图 6-7 > 武汉市 2004~2013 年经济地理集中度与经济地理集中度增长率二维叠加图

2004~2008 年中心城区增长率远大于远城区，而 2008~2013 年则发生了逆转；2004~2008 年汉阳区和青山区经济增长速度远高于其他城区，而 2008~2013 年青山区经济降低速度尤为明显。

图 6-4 为武汉市 2004~2013 年人口与经济重心变迁图。可以看出，武汉市人口重心一直位于青山区，2004~2008 年人口重心有向北微移趋势，2008~2013 年人口重心有向东南微移趋势。2004~2008 年经济重心在武昌区，且有向西北移动趋势，2008~2013 年经济重心移动到江岸区，且有向西微移趋势。通过人口重心与经济重心的对比，体现了人口分布与经济分布的不一致性。

图 6-5、图 6-6 为武汉市 2004~2013 年经济地理集中度变迁图。具体来说，图 6-5 为 2004、2008 年经济地理集中度柱状统计地图与 2004~2008 年经济地理集中度增长率分类展布地图的叠加地图；图 6-6 为 2008、2013 年经济地理集中度柱状统计地图与 2008~2013 年经济地理集中度增长率分类展布地图的叠加地图。从经济地理集中度柱状统计地图来看，中心城区经济地理集中度远高于远城区。从经济地理集中度增长率展布地图来看，2004~2008 年中心城区经济地理集中度增长速度高于远城区，且汉阳区和青山区经济地理集中度增长率远高于平均水平，2008~2013 年则进行了逆转，远城区经济地理集中度增长速度高于中心城区，其中东西湖区经济地理集中度增长速度尤为明显，而青山区经济地理集中度减速特别明显。由此，可以明显看出市域范围内中心城区（主城区）的产业转移力度，但同时对于产业迁出区而言，产业结构升级不够，如青山区。

图 6-7 为武汉市 2004~2013 年经济地理集中度柱状图与经济地理集中度增长率折线图的二维叠加图。从柱状图来看，中心城区经济地理集中度远高于远城区，其中江汉区经济地理集中度远高于其他中心城区，部分地区经济地理集中度随着时间的推移在递减。从折线图来看，2004~2008 年中心城区经济地理集中度增长率远大于远城区；而 2008~2013 年则发生了逆转，其中硚口区和青山区经济地理集中度变为负值。

6.2.2 > 经济密度空间结构变迁分析

所谓经济密度，即单位量纲经济发展水平和经济集中度。经济密度不仅是经济发展水平和集聚程度的重要测度，而且在区域政策的制定和实施过程中起到重要的作用。一般意义上的经济密度仅指区域 GDP 与区域面积之比，然而一定区域内的 GDP 更是人们创造经济价值的体现，因此经济密度理应包括地均和人均两个单位量纲上的经济发展水平。基于此，本研究认为经济密度不仅包括单位土地面积上的经济发展水平（土地经济密度），而且包括人均意义上的经济发展水平（人均经济密度），两者交互影响共同组成经济密度的综合水平。

图 6-8 反映的是区级土地经济密度演变。根据原始数据计算得到经济普查年份 2004、2008 和 2013 年武汉市 13 个区及武汉市的土地经济密度。2013 年武汉市地区土地经济密度为 1.0656 亿元 $/km^2$，其中有 8 个城市的土地经济密度高于平均水平，依次是江岸区、江汉

图6-8 > 武汉市各区土地经济密度（亿元/km²）

图6-9 > 武汉市各区人均经济密度图

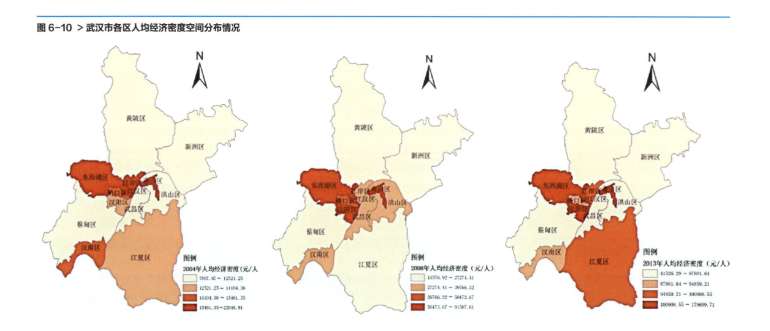

图6-10 > 武汉市各区人均经济密度空间分布情况

区、硚口区、汉阳区、武昌区、青山区、洪山区以及东西湖区；这8个地区的面积占武汉市总面积的15.61%，但2013年生产总值占到了54.39%；低于武汉市土地经济密度平均水平的地区有汉南区、蔡甸区、江夏区、黄陂区和新洲区，这5个地区的面积占武汉市总面积的84.39%，2013年生产总值占到了45.61%。

由图6-8可知，虽然武汉市的土地经济密度均呈现上升趋势，但各区内部差距非常明显。武汉市六个中心城区与土地经济密度最发达的中心城区江汉区的比值，其中江岸区和硚口区在三个时点上仅占江汉区土地经济密度的一半，汉阳区和武昌区的占比在30%~40%之间，而洪山区的占比不及1%，进一步说明了武汉市各区土地经济密度的内部差异比较明显，呈现"中心化"的发展趋势。

图6-9是武汉市各区的人均经济密度柱状图，由图可知武汉市各区的人均经济密度情况存在显著差异。2004年，武汉市各区的人均经济密度低于武汉市人均经济密度；2008年有三个中心城区（江汉区、汉阳区、青山区）和一个新城区（东西湖区）高于武汉市人均经济密度的平均水平；2013年江汉区、汉阳区和东西湖区显著高于武汉市平均水平，江岸区、青山区和武汉市平均水平基本持平。综合考虑这三个时间节点，可以得出武汉市高水平人均经济密度区先由江汉区逐步转移至青山区，最后位于东西湖区。

图6-10反映的是2004年武汉市各区人均经济密度的空间分布状况，总体上呈现出较低层次的空间均衡，但已初步呈现出中心（江汉区、青山区）—外围（东西湖区）结构；到2008年，总体上人均经济密度比较小的区域在数量上仍然占据主体地位，武汉市人均经济密度的空间结构发生了变化，主要体现在依然是以青山区为中心，但不存在明显的外围性，即这一阶段以"向中心"为主；同理分析2013年武汉市的人均经济密度的空间结构，易发现此时的"向中心"性不再显著，而"外围性"突出，表现在东西湖区的人均经济密度普遍高于其他地区。

基于土地经济密度和人均经济密度两个指标进行武汉市经济密度空间结构变迁分析。主要结论有：一、从区级空间尺度考察，土地经济密度分布极不均衡。高水平土地经济密度区一直是江汉区、江岸区、硚口区、武昌区、青山区和汉阳区。二、基于极差和变异系数分析，表明各区土地经济密度差异随着时间还在扩大。三、基于区级空间尺度考察，随着时间的推移高水平人均经济密度区先由江汉区转移至青山区，再向东西湖区转移，中心化与外围发展趋势同时并存。

6.2.3 > 生产要素空间结构变迁分析

生产要素空间结构变迁主要通过人口、资本和土地三要素进行反映，其中人口重心变化

图6-11 > 武汉市2004~2008年人口密度分布演化图

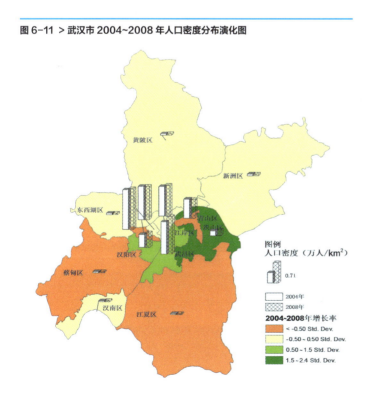

图6-12 > 武汉市2008~2013年人口密度分布演化图

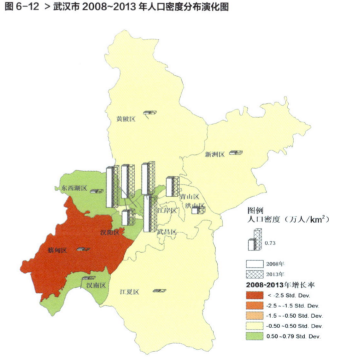

用人口密度（各区常住人口总量与土地面积的比值，单位为"万人/km²"）来反映，资本和土地则用全社会固定资产投资以及土地利用作分析。其中，生成的GIS专题地图主要有人口密度展布图和全社会固定资产投资展布图等。

图6-11与图6-12为武汉市2004~2013年人口密度分布演化图。具体来说，图6-11为2004、2008年人口密度柱状统计地图与2004~2008年人口增长率分类展布地图的叠加地图；图6-12为2008、2013年人口密度柱状统计地图与2008~2013年人口增长率分类展布地图的叠加地图。从人口密度柱状统计地图来看，中心城区人口密度远高于远城区。从人口增长率展布地图来看，2004~2008年，汉阳区、洪山区、青山区和武昌区人口增长率高于所有区人口增长率的平均水平，而2008~2013年蔡甸区人口负增长率远高于其他地区，东西湖区、汉阳区、汉南区、江岸区、江汉区人口

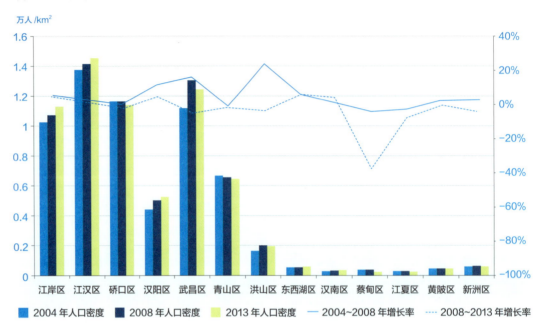

图6-13 > 武汉市2004~2013年人口密度与人口增长率二维叠加图

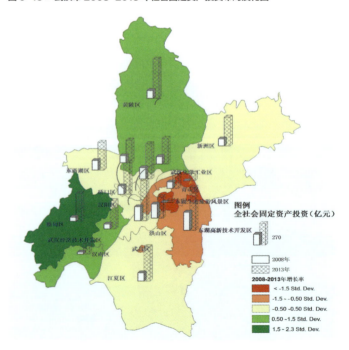

图6-14 > 武汉市2004~2008年社会固定资产投资布局演化图

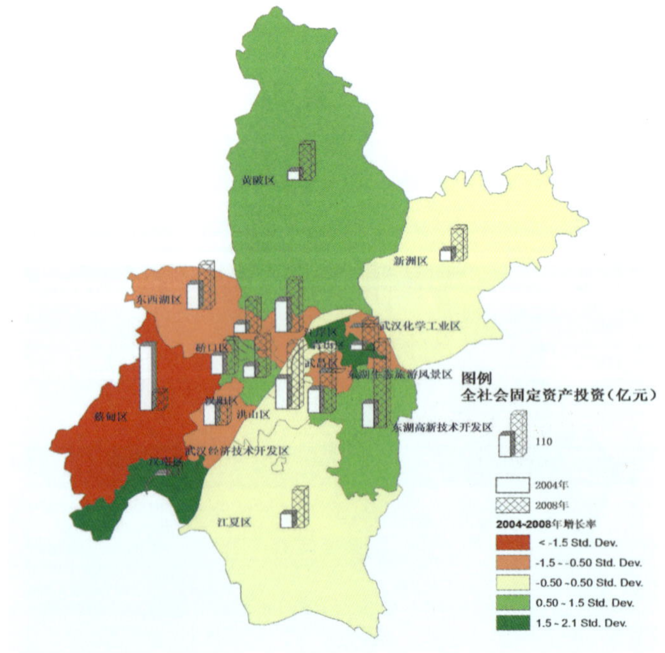

图6-15 > 武汉市2008~2013年社会固定资产投资布局演化图

增长率高于所有区人口增长率的平均水平。对比人口密度分布演化图与经济密度分布演化图，人口分布基本与经济分布一致，但人口分布变动滞后于经济分布变动。由此，还需加强远城区（新城或卫星城）的基础设施建设，提高其公共服务水平，从而吸引人口的流入。

图6-13为武汉市2004~2013年人口密度柱状图与人口增长率折线图的二维叠加图。从柱状图来看，中心城区人口密度远高于远城区，随着时间的推移有些地区人口已出现负增长。从折线图来看，2004~2008年，汉阳区、洪山区和武昌区人口增长率远高于其他地区，而2008~2013年蔡甸区人口负增长率远高于其他地区，其他地区在两个时段人口增长率基本在-10%~10%之间徘徊。

图6-14与图6-15为武汉市2004~2013年全社会固定资产投资布局演化图。具体来说，图6-14为2004、2008年全社会固定资产投资柱状统计地图与2004~2008年全社会固定资产投资增长率分类展布地图的叠加地图；图6-15为2008、2013年全社会固定资产投资柱状统计地图与2008~2013年全社会固定资产投资增长率分类展布地图的叠加地图。从全社会固定资产投资柱状统计地图来看，2008~2013年投资力度大于2004~2008年。从全社会固定资产投资增长率分类展布地图来看，2004~2008年投资力度较大的地区主要为洪山区、汉阳区、汉南区、黄陂区和高新技术开发区，2008~2013年则只有黄陂区、蔡甸区、汉南区和经济技术开发区。对比企业分布与全社会固定资产投资分布，政府在逐步引导新城的发展。

图6-16为武汉市2004~2013年全社会固定资产投资柱状图与全社会固定资产投资增长率折线图的二维叠加图。从柱状图来看，2013年各区投资力度较2004、2008年均较大。从折线图来看，有些城区2004~2008年投资增长率幅度与2008~2013年投资增长率相对变化较大，如经济技术开发区、蔡甸区在2004~2008年投资增长率低，而在2008~2013年则投资增长率高；青山区在2004~2008年投资增长率高，而在2008~2013年投资增长率低。由此，可以看出政府主导产业从中心城区转移的力度。

6.2.4 > 产业时空演变分析

1. 全市产业时空演变分析

从产业进行考虑，第一产业中农林牧渔业的法人单位数、从业人员数和产业活动单位数在经过2004、2008年的平稳发展后于2013年有了显著的增加；第二产业中采矿业以及电力、燃气、水生产和供应业的法人单位数、从业人员数和产业活动单位数占武汉市的比重最小，制造业的法人单位数2008年相较于2004

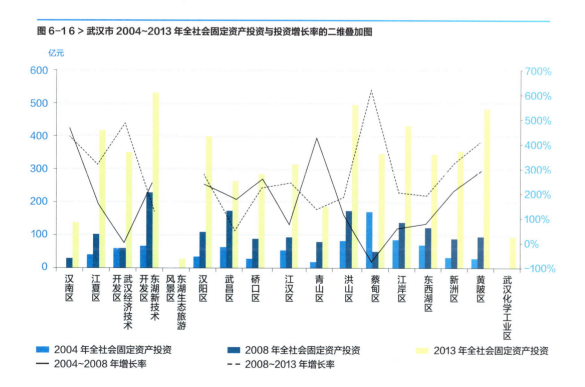

图6-16 > 武汉市2004~2013年全社会固定资产投资与投资增长率的二维叠加图

年的增幅为141.02%，2013年对于2008年则有所下降，从业人员数始终保持上升趋势，产业活动单位数和法人单位数具有同等变化趋势；只有建筑业始终保持统一的增长变化趋势，因此，建筑业和制造业占据武汉市第二产业的绝大比重。从行业进行考虑，2004年、2008年以及2013年，法人单位数产业活动单位数排名前三的都是批发零售业、租赁商务服务业和公共管理、社会保障、社会组织行业；从业人员数2004年和2008年排名前三的是交通运输、仓储邮政业、批发零售业以及教育行业，而2013年租赁和商务服务业跻身前三。最后考虑产业活动单位数，三年的分布格局类似于法人单位数。通过武汉市三大产业、各行业以及支柱产业的时空演变进行分析，结果表明：

（1）从2004~2013年的企业布局变化来看，可以看出武汉市的产业发展已由重工业向新型工业及高新技术产业转移；中心城区创业吸引力在逐步增大，同时郊区通过承接中心城区人口和功能转移，其创业吸引力也在逐步递增。从空间发展角度来看，企业布局呈现中心化与郊区化同时并存，见图6-17~图6-19。

（2）汽车产业方面，其为武汉市的经济增长提供了有力支撑，新能源汽车领域走在了全国行列，而且支撑汽车行业发展的科教基础不断夯实，但其汽车产业规模还相对较小，零部件配套能力继续提升。产业核心技术有待突破，自主品牌轿车发展滞后，相关服务业体系还不完善。

（3）旅游业方面，武汉市入境游客数量太少，源于武汉国际知名度低，与东部发达城市相比，武汉的经济外向度较低，商务旅游不发达；旅游资源整合能力不强，武汉市旅游资源相当丰富，但没能形成本土的旅游品牌。

（4）武汉市高新技术产业方面，可得出武汉市企业数量众多，但企业影响力较弱，研发投入意愿很强烈，但研发投入比重较低，对于创新服务主体的资源配置效率（资金需求、资金供给）不对称，有待进一步提升。

从企业数柱状统计地图来看，2004~2008年的企业数增长幅度远高于2008~2013年，且2008~2013年有些地区企业数在递减。从企业数增长率分类展布地图来看，2004~2008年企业数增长明显的有新洲区、黄陂区、江夏区、洪山区、武昌区、经济技术开发区和高新技术开发区，而2008~2013年则只有高新技术开发区、武昌区和东西湖区。

从柱状图来看，中心城区中武昌区、江岸区、江汉区、洪山区企业数远高于其他中心城区，远城区中新洲区、江夏区、黄陂区和东西湖区远高于其他远城区。从折线图来看，2004~2008年企业数增长率最高的是新洲区，所有城区企业数增长率均为正；2008~2013年企业数增长率最高的是高新技术开发区，而有

图 6-17 > 武汉市 2004~2008 年企业布局演化图

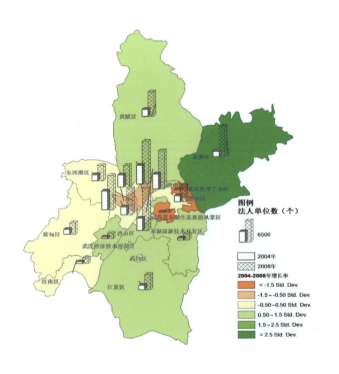

图 6-18 > 武汉市 2008~2013 年企业布局演化图

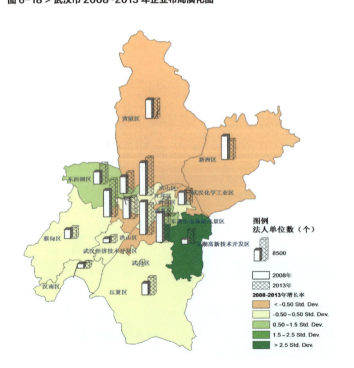

些城区企业数增长率为负，如新洲区、洪山区和黄陂区。

2. 中心城区产业时空演变分析

基于中心城区地区生产总值的时空演变、二三产业现状以及工业、服务业的总体空间布局以及分区空间布局进行分析。结果表明：

（1）武汉市正在按照城市一环线和二环线核心区大力发展第三产业，第二产业搬迁到城市二环线与新产业形成产业园区的空间结构进行产业布局。在产业结构方面第三产业是主导产业，支柱产业大都属于第二产业，第二产业正在促进第三产业的发展，武汉正在向先进制造业基地、现代服务业中心转型升级。

（2）武汉工业逐渐形成了以光电子信息、汽车、钢铁、生物工程与新医药、环保五大支柱产业和食品、纺织服装、造纸及包装印刷等一批优势行业为主体的产业结构。

（3）各区工业发展情况各不相同，在空间布局上重点发展"三大两小"的产业板块。即以青山地区为主体，重点发展钢铁制造、石油化工、环保三大产业板块；以东湖开发区为主体，发展以光电子、医药为主体的高新技术产业制造板块；以武汉经济技术开发区为主体，形成以汽车零部件、显示器等消费类电子产品为主体的制造板块；以东西湖区为主体，重点发展

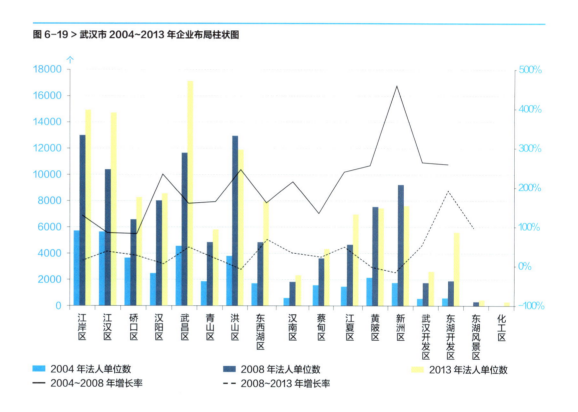

图 6-19 > 武汉市 2004~2013 年企业布局柱状图

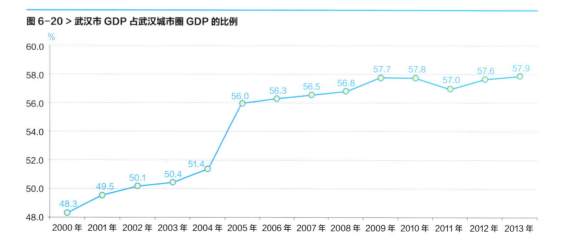

图 6-20 > 武汉市 GDP 占武汉城市圈 GDP 的比例

食品加工和农副产品深加工板块；以硚口区为主体，积极发展日用消费品加工，形成小商品大产业的都市型工业板块。

（4）就服务业而言，其中的金融业和房地产业发展较为迅速；中心城区中的江汉区、武昌区以及江岸区的服务业发展位居前三甲，逐步形成了中心城区各区的发展重心：江汉区作为武汉市的金融中心，旨在构建服务业中心区；武昌区主要是发展总部经济，构造江南金融中心区；而江岸区则以着力打造滨江商务区、创意产业及金融保险等为主。

6.3 > 经济地理发展比较研究

6.3.1 > 武汉与武汉城市圈内部城市比较

武汉与武汉城市圈内部城市比较主要从经济总量、生产要素、产业结构三个方面出发，了解武汉在城市圈内所处地位的变化，分析其作为核心城市，在带动周边城市及城市圈发展方面的能力。

经济总量的比较所选取的指标为城市生产总值以及人均 GDP，从图 6-20、图 6-21 可

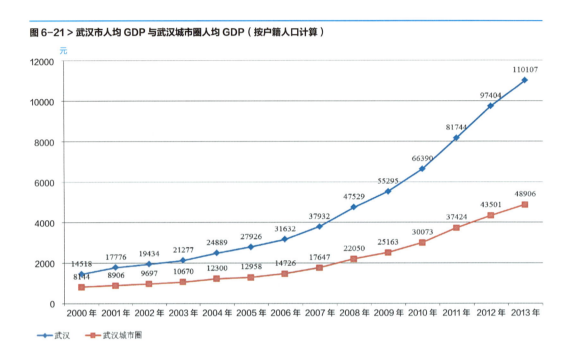

图 6-21 > 武汉市人均 GDP 与武汉城市圈人均 GDP（按户籍人口计算）

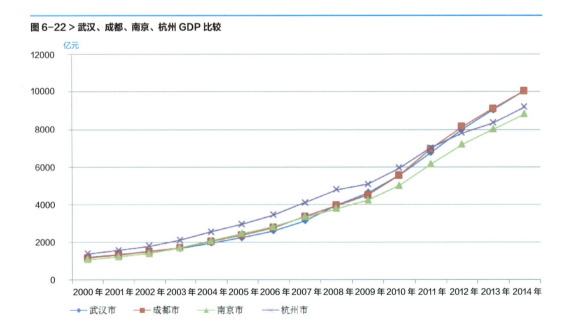

图 6-22 > 武汉、成都、南京、杭州 GDP 比较

以看出，武汉市经济发展在城市圈内处于"独大"的地位，经济总量超过其余城市之和，人均GDP差距也呈现进一步扩大的趋势，说明在城市圈发展的过程中，目前武汉市经济集聚效应明显，扩散效应较弱，面对周围城市的带动力较弱。

生产要素的比较中选取的指标为全社会固定资产投资、从业人员数和实际利用外资额，时间点选择在2000、2004、2008和2013年，从这四个时间点的比较来看，武汉市这三个指标所占城市圈的比重均超过50%，再次说明作为城市圈的核心城市，武汉市对生产要素具有强大的集聚效用，使更多的生产要素流向了武汉市，促进了武汉市经济的快速发展，而在一定程度上阻碍了周边城市的发展。

产业结构的比较主要从三产业产值占比出发，研究表明武汉市产业结构要明显优于城市圈内其他城市，2013年武汉市第一产业比重不足5%，第三产业比重接近50%，而其他城市第一产业比重仍占有较大比重，第三产业比重大都不及30%。武汉市在电力、燃气及水的生产和供应业、交通运输、仓储和邮政业、信息传输、计算机、服务和软件业、金融业、房地产业、租赁和商务服务业、科学研究、技术服务和地质勘察业、文化、体育和娱乐业等行业在城市圈内具有比较优势。

6.3.2 > 武汉与成都、南京、杭州比较

选取成都、南京、杭州进行比较，是基于国内同类城市角度进行考虑。成都作为西部重要的城市，与中部地区的武汉既存在合作也存在竞争的关系，拿成都与武汉相比，就是要从定性与定量的角度分析武汉相对成都的优势与差距，为未来武汉市制定政策战略提供理论支撑；南京和杭州作为东部发展较早的城市，更多地享受了改革开放的政策，在发展水平上逐渐拉大了对中西部地区城市的差距。2004年国家提出了中部崛起战略，武汉市作为中部地区最大的城市，经过十多年的发展，是否真正崛起？现如今与东部城市相比存在哪些不足？又具有了哪些相对优势？通过选取代表城市南京和杭州进行比较，对武汉市相对东部地区城市的发展有个整体把握。本节比较的内容主要为经济总量、生产要素、产业结构、工业化阶段以及城市经济分布与功能定位。

经济总量的比较选取的是2000~2014年四个城市的GDP产出，从图6-22可以看出武汉2008年之前经济发展相对较慢，与杭州存在一定的差距，而2008年之后武汉市相对东部的南京和杭州经济发展明显加快，到2012年时武汉首次超过了杭州，2014年超过成都，经济总量突破万亿，位居全国主要城市的第8位。

资本的比较选取了全社会固定资产投资、劳动力两个指标。武汉与南京、杭州相比在全社会固定资产投资总额上具有较为明显的优势，但与西部城市成都相比存有差距[图6-23]；而在劳动力上，武汉与成都和杭州相比，不管是在绝对数上还是在增长速度上都存在很大差距[图6-24]，如2000年成都市从业人员高

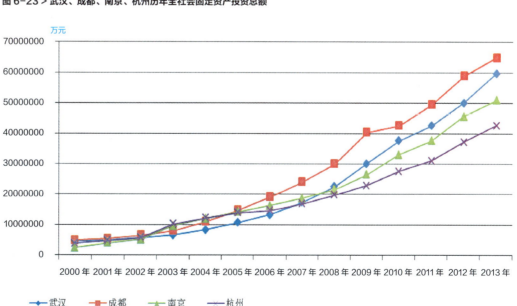

图6-23 > 武汉、成都、南京、杭州历年全社会固定资产投资总额

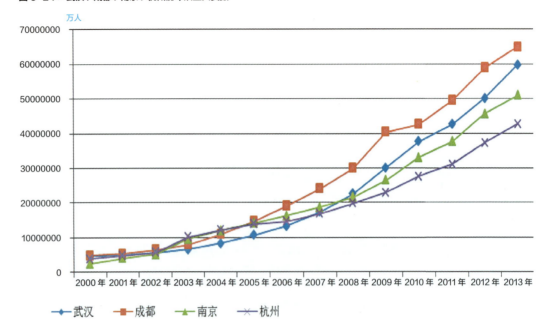

图 6-24 > 武汉、成都、南京、杭州历年从业人员数

出武汉156万，2004年高出186万，2008年高出248万，到2013年时，达到了304万，差距越来越大，说明武汉对劳动力的吸引力相对较弱。而通过比较四个城市从业人员数占户籍人口的比重发现，武汉相对其他城市比例偏低，说明武汉劳动力的净流入偏少，对劳动力的吸引力偏低。

产业结构的比较从产业产值和产业从业人员出发，总的来说，武汉第二产业产值比重相对成都、南京和杭州偏高，第三产业产值比重相对偏低。通过三产业产值和从业人员数，可以计算城市的产业结构偏离度，它是测度产业结构效益的一种指标，就业结构与产值结构越不对称，偏离度越高，产业结构效益越低。比较发现，武汉产业结构的偏离度要低于成都，说明在产业结构上比成都更为协调，但高于杭州和南京 [图 6-25]。

工业化阶段的比较主要参照陈佳贵、黄群慧、吕铁等对我国工业化进程进行的专著报告，选取的指标为人均GDP、三次产业结构、第一产业就业人员比例和人口城镇化率四个指标。综合比较而言，武汉、成都与杭州大致处于从工业化后期向后工业化转变的阶段，而南京则进入了后工业化阶段。

6.3.3 > 武汉与北京、上海、广州比较

选取这三个城市是基于国内发达城市角度进行考虑。北上广作为国内发达的一线城市，其经济发展水平高，产业结构、产业布局等相对成熟。武汉与之比较，一方面是要了解武汉与发达城市的差距与相对优势，更重要的是从发达城市发展过程中吸取经验，结合武汉市自身特点，为未来政策、战略的制定提供合理借鉴。本节比较的内容主要为经济总量、生产要素、产业结构和城市经济分布及定位。

在经济总量上，武汉与北上广存在着很大的差距，但从近几年经济的发展速度上，武汉相对其他城市仍能保持在10%以上的增长速度，说明武汉作为后起城市，具有很大的增长潜力。从带动经济增长的"三驾马车"看，武汉在全社会固定资产投资上表现突出，投资总额逐渐超过广州和上海，与北京的差距也在进一步减小；在全社会消费品零售总额上，武汉与北上广仍存在不小的差距；而在货物进出口总额上，武汉与其他三个城市的差距更大，这主要是由于武汉处于内陆，对外开放度低 [图 6-26]。

从生产要素上看，对于固定资产投资，武汉与北上广投资额最大的行业都是房地产业，但相对其他城市，武汉房地产投资额比例较低，而制造业的投资额比例相对很高，比上海高出19.12个百分点，比广州高出21.37个百分点，比北京高出30.74个百分点，说明武汉相对其他三个城市更加注重实体经济的发展 [表6-1]；在从业人员上，武汉与北上广存在很大的差距，2013年武汉从业人员为522万，而同期北京、上海、广州从业人员分别为1141万、1137万、760万。

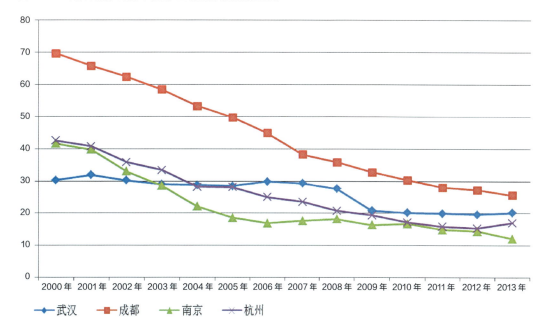

图 6-25 > 武汉、成都、南京、杭州产业结构偏离度序列趋势图

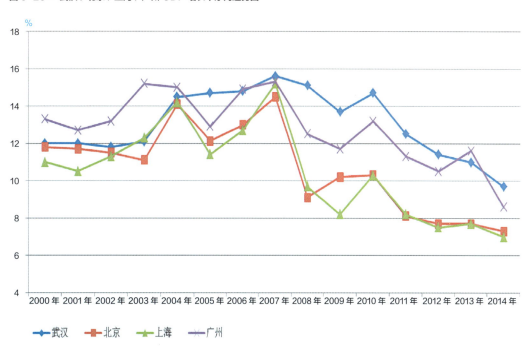

图 6-26 > 武汉、北京、上海、广州 GDP 增长率序列趋势图

表 6-1 > 主要行业投资额占总投资额的比例（%）

行业 \ 地区	武汉	北京	上海	广州
房地产业	37.45	58.19	53.59	45.60
制造业	35.38	4.64	16.26	14.01
水利、环境和公共设施管理业	9.17	7.98	7.84	6.81
交通运输、仓储和邮政业	6.49	10.27	7.63	14.10

从产业结构来看，武汉第二产业产值比重要明显高于其他三个城市，第三产业比重又明显低于其他三个城市，2014年武汉第三产业产值比重接近50%，而上海和广州达到了60%，北京更是接近80%。但武汉作为全国重要的制造业基地，在城市的发展中也不要刻意追求第三产业比重的增加而忽略自身的优势产业。以上海为例，在2000~2008年之间上海与武汉在二三产业比重上整体上处于同一水平，武汉仍没有发展到一定的水平，在今后的发展过程中依然要巩固自己的工业地位。

6.4 > 结论与建议

6.4.1 > 主要结论

1. 关于武汉市经济地理演变规律

（1）武汉市空间尺度呈现的经济地理演变规律

第一，工业生产总值、地区生产总值随着时间不断递增。基于武汉GDP占全国比重的情况来看，武汉市经济的发展对全国经济的贡献度不断增大，经济发展地位也越来越高。

第二，武汉市人口规模在持续扩大，但增长幅度逐渐放缓。武汉市的从业人员整体上呈现递增趋势，但其增长率具有波动性。

第三，随着武汉市经济的发展和城镇化水平的提高，武汉市的全社会固定资产投资额逐年增加，从而增加了武汉市的投资资金，扩大了投资资本。

第四，在1996年~2013年这一时间段内，武汉市耕地面积呈现逐步下降趋势，而建设用地面积不断上升。

第五，三次产业的比重由1978年的11.7：63.3：25.0调整到2014年的3.5：47.5：49.0，再到2015年第一季度的2.9：45.8：51.3，第三产业占比提高2.3个百分点。数据显示，武汉的经济发展正处于"工业化后期向后工业化过渡时期"，根据产业演进规律，应是产业结构战略性调整与提升的关键时期。

（2）武汉市2004年~2013年区级空间尺度呈现的经济地理演变规律

第一，经济维度。中心城区经济密度远高于远城区，且均随着时间的推移经济密度在增加，其中2013年江汉区经济密度远高于其他地区。从经济增长率来看，均大于零，2004年~2008年中心城区经济增长速度高于远城区，2008年~2013年则进行了逆转，远城区经济增长速度高于中心城区。其中，东西湖区经济增长速度尤为明显，而青山区经济减速特别突出。由此，可以明显看出市域范围内的中心城区（主城区）产业转移力度，以及新城区（新城或卫星城）的发展已初见端倪。

第二，人口维度。中心城区人口密度远高于远城区。从人口增长率来看，2004年~2008年汉阳区、洪山区和武昌区人口增长率高于所有区人口增长率的平均水平，而2008年~2013年蔡甸区人口负增长率远高于其他地区，其他地区在两个时段人口增长率基本在平均水平附近徘徊。对比人口密度分布与经济密度分布，人口的变化与经济的变化不具有一致性。由此，还需加强新城区（新城或卫星城）的基础设施建设，提高其公共服务水平，从而吸引人口的流入。

第三，人口与经济重心。人口重心一直位于青山区，2004年~2008年人口重心有向北微移趋势，2008年~2013年人口重心有向东南微移趋势。2004年~2008年经济重心在武昌区，且有向西北移动趋势，2008年~2013年经济重心移动到江岸区，且有向西微移趋势。通过人口重心与经济重心的对比可以看出，人口分布基本与经济分布一致，但人口分布变动滞后于经济分布变动。

第四，经济地理集中度。中心城区经济地理集中度远高于远城区，其中江汉区经济地理集中度远高于其他中心城区，部分地区经济地理集中度随着时间的推移在递减。从经济地理集中度增长率来看，2004年~2008年中心城区经济地理集中度增长速度高于远城区，2008年~2013年则进行了逆转，远城区经济地理集中度增长速度高于中心城区。其中，东西湖区经济地理集中度增长速度尤为明显，而青山区经济地理集中度减速特别明显。由此，可以明显看出市域范围内中心城区（主城区）的产业转移力度，但同时对于产业迁出区而言，产业结构升级不够，青山区产业转移后经济增长速度远远落后于其他地区。

第五，企业数量。中心城区中武昌区、江岸区、江汉区、洪山区企业数远高于其他中心城区，新城区中新洲区、江夏区、黄陂区和东西湖区远高于其他新城区。2004年~2008年企业数增长幅度远高于2008年~2013年，且2008年~2013年有些地区企业数在递减。从企业数增长率来看，2004年~2008年企业数增长明显的有新洲区、黄陂区、江夏区、洪山区、武昌区、经济技术开发区和高新技术开发区，企业数增长率最高的是新洲区，所有城区企业数增长率均为正；而2008年~2013

年企业数增长明显的只有高新技术开发区、武昌区和东西湖区，企业数增长率最高的是高新技术开发区，而有些城区企业数增长率为负，如新洲区、洪山区和黄陂区。由此，可以看出武汉市的产业发展已由重工业向新型工业及高新技术产业转移。

第六，全社会固定资产投资。2008年~2013年投资力度大于2004年~2008年，且2013年各区投资力度均远高于2004年、2008年。从全社会固定资产投资增长率来看，2004年~2008年投资力度较大的地区主要为洪山区、汉阳区、汉南区、黄陂区和高新技术开发区，2008年~2013年则只有黄陂区、蔡甸区、汉南区和经济技术开发区。有些城区2004年~2008年投资增长率幅度与2008年~2013年投资增长率相对变动较大，如经济技术开发区、蔡甸区在2004年~2008年投资增长率低，而在2008年~2013年则投资增长率高；青山区在2004年~2008年投资增长率高，而在2008年~2013年投资增长率低。对比企业分布与全社会固定资产投资分布可知，政府在逐步引导新城的发展。

（3）武汉市中心城区产业、行业发展趋势

第一，支柱产业。武汉工业逐渐形成了以光电子信息、汽车、钢铁、生物工程与新医药、环保五大产业支柱和食品、纺织服装、造纸及包装印刷等一批优势行业为主体的产业结构。

第二，工业。在空间布局上重点发展"三大两小"的产业板块。即以青山地区为主体，重点发展钢铁制造、石油化工、环保三大产业板块；以东湖开发区为主体，发展以光电子、医药为主体的高新技术产业制造板块；以武汉经济技术开发区为主体，形成以汽车及零部件、显示器等消费类电子产品为主体的制造板块；以东西湖区为主体，重点发展食品加工和农副产品深加工板块；以硚口区为主体，积极发展日用消费品加工，形成小商品大产业的都市型工业板块。

第三，服务业。其中，金融业和房地产业发展较为迅速；中心城区中的江汉区、武昌区以及江岸区的服务业发展位居前三甲，逐步形成了中心城区各区的发展重心：江汉区作为武汉市的金融中心，旨在构建服务业中心区；武昌区主要是发展总部经济，构造江南金融中心区；而江岸区则以着力打造滨江商务区、创意产业及金融保险等为主。

第四，二、三产业空间格局。从2014年武汉市中心城区第二、三产业产能分布来看，汉阳区和青山区属于典型的工业区，而江汉区和武昌区属于典型的服务区，其他区兼有工业、服务业功能。

2. 武汉市经济发展及经济布局存在的主要问题

（1）对武汉城市圈内其他城市的经济辐射带动能力不足

2003年武汉市GDP超过了其他八市GDP之和，2013年更是达到了城市圈GDP的57.91%，人均GDP的差距也在逐渐加大；从生产要素上看，武汉市实际利用外资额、全社会固定资产投资额、社会从业人员数皆占整个城市圈的50%以上，经济集聚效应明显，扩散效应较弱，对周围城市经济带动能力不足。

（2）经济中心集聚趋势明显，而中心—外围发展模式不显著

从武汉市经济分布格局变化趋势来看，2000年，远城区的汉南区、江夏区、黄陂区属于经济落后地区，到了2008年，落后地区增加到四个，而到了2013年只有东西湖区属于欠发达地区，其余的新城区全部是落后地区了；另一方面，从中心城区的变动来看，经济发达地区也处于变动中，但主要还是集中在江汉、江岸、硚口三个区。综合来看，中心城市发展较好，未带动郊区发展起来，中心—外围发展模式不显著。

（3）产业结构有待进一步优化升级

武汉市产业结构相对其他城市来说，第二产业比重较大，第三产业比重不足，2014年的第三产比重为3.5:47.5:49.0，而成都、南京、杭州的第三产业比重已经超过了50%，北京、上海、广州第三产业比重更高；在第二产业中，轻重工业比例失调，重工业占有绝对比例，从发展趋势上看，重工业比例呈现增加趋势，2013年轻重工业产值占比达到了23:77。在产业结构偏离度上，武汉优于成都，但与东部其他五所城市存在一定差距，重点表现在第一产业正偏离值较高，即第一产业就业比重大于增加值比重；第二产业负偏离值较低，即第二产业就业比重小于增加值比重。

（4）高新区创新能力还需加强

在与六家高新区的对比中，东湖高新区表现在园区内国家级大学科技园和国家级科技孵化器少，分别仅有3个和15个，而中关村高新区分别为14个和30个，张江高新区为13个和26个；高新技术企业比例较低，在七个高新区内排名最末，仅占24.21%的比例，不及南京高新区的三分之一；科研活动经费支出强度低，也是排在七家高新区最末位。

3. 武汉市未来经济地理格局与功能区定位

结合指标本身特点和武汉市历史数据的实际情况，选取适当的预测方法，对经济潜能影

响因素指标、经济产出指标进行预测，再综合经济产出时间序列和经济产出影响因素回归预测结果，得出经济产出预测区间。研究结果表明：

（1）综合经济产出时间序列和经济产出影响因素回归预测结果表明，2020年武汉市GDP在1.67万亿~2.22万亿元之间，2030年武汉市GDP在3.59万亿~6.04万亿元之间。

（2）从经济预测总量来看，2020~2030年市域范围内各城区经济均衡发展格局已形成。但硚口区、青山区（汉南区已并入经济技术开发区，这里不单独讨论）作为产业转移迁出区，远落后于其他城区。从经济增长率来看，2025~2030年经济增长率幅度低于2020~2030年；而尤为突出的是青山区经济增长率远低于其他城区。建议以政府主导形式加快青山区这种产业转移迁出区的产业结构优化与升级进程。

综合武汉市具体情况，对新农村、市域农业、市域旅游、都市发展区、主城区功能进行定位。在新农村方面，按照区域特点因地制宜地推动农村居民点建设，优化农村居民点布局，建立和完善符合农村需要的公共服务体系，完善和提升农村基础设施网络；在市域农业方面，严格保护耕地，突出发展都市农业，提高农田水利设施的利用效率，扩大园地、林地、渔业用地的规模，适当增加畜禽饲养地、设施农业用地；在市域旅游方面，大力开发旅游资源，在主城构建以观光游览和商务会展为主的核心旅游区，在郊区构建以休闲度假和生态旅游为主的环城游憩带；在都市发展区方面，利用江河、湖泊的自然格局和生态绿楔的隔离作用，依托重要交通干线，在都市发展区构建轴向延展、组团布局的城镇空间，形成"以主城区为核、多轴多心"的开放式空间结构；在主城区功能方面，优化调整主城区，实施城市功能和用地布局的"两降三增三保"，将主城区规划结构调整为中央活动区、东湖风景区和15个城市综合团，以此来引导城市功能的集聚发展。

6.4.2 > 重塑武汉经济地理政策建议

要统筹中心城区改造和新城新区建设，加快产业转型升级，强化城市产业支撑，完善城镇基础设施和公共服务设施，提升社会服务和居住服务水平，推进创新城市、绿色城市、智慧城市和人文城市建设，全面提升城市内在品质。未来武汉的空间结构与功能变迁有五个方面的趋势。一是外向一体化趋势，实现主城新城空间一体化，实现城市圈一体化目标，全方位融入长江中游城市群和长江经济带开发进程，成为国家中心城市和世界城市。二是全面国际化趋势，成为西太平洋地区重要国际城市，基本融入世界城市体系。三是深度工业化趋势，依托四大产业板块建设，基本形成新汉口、新武昌和新汉阳三镇鼎立新格局。四是高度市场化趋势，改革全面深化，完成城市经济市场化，形成主体多元化、社会化、国际化市场格局。五是可持续绿色化趋势。以"两轴两环六楔多廊"生态框架，构建生态宜居山水园林城市。

1. 推进"圈层联动、一体发展"，强化武汉的极化效应

武汉的城市空间发展，正处于"郊区化"、"大都市区化"叠加期，必须推进空间战略调整和布局转型。要根据城市演化的一般规律和武汉城市化所处阶段，推进"圈层联动、一体发展"，强化武汉作为核心城市的极化效应。

在市域层面，构建"3+N"城市发展格局。中心城区，推进汉口、武昌、汉阳三镇建设相对独立的市政基础设施体系，完善公共服务体系，形成"三镇三城"。新城区和功能区，按照"独立成市"理念，各自建成功能完善、特色鲜明的现代化新城。中心城区与新城区发展并重，实现由"单中心"向"多中心"的空间战略转型。"3+N"，可能是"3+6"，也可能是"3+9"。在省域层面，推动形成"武汉大都会"格局。积极参与"1+8"武汉城市圈建设，推进基础设施、产业发展、区域市场、城乡建设、生态保护"五个一体化"，促进"1+8"融合发展，打造中部崛起战略支点的核心支撑。在区域层面，培育"大武汉都市圈"。加快武汉与长江中游城市群各城市的空间整合与对接，促进经济、科技、交通等多方面的融合发展，打造中国新的经济增长极。畅想远景，通过城市空间战略调整和空间布局转型，形成"3+N"的多中心城市内部空间、"1+8"的"武汉大都会"、"中三角"、"大武汉都市圈"战略空间。在世界层面，未来武汉将成为在世界城市体系中有一定影响力的城市，目标是成为第三层级的世界城市，而其主要方向是面向亚太区域的国际门户。

2. 重点打造四大核心工业板块，提升产业集聚水平

当前，武汉市按照"工业倍增计划"，分别以东湖高新技术开发区、武汉经济技术开发区、武汉临空港经济技术开发区、武汉新港开发区为龙头，重点打造"大光谷"、"大车都"、"大临空"、"大临港"四大工业板块。

依托东湖高新技术开发区，推动东湖示范区与洪山区、江夏区联动发展，形成"一轴六心、

"三区两城、两楔多廊"的空间格局，全力打造以光电子信息为核心，以生物、环保节能、高端装备制造为支撑，以现代服务业为先导的战略性新兴产业的高端制造基地，构建"大光谷"工业板块。其中，东部光谷新城主打"创新"，以东湖示范区及南湖地区为核心，除光谷新城中心外，还包括光谷现代服务业园、东湖综合保税区、光谷生物城、未来科技城等9个产业园。该区域预留了34km²研发用地，用于科技研发企业孵化和新兴产业培育。南部纸坊新城主打"产业"，将以江夏及青菱地区为核心，重点发展装备制造业、汽车产业、仓储物流产业等。

依托武汉经济技术开发区，辐射蔡甸区、汉南区的产业发展，沿318国道城市发展主轴，形成以"大规模、全链条"汽车产业为核心驱动，重点发展汽车总部基地、汽车及零部件、高端装备制造等新兴产业，构筑"大车都"板块。其中，依托现有沌口汽车产业基地和常福工业倍增示范园，沿318国道和汉宜高速向永安、侏儒方向发展，对接城市圈仙桃、潜江，形成沌口产城发展主轴；依托现有东风总部、武汉体育馆、经开万达等设施打造沌口—常福产城联动发展片；依托新汉阳站打造蔡甸—黄金口产城联动发展片；沿汉洪高速城市发展次轴向，依托欧洲小镇等功能区打造军山—纱帽产城联动发展片。

依托武汉临空港经济技术开发区，打造涵盖武汉东西湖区、黄陂区和孝感市南部地区的"临空新城"，构筑"一核两心、三区多元"的空间布局，发展航空运输、空港加工业、物流、飞机维修保养和食品加工等空港产业，构筑"大临空"工业板块。以天河机场周边10km半径的区域（东至武汉北编组站和黄龙墩水渠，西接府河，北到汉十高速和绕城公路，南至后湖中线和马家湖湖岸）打造临空经济核心区，将重点发展航空运输业、航空物流业以及临空工业等临空经济核心产业，将成为整个临空经济区的极核。以机场周边10~15km的区域，包括与天河机场具有便捷交通联系、产业具有一定临空指向性的盘龙城经济开发区、刘店、祁家湾、东西湖机电工业园、柏泉等区域打造临空经济集聚区，主要是在对现有产业进行结构优化升级的基础上，积极发展临空商务、会议展览、观光旅游、居住、现代制造业、航空物流以及高科技等产业，使之成为临空经济发展的重点区域。

依托武汉新港开发区，按照循环经济、港城一体及生态和谐的原则，打造重化工、装备制造、循环经济、新材料、大物流等五大产业基地，构建"大临港"工业板块。在长江岸线直接腹地1km以内，打造以港口物流、保税加工、集疏运为支撑的临港核心产业功能带；在临港腹地1~3km范围内，打造重化工产业（江南片区）、重装备制造产业（江北片区）等临港产业服务群；在港口岸线3km外，打造阳逻综合新城，配套居住、公共服务等；依托港口航运和现状条件形成的青山—武钢、北湖化工、郝城—汪集、仓埠、古龙、大埠6个功能片区。

3. 打造全国内需市场，建设国家商贸物流中心

与北上广这些一线城市相比，武汉市的巨大优势就是拥有潜在的、巨大的内需市场。以武汉为中心，100km为半径，可以辐射到孝感、鄂州、黄石、咸宁等，形成武汉城市圈市场区；300km为半径，可以辐射到长株潭城市群、皖中城市群、昌景九城市群，形成长江中游主要城市群市场区；500km为半径，可以辐射至中原经济区和长三角经济区；1000km为半径，则可以辐射到除东三省之外的国内市场主体区域。打造全国内需中心市场，一要有自己特色的产品，二要有发达的交通，三要依靠信息技术打造现代商贸物流。

武汉商贸氛围浓郁、商业文化历史悠久，形成了特色的商业文化传统，在全国具有了相当的知名度和影响力，在此基础上要更重视本土商贸物流企业，保留本土商贸物流文化特色，注重挖掘与利用现有的商业文化资源，开发利用好老字号品牌，不断向国内市场推出具有武汉特色的商品，扩大商贸物流品牌与城市品牌的影响力。同时，强化企业的自主创新能力，积极支持现有的大公司、大集团开展连锁经营，通过并购、重组、上市等方式吸收社会资本，培养国家级乃至国际级商贸物流企业。支持本地商贸物流企业走出去，实现跨区域经营，进一步提高商贸物流企业的市场占有率，进一步强化和提升武汉本土商贸企业的市场辐射功能。

武汉目前正进行四环线的建设，这将有效改善武汉周边交通环境，相关部门需要配套完善市内交通设施，与三环线、四环线等环城线路进行有效衔接，以此为契机推动干线公路的改造与升级，并与吴家山、蔡甸、阳逻等货运枢纽进行有效的衔接。2012年和2014年，武汉分别开通了"汉新欧"和"三环线"货运列车，为武汉市开展多式联运创造了有利条件，物流局可以借此推广铁路运输与陆路运输、长江航运等运输方式的联合。同时，在物流节点上，推动汉口北、吴家山、郑店等区域的物流园区与市内各商圈的衔接，如汉正街、光谷，搭建平台促进商贸企业与物流企业的相互交流，从

而为商贸物流的发展创造机会。

2015年，李克强总理在政府工作报告中指出，要制定"互联网+"行动，推动移动互联网、云计算、大数据、物联网等与现代制造业结合。不光是制造业，商贸物流业也要紧跟"互联网+"时代的潮流。近些年飞速发展的电子商务对于传统的商贸流通企业来说是一项技术性的革命，企业通过电子商务不仅可以在网络上建立虚拟市场和银行，为客户提供网上采购与结算服务，还可以有效地延伸企业的交易半径，逐步扩大企业交易权的范围，提高企业交易效率，降低交易成本，是互联网时代为商贸企业所提供的新的发展方向。武汉市要积极引导本土传统商贸企业开展电子商务，具体可以从三个方面入手：第一，在网上发展零售业务，为相关零售产品建立相应的销售平台，探索家电、烟酒等适合零售商品的电子商务模式；第二，可以在网上开发相关的物资批发市场，为钢材、粮食等大宗商品提供批发交易服务，以网络市场作为第三方服务贸易平台；第三，将网上、网下交易相结合，通过网上交易的发展带动网下门店交易，再以网下门店交易作为网上虚拟交易的支撑，逐渐探索出一条线上与线下市场互动促销的先进经营模式，扩大企业效益。

4. 立足传统制造业，打造国家先进制造业中心

制造业是典型的、最重要的实体经济，是带动服务业乃至整个国民经济发展的核心引擎。武汉市是全国重要的制造业基地，2013年底，已经形成了钢铁、汽车、电子信息制造、装备制造、能源环保、食品烟草六大千亿元产业板块。2015年5月8日国务院公布了《中国制造2025》，这是中国版的"工业4.0"，未来制造业的发展趋势是新一代信息技术与制造业深度融合，形成新的生产方式、产业形态、商业模式和经济增长点。未来武汉市一方面要强化自己在全国制造业的地位，另一方面要逐步对传统制造业进行升级，结合现代信息技术，寻求与服务业融合的发展模式，强占先进制造业的制高点。具体来看，武汉要实施"一业领先"、"多业并进"、"竞合发展"的战略。

"一业领先"指借助武汉·中国光谷这个金字招牌及武汉"光纤光缆、光通信器件、激光等领域的技术实力居全国领先地位"的实力，通过技术创新驱动与环境优化护航，将以光纤光缆、光通信器件为代表的武汉光电子设备制造产业迅速壮大，巩固其在全国光电子产业的领先地位，努力将武汉·中国光谷打造成武汉·世界光谷，力争其在全球光电子产业的领先地位。

"多业并进"指基于武汉在高端装备（激光加工设备、高档数控装备、船舶海洋工程装备、轨道交通装备、垃圾焚烧发电成套装备、发电除尘除硫设备与锅炉、航天科技装备）、新能源汽车及关键部件、生物（生物医药、生物种业、生物能源）等先进制造领域较好的产业技术基础，在光电子设备制造产业的标杆引领及强力带动下，通过优势企业及高端产品配置资源，集聚实力，实现各自产业的跨越式发展，奠定其在全国或中部地区的优势地位，带动相关先进制造业的发展，进而形成全国重要的先进制造业中心。

"竞合发展"指产业间、企业间的关系既是竞争也是合作的关系，在竞争与合作中相互促进实现跨越式发展。武汉重化工业比重大，发展面临着严峻的资源、生态和环境约束，只有转变传统发展方式，坚持走新型工业化道路，依靠科技进步，抓好节能降耗工作的产业和企业，才能获得竞争优势。从这一个层面来说产业和企业之间具有竞争性。同时，高新技术的发展可以对传统产业的制造过程进行改造，传统产业的改造需求又进一步推动高新技术企业的发展。因此，企业和企业之间、产业和产业之间也存在着合作关系。龙头企业和配套企业之间的合作关系，先进制造业与现代服务业之间的不断融合等，都说明营造"竞合发展"环境有助于先进制造业重点领域的跨越式发展。

5. 借助东湖高新区，建设国家创新中心

高新区是城市经济的增长极，是高新技术企业集聚的区域，而科技创新是创新驱动的核心，未来武汉市要以东湖高新区为实验区，鼓励和激励科技创新的政策先行先试，以点到面，最终推动武汉市整体的创新能力。一、建立企业研发准备金制度。运用财政补助机制激励引导企业普遍建立研发准备金制度。对已建立研发准备金制度的企业，省市县财政通过预算安排，根据经核实的企业研发投入情况对企业实行普惠性财政补助，引导企业有计划、持续地增加研发投入。二、开展创新券补助政策试点。鼓励东湖高新区根据实际情况开展创新券补助政策试点，引导高新区内中小微企业加强与高等学校、科研机构、科技中介服务机构及大型科学仪器设施共享服务平台的对接。以武汉市科技、财政部门为政策制定和执行主体，面向中小微企业发放创新券和落实后补助。三、试行创新产品与服务远期约定政府购买制度。围绕武汉市经济社会发展重大战略需求和政府购买实际需求，探索试行创新产品与服务远期约定政府购买制度。市财政、科技部门委托第三方机构向社会发布远期购买需求，通过政府购

基于时空大数据的武汉发展研究：
透视、评价与策略
Research on Wuhan Development Based on Spatial Temporal Date：
PERSPECTIVE，EVALUATION AND STRATEGY

>

第 6 章
Chapter 6

买方式确定创新产品与服务提供商，并在创新产品与服务达到合同约定的要求时，购买单位按合同约定的规模和价格实施购买。四、完善科技企业孵化器建设用地政策。武汉市可根据自身发展实际需求，在符合土地利用总体规划、城乡规划和产业发展规划的前提下，每年可安排一定比例的全市计划用地作为科技企业孵化器建设用地。利用新增工业用地开发建设科技企业孵化器，可按一类工业用地性质供地。工业用地建设的科技企业孵化器，在不改变科技企业孵化服务用途的前提下，其载体房屋可按幢、层等有固定界限的部分为基本单元进行产权登记并出租或转让。五、建立科技企业孵化器风险补偿制度。武汉市建立面向科技企业孵化器的风险补偿金，对高新区内投资失败项目，由市财政按损失额的一定比例给予补偿。对在孵企业首贷出现的坏账项目，市财政按一定比例分担本金损失。

参考文献 >

[1] 郭腾云等.区域经济空间结构理论与方法的回顾[J].地理科学进展，2009（1）：111-118.
[2] 秦耀辰.区域系统模型及其应用[M].开封：河南大学出版社，1994.
[3] 陆大道.区域发展及其空间结构[M].北京：科学出版社，1995.
[4] 许政，陈钊，陆铭.中国城市体系的"中心—外围模式"[J].世界经济，2010（7）：144-160.
[5] 吴永保.武汉经济增长动力机制实证分析[J].学习与实践，2006（9）：161-168.
[6] 王满，张邯.对武汉经济发展的分析和建议[J].法制与社会，2008（22）：272.
[7] 王亚莉等.中部崛起下武汉经济发展的成就、问题及对策[J].现代商业，2009（12）：206-207.
[8] 张露等.武汉地区大学集群对武汉经济发展的促进研究[J].科技管理研究，2011（4）：157-160.
[9] 匡远凤.现代服务业、产业结构与经济增长关系实证研究——以武汉市为例[J].城市问题，2015（1）：54-59.
[10] 朱哲学，吴昱南.基于向量自回归模型的人口城镇化与经济增长动态关系的实证研究——以武汉市为例[J].江汉大学学报（社会科学版），2015（1）：39-43，124.
[11] 罗名海.利用CA模型进行城市空间增长动力的研究——以武汉市主城空间增长过程分析为例[J].武汉大学学报（信息科学版），2005（1）：51-55.
[12] 刘和涛等.武汉市城市蔓延的空间特征与管治[J].经济地理，2015（4）：47-53.
[13] 刘耀彬，张云.武汉市人口分布的空间格局变动[J].现代城市研究，2004（2）：69-72.
[14] 胡娟，朱丽霞，罗静.武汉市职住空间特征及评价[J].人文地理，2014（3）：76-82.
[15] 罗蕾，田玲玲，罗静.武汉市中心城区创意产业企业空间分布特征[J].经济地理，2015（2）：114-119.
[16] 王建康，谷国峰.土地要素对中国城市经济增长的贡献分析[J].中国人口、资源与环境，2015（8）：10-17.

7

RESEARCH ON WUHAN
PERSPECTIVE
DEVELOPMENT BASED ON SPATIAL
EVALUATION
TEMPORAL DATE
STRATEGY

第 7 章
公共服务设施服务能力分析

Chapter 7
The evaluation of capabilities of the public service facilities

7.1 > 概述

伴随城市化进程的日益加快，武汉市人口快速增长，中心城区人口高度聚集，对城市基础配套设施布局与建设提出了新的要求。传统的城市规划主要按照人口总量和规划指标体系进行公共服务设施的规划和分析评价，"千人指标"的方式不尽合理，无法满足差异化的需求。

都市发展区是城市功能的主要集聚区和城市空间拓展的重点区域，在此背景下，综合采用地理分析建模、可视化等相关技术，开展基于人口分布的公共服务设施服务评价，研究和完善都市发展区公共服务设施布局，对优化城市环境、缓解高峰期交通压力、协调城郊区域发展、达成集约化空间发展具有重要意义。

7.1.1 > 研究方法

关于人口与设施分布的理论，比较经典的有"人口与环境协调的理论"[1]、"中心地理论"[2]、"核心—边缘理论"[3]、"可达性理论"[4]、"公共服务设施区位理论"[5]等。传统的公共服务设施服务评价更加注重整体上、总量上的评价，随着技术手段的推陈出新，城市趋于精细化与智能化管理，更加注重小尺度差异化的评价。总结目前有关人口分布与公共服务设施服务水平评价的研究，常用的统计与评价方法有泰森多边形分析法、GIS空间分析、网络分析、两步移动搜寻法；对于规划选址，行之有效的方法有情景规划、GIS位置分配分析等方法。

本研究通过收集与整理武汉市现状人口和公共设施空间数据，参考建立的武汉市公共设施服务评价准则，运用地理空间建模技术，基于现状路网对各类公共设施进行空间可达性分析，评价其空间可达性及服务水平，为未来公共设施的布局规划提供参考。具体技术路线如图7-1所示。

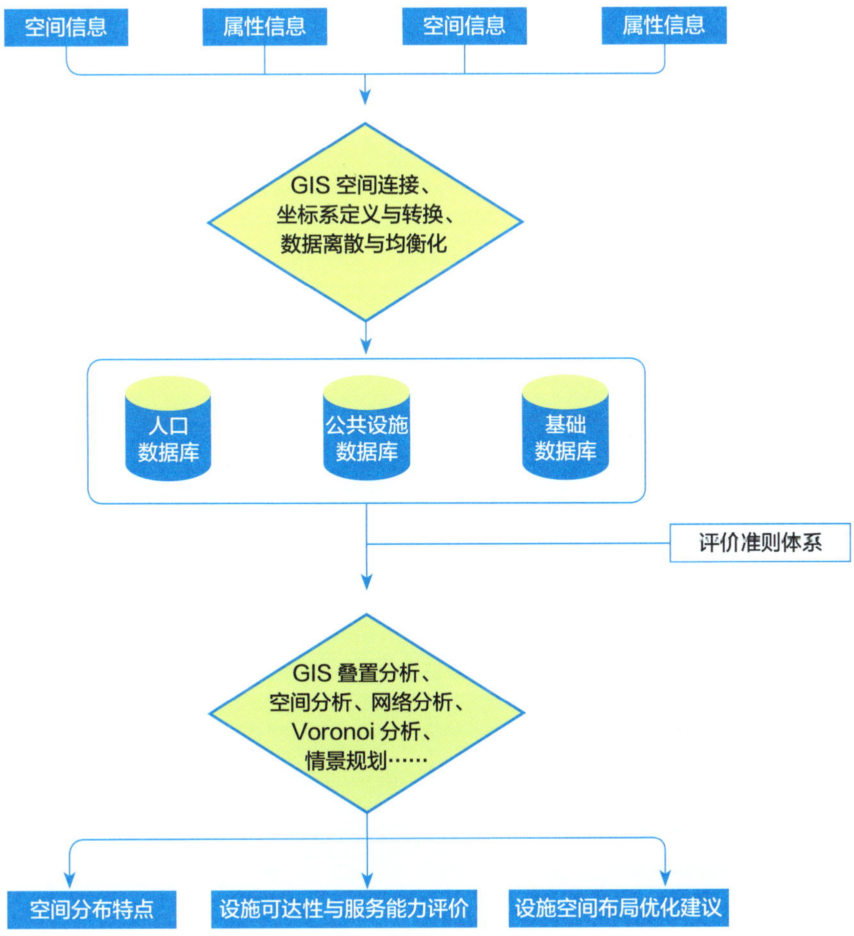

7.1.2 > 公共服务设施评价准则

依据《武汉市总体规划》（2010~2020年）、各类公共服务设施专项规划及标准规范，参考北京、广州、深圳、青岛、杭州等城市的相关标准规范，综合得出各项公共服务设施评价准则，如附表一至附表七所示。

教育设施中的中小学服务半径与国标保持一致，即小学服务半径不超过500m；中学服务半径不超过1000m。

养老设施按照规模分为市级养老设施、区级养老设施和居住区级养老设施。三级养老设施分别设定4000m、2000m、800m的服务半径；老年康乐设施主要包括老年活动中心、老年之家、老年医院等，考虑居家就近便利性原则，统一设定其服务半径为500m。

医院按照三级、二级、一级的资质体系划定其服务半径分别为12km、6km、2km；社区卫生服务机构中社区卫生服务中心服务半径为1000m，社区卫生服务站服务半径为500m；基层医疗卫生机构服务半径为500m。

商业设施划分为A类、B类、C类、D类四个等级，对应于武汉市"中心商业区—市级商业中心—市级商业副中心—组团商业中心"的商业服务设施四级体系规划，服务半径分别设定为3000m、2000m、1000m、500m。

文化设施按照规模等级分为市级、区级、居住区级三个等级，服务半径分别设定为8km、4km、1km。

体育设施按照规模等级分为市级、区级、居住区级三个等级，服务半径分别设定为8km、4km、1.5km。

加油站服务半径依照900~1200m的国家标准，设定加油站、加气站、油气合建站的服务半径均为1200m。

图7-1 > 技术路线

7.2 > 公共设施数据库建设

7.2.1 > 资料收集与整理

依托现有多源、多尺度数据资源，并与武汉市统计局、民政局、卫生局、教育局、体育局等部门联系，收集项目所需各类数据资源，具体如下：

（1）从武汉市统计局获得第六次人口普查数据；

（2）从武汉市民政局收集到全市最新福利机构名册，结合《武汉市养老设施空间布局规划》（2012~2020年）确定数据；

（3）从武汉市卫生局收集到武汉市医疗卫生服务机构名册，结合《武汉市医疗卫生设施空间布局规划》（2011~2020年）、《武汉市近期建设规划》（2011~2015年）确定数据；

（4）从武汉市教育局、《武汉市都市发展区普通中小学布局规划》等来源收集到中小学的现状数据；

（5）从武汉市体育局收集到市级、区级、居住区级体育设施的相关数据；

（6）从武汉市文化局、各区文化局收集到市级、区级和居住区级文化设施的相关数据；

（7）从武汉市商务局收集到武汉市零售业态商业设施的相关数据；

（8）从武汉市商务局《武汉市主城区加油、加气站用地控制规划》收集到加油加气站数据；

（9）收集武汉市国土规划局规划管理综合一张图、交通网络等其他专题数据。

此外，收集整理了当前国家、武汉市和有关重点城市相关规范标准，并在此基础上，对人口、公共服务设施数据进行更新、完善。

7.2.2 > 人口专题库建设

在武汉市第六次人口普查表格数据基础上，运用社管平台的实时人口数据进行人口专题数据更新建库，利用GIS工具，对人口数据进行汇总，在此基础上借助空间统计基础单元，实现人口数据的空间化，建立分年龄段人口专题数据库。

7.2.3 > 公共服务设施专题库建设

通过数据整理和处理，形成公共服务设施专题数据库，具体内容如表7-1所示。

7.3 > 公共服务设施分布与服务评价

7.3.1 > 教育设施分布与服务评价

1. 教育设施分布分析

都市发展区范围内共有中小学859所，其中中学274所，小学536所，九年一贯制学校47所，十二年一贯制学校2所。将九年一贯制学校和十二年一贯制学校归并至中小学中，得到如图7-2所示的中小学分区分布统计情况。

都市发展区范围内中小学空间分布如图7-3所示，可以看出中小学较密集的区域在三环线内，新城区主要集中在城关镇等街道。

2. 教育设施服务评价

通过统计中小学规模与适龄人口数量，整体评价研究区域内的中小学设施供给情况。以现状路网数据为基础，计算各学校的可达范围，同时计算各学校的泰森多边形，比对每个学校实际最佳服务范围与其可达范围，评价每个学校的服务可达性。比对每个学校的服务覆盖范围及泰森多边形内的适龄人口与学校的服务规模，从而整体评价中小学设施的服务质量。以满足上学需求和距离相对合理为目标，针对设施配备不足或容量不足的区域提出规划布局建议。

（1）中小学设施供给评价

将九年一贯制学校按中小学人口规模比2:1，十二年一贯制学校按中小学人口规模比1:1的比例归并至中小学，统计对比都市发展区内中小学规模及适龄人口数情况。整体来看，小学供过于求，中学供给不足。

（2）中小学可达性评价

依据制定的教育设施评价准则，以现状路网数据为基础，计算小学500m和中学1000m的可达范围；利用泰森多边形计算每个学校的实际最佳服务范围[6]；利用可达范围面与泰森多边形的面积比，定性评价各中小学的可达性。都市发展区内中小学服务范围及其相应的泰森多边形如图7-4和图7-5所示，中心城区尤其是汉口片区可达性好，新城区和开发区的城关镇相对较好。

表 7-1 > 公共服务设施专题库

大类	中类	小类	所需基本属性
医疗卫生	医院	综合医院	名称、地址、床位数、用地面积、建筑面积
		专科医院	名称、地址、床位数、用地面积、建筑面积
		中医医院	名称、地址、床位数、用地面积、建筑面积
		中西医结合医院	名称、地址、床位数、用地面积、建筑面积
	社区卫生服务机构	社区卫生服务中心	名称、地址、床位数、用地面积、建筑面积
		社区卫生服务站	名称、地址、床位数、用地面积、建筑面积
	基层医疗卫生服务机构	门诊部	名称、地址、用地面积、建筑面积
		诊所	名称、地址、用地面积、建筑面积
		卫生所	名称、地址、用地面积、建筑面积
		村卫生室	名称、地址、用地面积、建筑面积
社会福利	养老设施	福利院	名称、地址、用地面积、建筑面积、床位数
		养老院	名称、地址、用地面积、建筑面积、床位数
		敬老院	名称、地址、用地面积、建筑面积、床位数
		老年公寓	名称、地址、用地面积、建筑面积、床位数
		托老所	名称、地址、用地面积、建筑面积、床位数
		护养院	名称、地址、用地面积、建筑面积、床位数
		老年服务中心	名称、地址、用地面积、建筑面积、床位数
		护理中心	名称、地址、用地面积、建筑面积、床位数
		托管服务中心	名称、地址、用地面积、建筑面积、床位数
		其他	名称、地址、用地面积、建筑面积、床位数
	康乐设施	老年之家	名称、地址、用地面积、建筑面积
		老年活动中心	名称、地址、用地面积、建筑面积
		老年大学	名称、地址、用地面积、建筑面积
		老年医院	名称、地址、用地面积、建筑面积
体育	市级体育中心	市级综合体育中心	名称、地址、建筑面积、用地面积
		市级青少年体育中心	名称、地址、建筑面积、用地面积
	区级体育设施	区级体育中心	名称、地址、建筑面积、用地面积
	居住区级体育健身设施	体育健身设施	名称、地址、建筑面积、用地面积
		游泳馆	名称、地址、建筑面积、用地面积
		室内体育馆	名称、地址、建筑面积、用地面积
商业设施	市级商业设施	大型商场	名称、地址、建筑面积、用地面积
		大型超市	名称、地址、建筑面积、用地面积
		四星级及以上宾馆、酒店	名称、地址、建筑面积、用地面积
	区级商业设施	中小型商场	名称、地址、建筑面积、用地面积
		中小型超市	名称、地址、建筑面积、用地面积
		四星级以下宾馆、酒店	名称、地址、建筑面积、用地面积
		大型批发市场	名称、地址、建筑面积、用地面积
交通市政设施	加油加气站	加油站	名称、地址、类别、建筑面积、用地面积
		加气站	名称、地址、类别、建筑面积、用地面积
		加油加气站	名称、地址、类别、建筑面积、用地面积
	停车场	室内停车场	名称、地址、建筑面积、用地面积、停车位
		室外停车场	名称、地址、建筑面积、用地面积、停车位

表 7-1 > 公共服务设施专题库

第 7 章
Chapter 7

图 7-2 > 武汉市中小学分区统计图

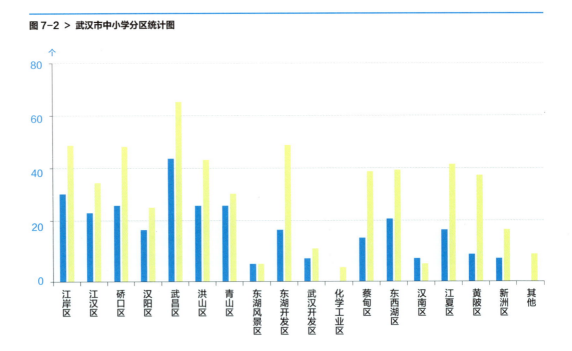

图 7-3 > 武汉市中小学空间分布图

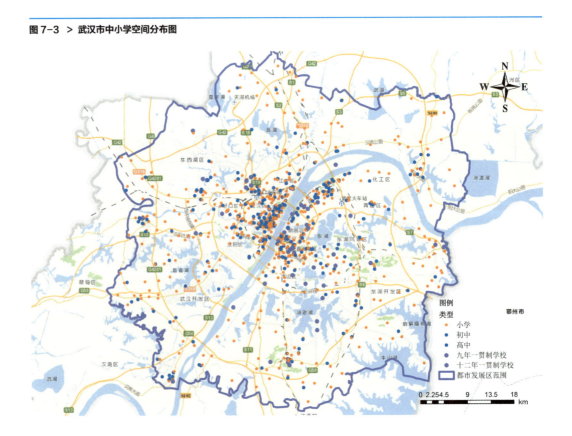

图 7-4 > 小学服务范围和泰森多边形

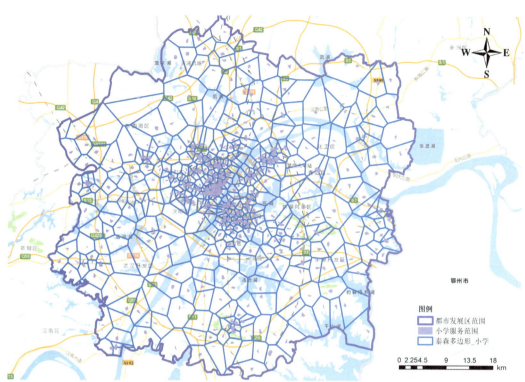

图 7-5 > 中学服务范围和泰森多边形

学校服务范围与泰森多边形面积比大于0.8视为可达性良好。从图7-6上可以看出，可达性较好的小学集中分布在汉口，且有连片趋势。

从图7-7上可以看出，可达性较好的中学集中分布在中心城区，以及蔡甸、东西湖、汉南、江夏等新城区城关镇。

（3）中小学服务能力评价

统计分析学校服务范围及泰森多边形内的适龄人口与学校的服务规模，评价中小学服务质量。可达范围内人口数大于学校规模，学校可达性好，能满足规划需求；可达范围内人口数小于学校规模，将有学生以更远的出行为代价上学。泰森范围内人口小于学校规模，学校规模过大或学校过多，适合缩减；泰森多边形内人口大于学校规模，适合扩建或新增学校。

都市发展区内7~12岁的适龄人口约22.4万人，可达范围内覆盖人口仅4.3万余人。可达范围内人口大于学校规模的小学共19所，这些学校的服务质量好，能保证学生的合理出行距离。除部分学校规模信息不全，其他学校可达性均不能满足规划的合理出行距离。规模冗余的小学共315所，中心城区占比最大。排除规模信息不全的小学，泰森多边形内适龄人口数大于小学可容人口的学校共88所。

都市发展区13~18岁的中学适龄人口约31.2万人，可达性良好的范围内仅覆盖人口约14.6万人。可达范围内人口数大于学校规模的中学共107所，主要分布在中心城区三环线内，可达范围内规模冗余，可达性相对较差的学校有150所。学校规模冗余的中学共134所，覆盖人口约9.1万人；泰森多边形内人口数大于中学可容人口的学校共123所，覆盖人口总数16.6万人，学校可容学生仅约7.7万人，规模亟须扩大。

3. 结论与建议

通过分析学校供给平衡、可达性及服务质量，结合适龄人口分布状况，得到学校服务可达性不足的区域。通过计算小学的密度分布，可以看出小学设施覆盖不足的区域，如图7-8所示。结合学校规模与泰森多边形范围内人口比对结果，得到图7-9中服务可达性差的红色区域和学校规模不足的紫色区域。武汉市都市发展区内小学整体上均供过于求，6年后，由于适龄人口变化，小学规模冗余量整体增加，中心城区除了洪山区从规模冗余变为规模不足，其他区域冗余量增加；功能区除武汉开发区冗余量增加，其他区域均规模不足；新城区除新洲区冗余规模略有增加，其他区或冗余规模略有下降。综合武汉市现状小学适龄人数、未来适龄人数与现状小学设施空间分布，有关规划布局建议如下：目前小学的合理服务半径500m不尽合理，大量学校在合理规划范围内规模冗余，但区域可达性却较差，应制定城乡差异化的服务半径标准；结合实际情况，从适龄儿童的分布出发，按现状设施点的分布调整规模，使得学生上学平均距离最近；中心城区部分区域存在学校扎堆建设的情况，应在满足需求的情况下，转移城市中心设施至人口数量

图7-6 > 小学服务范围与泰森多边形面积比分布图

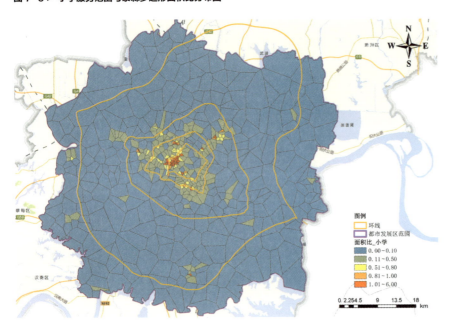

图7-7 > 中学服务范围与泰森多边形面积比分布图

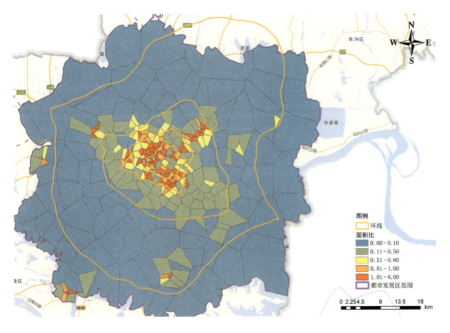

图 7-8 > 按小学分布密度的小学可达性评价结果

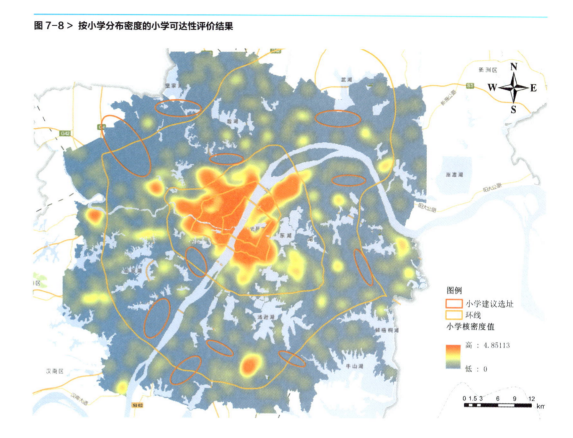

图 7-9 > 按适龄人口分布与学校规模容差的小学服务评价结果

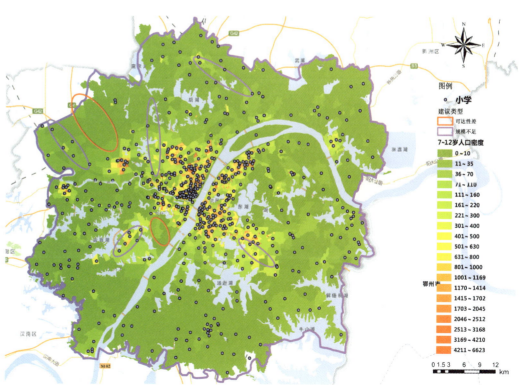

大的新住宅密集区；目前规模冗余但 6 年后设施不足的区域，应在新建住宅密集区适量新建小学。

通过计算中学的密度分布，可以看出中学设施未覆盖的区域，如图 7-10 所示。结合规模不足的学校对应的多边形以及适龄人口密度分布，得到中学服务质量评价结果［图 7-11］，紫色区域为中学服务质量差的区域。武汉市都市发展区内现状中学整体供给不足，6 年后，由于中学适龄人口的变化，中学整体规模从不足变成冗余，个别仍有不足的区，差值也大大减小。综合武汉市现状中学适龄人数、未来适龄人数与现状设施空间分布，有关规划布局建议如下：针对目前中学规模不足，但 6 年后规模冗余的区域，以调整学校规模为主，尽量避免新建学校；针对目前中学规模不足，但 6 年后学校规模仍不足的区域，参考设施可达性，以调整规模为主，新建学校为辅；针对学校规模持续冗余的区域，以调整学校规模、转移师资、均衡分配资源为主；针对目前冗余，但 6 年后规模不足的区域，应根据适龄人口分布，调整学校规模，合理配备教育资源。

7.3.2 > 社会福利设施分布与服务评价

1. 社会福利设施分布分析

都市发展区内社会福利与保障设施共计 419 个，其中市级 3 个，区级 12 个，居住区级 404 个。由图 7-12、图 7-13 可以看出中心城区社会福利与保障设施相对较多，分布也较为密集。

2. 社会福利设施服务水平评价

（1）养老设施整体供需评价

根据现有社会福利与保障设施规模配置情况，对养老设施缺失的部分规模属性进行估算。通过统计现有数据可知，武汉市现有市、区、居住区级养老设施的床位数均值约为 500 个、200 个及 100 个，以此为参考对老年活动中心以外的设施规模进行估算。经统计，都市发展区内床位数约 4.5 万个，按千人 50 个床位的指标，发展区约需要 7.4 万个床位。

（2）养老设施可达性评价

依据制定的养老设施评价准则，从单个养老设施出发，以现状路网数据为基础，计算市级 4000m、区级 2000m、居住区级 800m 的可达范围。为避免因交通出行方式造成的影响，同时以出行时间为成本，评价养老设施的空间可达性。计算养老设施 5、10 及 15 分钟的可达范围。评价基于机动车出行方式下的养老设施空间可达性。

将现状道路按道路等级，参考《公路工程技术标准》JTG B01-2014 以及《城市道路工程设计规范》CJJ37-2012，设置不同的时速，具体如表 7-2 所示[7]。

根据养老设施评价准则，计算基于规划距离指标的设施可达范围，如图 7-14 所示，可以看出，从距离上评价，中心城区养老设施可达性好，但缺口较多。新城区及功能区城关镇部分社

图 7-10 > 按中学分布密度的中学可达性评价结果

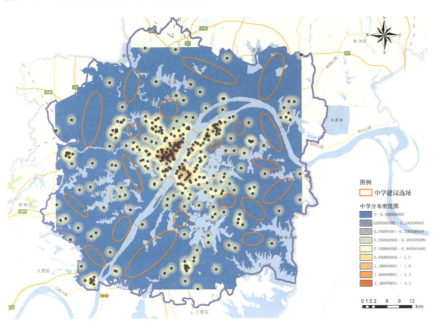

图 7-11 > 按适龄人口分布与学校规模容差的中学服务评价结果

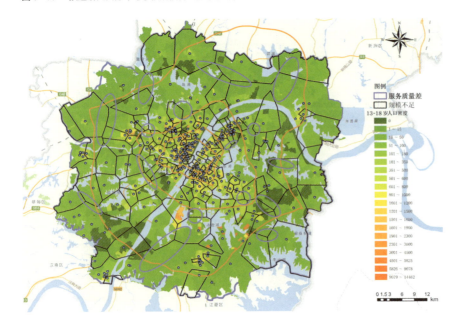

图 7-12 > 武汉市社会福利与保障设施分区统计图

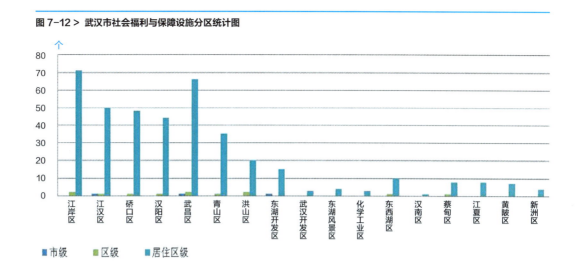

表 7-2 > 道路分级及时速

道路等级	高速路	快速路	主干路	次干路	支路
时速（km/h）	100	80	50	40	30

图 7-13 > 武汉市社会福利与保障设施空间分布图

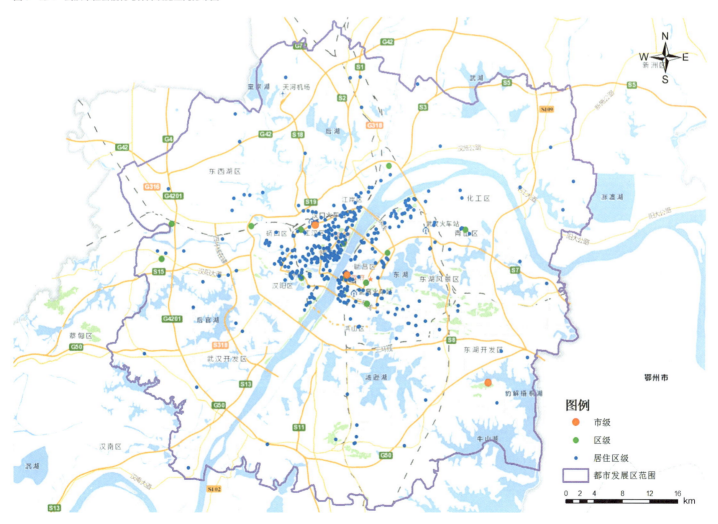

区可达性较好，其他区域均离现有设施较远。

参考表 7-2 中的各等级道路时速值，计算每条道路的通行时间，以出行时间为成本，计算基于现状路网与交通规则的设施可达范围[8]。从图 7-15 可以看出，机动车出行方式下，5 分钟范围内能够覆盖全市人口密度较高的区域，设施可达性较好；从图 7-16 可以看出，机动车出行方式下，10 分钟内，养老设施可达性很高，基本覆盖都市发展区。

（3）养老设施服务能力评价

为了精确分析可达范围内的人口数，将社区人口统计数据映射到实际居住用地上，计算 5 分钟及 10 分钟机动车出行覆盖范围内的人口数，评价养老设施的服务质量。经过统计，养老设施 5 分钟覆盖人口数占 87%，10 分钟覆盖人口占 95% 以上，可达性较好。

（4）基于两步移动搜索法的养老设施服务质量评价

以上方法只是单方面考虑设施可达性，对于某一可达范围未考虑距离因素对可达性的影响，而两步移动搜索法综合考虑了供需关系和距离的影响，本研究在传统两步移动搜索方法的基础上，参考规划标准，考虑引力距离衰减因子，对各距离范围设置不同的权重值。

以养老设施为起点，以社区中心为目的地，基于上述现状路网，进行 O-D 成本距离计算，通过统计每个社区与其最近养老设施距离的均值，得到平均值为 441.9m[9]；参考养老设施评价准则，选取 500m、800m、2000m、4000m 为阶段，对搜索区域划分子区域，进行区域权值设置，并在此基础上进行两步移动搜索分析，该方法对传统的高斯距离进行改进，采用基于网络路径的距离。

对于每个供给点 j，搜索所有在 j 距离阈值 d_0 范围内的需求点 k，计算供需比 R_j：

$$R_j = \frac{S_j}{\sum_{k \in (d_{kj} \leq d_0)} D_k}$$

式中：d_{kj} 是 k 和 j 之间的距离，D_k 是搜索区内消费者的需求，S_j 是 j 点的总供给。[10]

对每个需求点 i，搜索所有在 i 距离阈值 d_0 范围内的供给点 j，将所有的供需比 R_j 汇总可得可达性 A_i^F：

$$A_i^F = \sum_{j \in (d_{ij} \leq d_0)} R_j = \sum_{j \in (d_{ij} \leq d_0)} \left(S_j / \sum_{k \in (d_{kj} \leq d_0)} D_k \right)$$

式中：d_{ij} 是 i 和 j 之间的距离，R_j 是 i 的搜索区（$d_{ij} \leq d_0$）内的供给点 j 的供需比。A_i^F 越大，则证明这个点的可达性越好。

3. 结论与建议

综合考虑养老设施的空间分布与社区人口空间分布，综合距离因素，基于现状路网计算社区养老设施的可达性。从图 7-17 可以看出，社区养老设施可达性呈现出组团点状分布模式，

图 7-14 > 基于距离的养老设施可达性

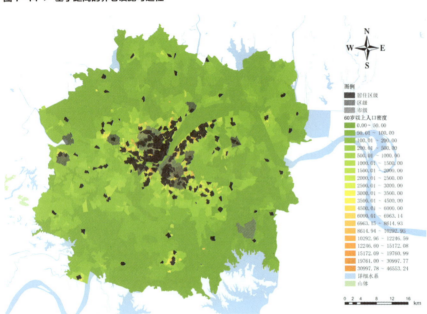

图 7-15 > 基于时间的养老设施可达性——5min

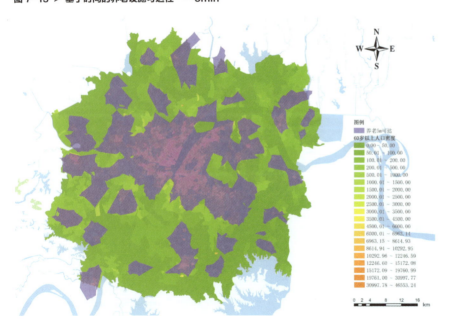

中心城区设施可达性一般，可达性较好的区域分布在主城外围及新城区的部分社区。究其原因，中心城区在空间可达性上存在优势，由于设施规模不足，导致服务质量不能满足需求。新城区部分区域设施规模较大，但空间可达性不足。都市发展区内养老设施床位数约4.5万个，床位缺口2.8万余个，各区设施供给不足，均存在床位缺口。按合理的服务半径计算，中心城区养老设施可达性整体优于新城区，但中心城区床位缺口最为严重，达2.1万余个。结合服务可达性及老年人口空间分布特征，有关规划布局建议如下：针对中心城区设施不足的情况，应结合我国居家养老为主的理念，采用多样化的方式，配置居住区级养老设施；养老设施质量分布不均，新城区缺乏市区级优质养老设施，可根据集聚程度，适量配置区级养老设施。

7.3.3 > 医疗设施分布与服务评价

1. 医疗设施分布分析

都市发展区内医疗卫生设施共计2073个，其中医院282个，基层医疗卫生机构1613个，社区卫生服务机构178个。如图7-18、图7-19所示，可以看出医疗设施在中心城区分布较为密集，新城区在城关镇等街道分布较为密集。

2. 医疗设施服务水平评价

（1）医疗设施可达性评价

依据制定的医疗设施评价准则，从单个医疗设施出发，以现状路网数据为基础，计算三级医院12km、二级医院6km、一级医院2km、社区卫生服务中心1km及卫生服务站与基础医疗500m的路网距离覆盖范围，如图7-20所示。从整体上看，武汉都市发展区内医疗设施可达性良好，医疗设施可覆盖绝大多数人口集聚区域。

考虑出行方式差异的影响，参考表7-2计算每条道路的通行时间，以出行时间为成本，计算基于现状路网与交通规则的设施可达范围。从图7-21可以看出，机动车出行方式下，医疗设施5min范围可覆盖全市人口密度较高的区域；10min机动车出行方式下，基本可覆盖整个都市发展区。从图7-22可以看出，机动车出行方式下5min的出行时间内中心城区的覆盖情况较基于距离指标的情况差，新城区基于时间的可达性较基于距离的好。

（2）医疗设施服务能力评价

为了精确分析可达范围内的人口数，将社区人口统计数据映射到实际居住用地上，计算5min机动车出行覆盖范围及规划距离范围内的人口数，评价医疗设施的服务能力。统计可得，医疗设施5min覆盖人口数占发展区的95.78%，规划距离范围内覆盖人口达93.79%。

3. 结论与建议

整体来看，医疗设施可达性较好，除都市发展区周边人口密度较低的区域外，基本实现

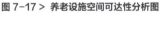

图7-16 > 基于时间的养老设施可达性——10min

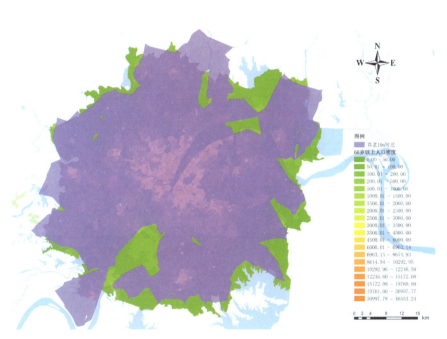

图7-17 > 养老设施空间可达性分析图

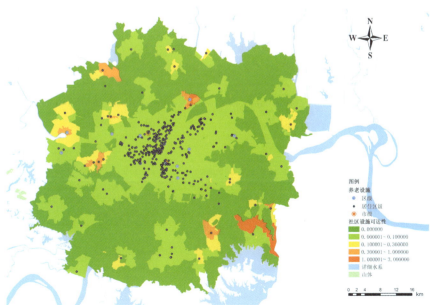

了全覆盖。三级医院可达范围覆盖了主城区及周边区域，二级与一级医院补充覆盖了部分新城区人口密集区。有关规划布局建议如下：针对基层医疗设施覆盖不到的区域，可适当补充医疗设施，方便居民的日常需求，避免居民因小病上大医院；针对覆盖率较低且高质量医疗服务少的区域，应在考虑可达性的同时，提高医疗设施服务质量，以保证居民在适当距离范围获得医疗服务。

7.3.4 > 商业设施分布与服务评价

1. 商业设施分布分析

都市发展区内商业设施共计6481个，其中A类商业设施91个，B类商业设施327个，C类商业设施1204个，D类商业设施4859个。由图7-23、图7-24可以看出中心城区三环线内商业设施分布较为密集，新城区商业设施主要分布在主要道路沿线。

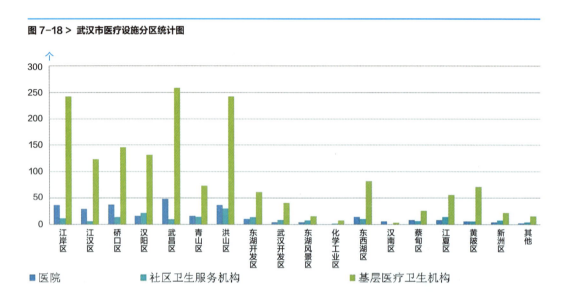

图7-18 > 武汉市医疗设施分区统计图

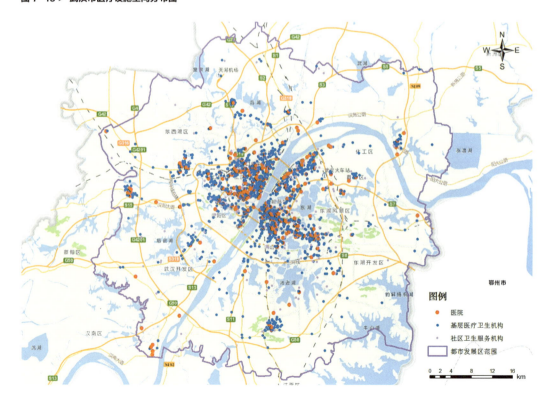

图7-19 > 武汉市医疗设施空间分布图

2. 商业设施服务水平评价

（1）商业设施可达性评价

依据制定的商业设施评价准则，从单个商业设施出发，以现状路网数据为基础，计算A类商业设施3km、B类商业设施2km、C类商业设施1km、D类商业设施500m的路网距离覆盖范围，如图7-25所示。整体来看，武汉都市发展区内商业设施可达性良好，A类商业设施的可达范围基本覆盖了中心城区人口高密度社区；B类商业设施已基本覆盖了都市发展区内的人口高密度社区；C类商业设施和D类商业设施基本补齐了A类商业设施和B类商业设施在新城区个别人口集聚区域的欠缺。

考虑出行方式差异的影响，以出行时间为成本，计算基于现状路网与交通规则的商业设施可达范围。从图7-26可以看出，机动车出

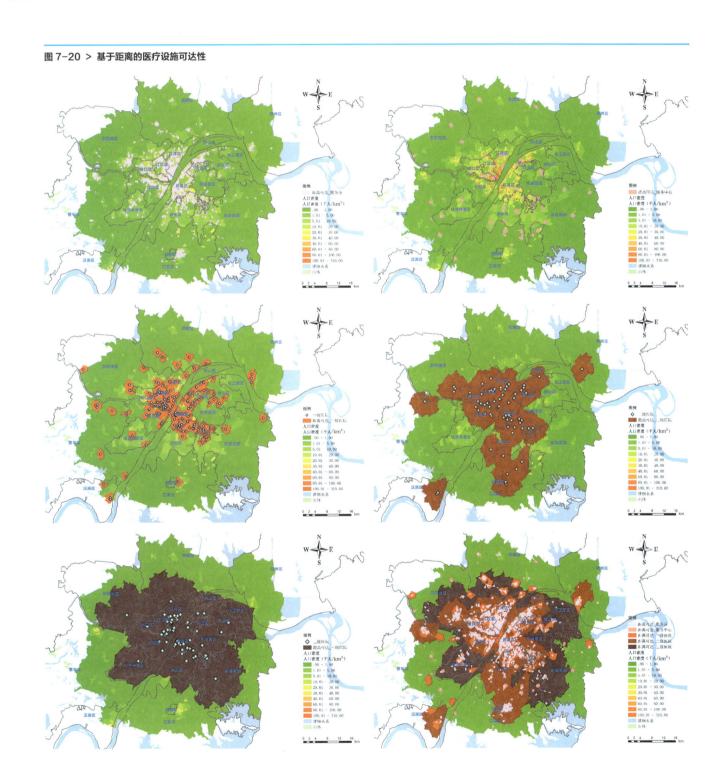

图7-20 > 基于距离的医疗设施可达性

行方式下，商业设施 5 分钟可达范围基本覆盖了全市人口密度较高的区域，并且可达性明显优于基于距离指标的情况。

（2）商业设施服务能力评价

为了精确分析商业设施可达范围内的人口数，将社区人口统计数据映射到实际居住用地上，计算 5 分钟机动车出行覆盖范围及规划距离范围内的人口数，评价商业设施的服务能力。

统计可得，商业设施 5 分钟覆盖范围内人口数占发展区的 96.22%，并且各区人口可达性都较优；规划距离范围内覆盖人口达 89.66%，除化工区外，其他区可达性较好，但整体可达性情况较基于时间指标的情况略差。

3. 结论与建议

都市发展区内商业设施整体可达性好，呈现沿道路分布的特征，基本覆盖了都市发展区

图 7-21 > 基于 5 分钟、10 分钟出行时间与距离可达性对比图

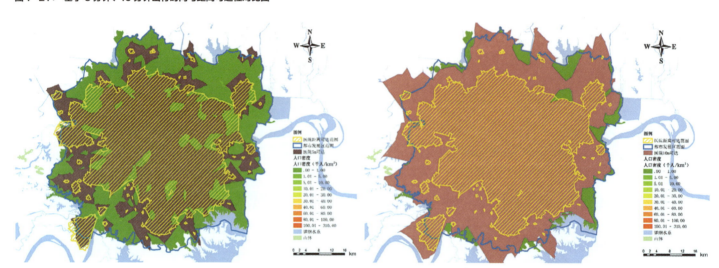

图 7-22 > 基于距离与时间的可达性对比图

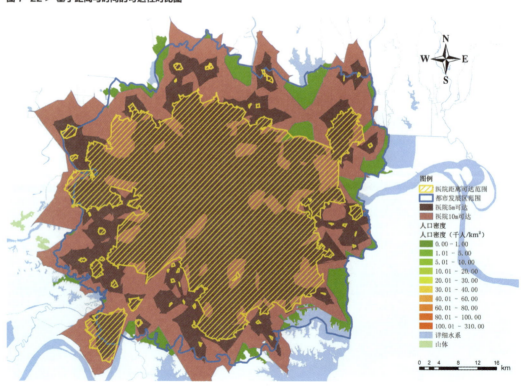

基于时空大数据的武汉发展研究：
透视、评价与策略
Research on Wuhan Development Based on Spatial Temporal Date :
PERSPECTIVE, EVALUATION AND STRATEGY

>

第 7 章
Chapter 7

图 7-23 > 武汉市商业设施分区统计图

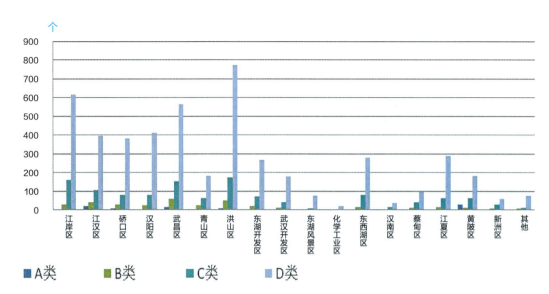

图 7-24 > 武汉市商业设施空间分布图

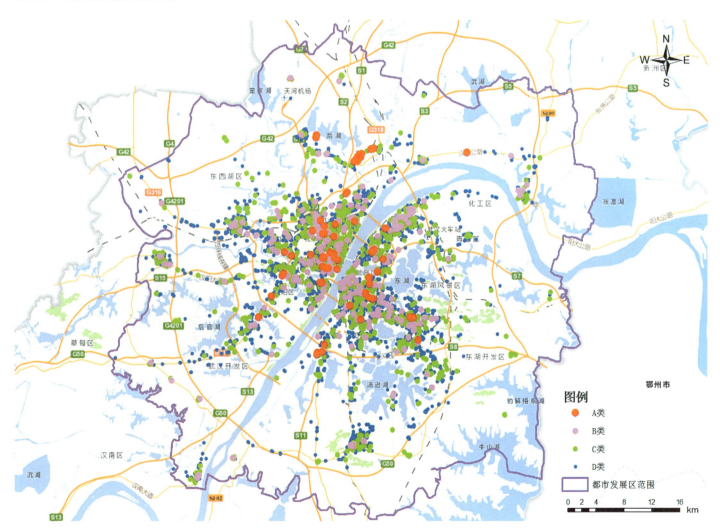

图 7-25 > 基于距离的商业设施可达性

126

人口集聚区，且在中心城区高度集聚。从空间距离可达性及设施质量两方面出发，有关规划布局建议如下：针对化工区设施数量及质量严重不足的区域，在增设居住区级、社区级设施的同时，应增设个别区级商业设施；针对有较高级服务设施的区域，应以增设居住区级商业设施为主；针对其他商业设施覆盖能力较好的区域，应以调整设施规模为主，使设施服务更加均衡化。

7.3.5 > 文化设施分布与服务评价

1. 文化设施分布分析

都市发展区内文化设施共计 373 个，其中市级文化设施 73 个，区级文化设施 59 个，居住区级文化设施 241 个。由图 7-27、图 7-28 可以看出文化设施在中心城区三环线内分布较为密集，新城区在城关镇等街道分布较为密集。

图 7-26 > 基于距离与时间的可达性对比图

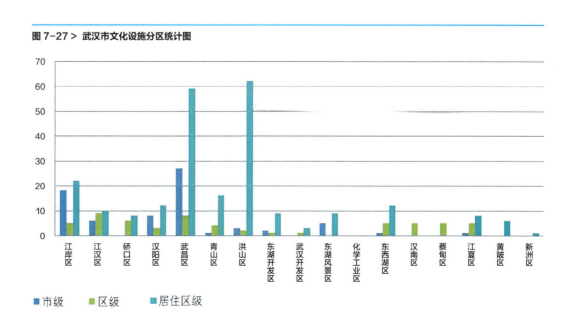

图 7-27 > 武汉市文化设施分区统计图

图 7-28 > 武汉市文化设施空间分布图

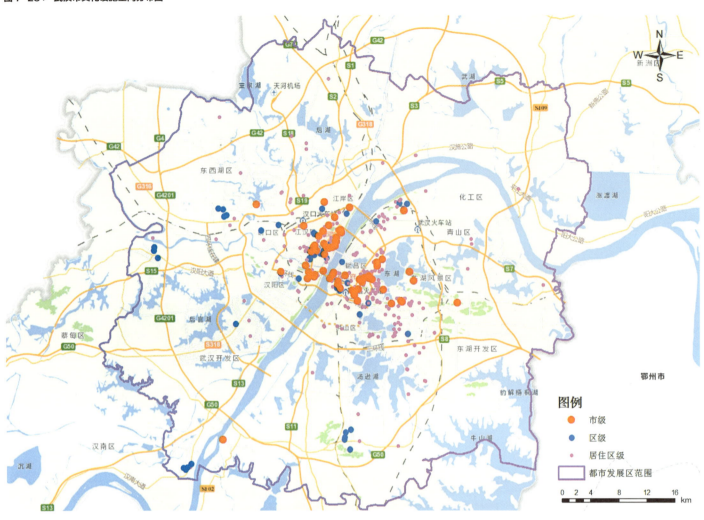

图 7-29 > 基于距离的文化设施可达性

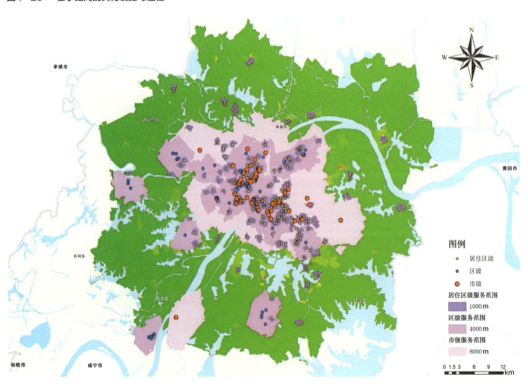

2. 文化设施服务水平评价

（1）文化设施可达性评价

依据制定的文化设施评价准则，从单个文化设施出发，以现状路网数据为基础，计算市级文化设施8km、区级文化设施4km、居住区级文化设施1km的路网距离覆盖范围，如图7-29所示。从整体上看，武汉都市发展区内文化设施可达性良好，市级文化设施的可达范围基本覆盖了整个中心城区及新城区的部分区域，区级文化设施的可达范围基本可覆盖本区的人口高密度社区；居住区级文化设施的服务范围在中心城区部分人口高密度区域仍有部分缺口，但这些区域的市级文化设施和区级文化设施的可达性良好。

考虑出行方式差异的影响，以出行时间为成本，计算基于现状路网与交通规则的文化设施可达范围。从图7-30可以看出，机动车出行方式下，文化设施5min可达范围基本覆盖了全市人口密度较高的区域，10min可达范围基本覆盖了基于距离指标的规划服务范围，15min可达范围基本覆盖了都市发展区。

（2）文化设施服务能力评价

为了精确分析文化设施可达范围内的人口数，将社区人口统计数据映射到实际居住用地上，计算5min机动车出行覆盖范围、10min机动车出行覆盖范围及规划距离范围内的人口数，评价文化设施的服务能力。统计可得，文化设施5min覆盖范围内人口数占发展区的85.28%，10min覆盖范围内人口数占发展区的95.32%，规划距离范围内覆盖人口达84.5%，整体来看，服务能力较优。

3. 结论与建议

都市发展区内文化设施可达性整体较好，在规划距离范围内，能够覆盖大多数人口密集

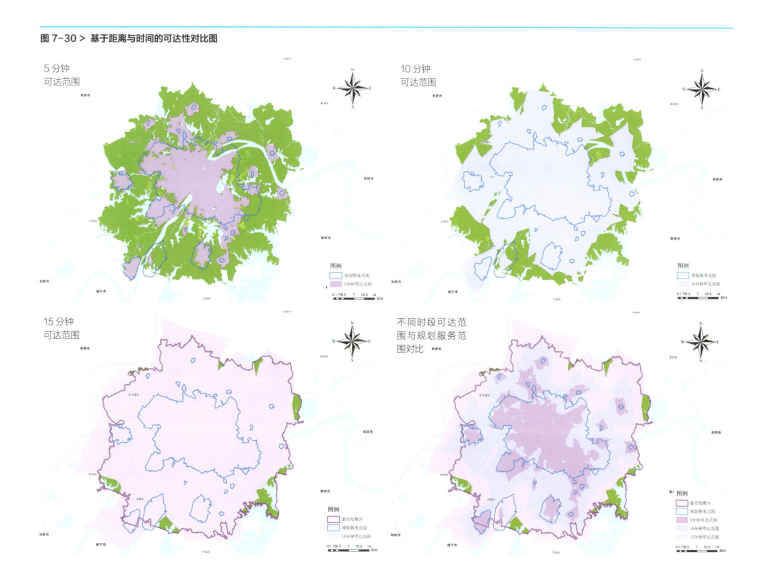

图7-30 > 基于距离与时间的可达性对比图

区。市级文化设施大多数分布在主城区且基本实现主城区全覆盖；区级和居住区级文化设施补充覆盖了新城区人口密集区。从空间可达性角度出发，有关规划布局建议如下：针对设施严重不足的区域，可以在考虑可达性的同时，提升设施服务质量，适当布设居住区级文化设施或增设市区级文化设施以满足居民日常需要；在文化设施整体可达性好的区域，应保证各级文化设施空间分布的均衡性，适当调整文化设施规模，使服务均衡化。

7.3.6 > 体育设施分布与服务评价

1. 体育设施分布分析

都市发展区内体育设施共计794个，其中市级体育设施6个，区级体育设施13个，社区级体育设施775个。由图7-31、图7-32可以看出中心城区体育设施相对较多，社区级体育设施在三环线内分布较为密集。

2. 体育设施服务水平评价

图7-31 > 武汉市体育设施分区统计图

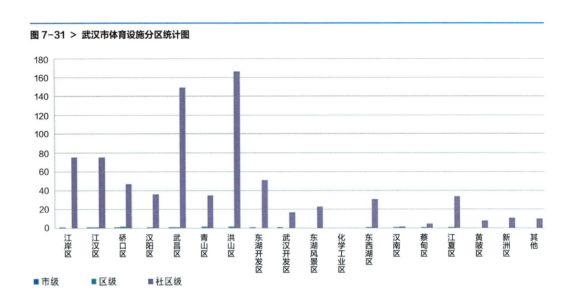

图7-32 > 武汉市体育设施空间分布图

图 7-33 > 基于距离的体育设施可达性

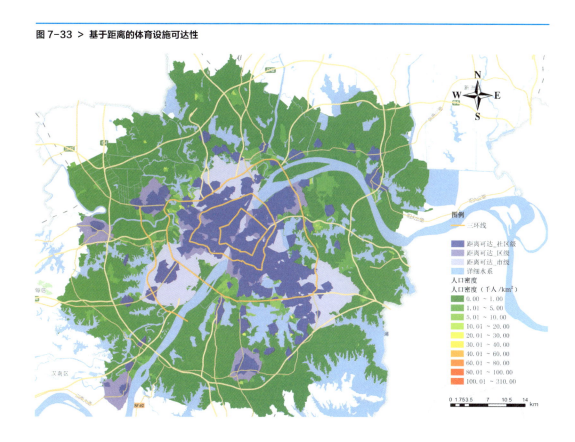

图 7-34 > 基于 5 分钟出行时间的体育设施可达性

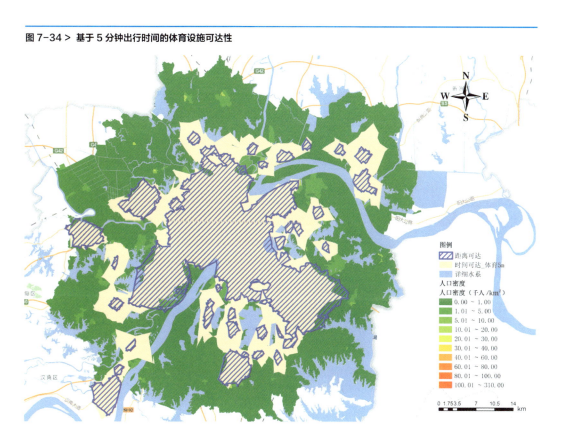

（1）体育设施可达性评价

依据制定的体育设施评价准则，从单个体育设施出发，以现状路网数据为基础，计算市级 8km、区级 4km、社区级 1500m 的路网距离覆盖范围，如图 7-33 所示，基本覆盖了都市发展区范围的高密度社区。

基于现状路网，以出行时间为成本，评价体育设施的空间可达性，分别选取居民出行的 5 分钟、10 分钟两个时间标准进行统计分析。从图 7-34 和图 7-35 可以看出 5 分钟可达范围内基本覆盖了整个中心城区，10 分钟出行时间覆盖了都市发展区的大部分范围，可达性较好。

（2）体育设施服务能力评价

为了精确分析体育设施的服务能力，将社区人口统计数据映射到实际居住用地上，通过精确的位置统计，计算规划距离范围内及 5min 出行时间覆盖的人口数，评价体育设施的服务能力。统计可得，规划范围内覆盖人口数与 5min 出行范围内覆盖人口数较为相近，规划距离范围可覆盖 85.17% 的人口，5 分钟出行范围内可覆盖 90.17% 的人口。总体来看，中心城区服务质量均较优，新城区相对较差。

3. 结论与建议

都市发展区内体育设施的空间可达性相对较差，中心集聚特征明显，主城区三环线内可达性最佳。从设施空间可达性的角度出发，对有关规划布局的建议如下：中心城区体育设施不足区域，应增设部居住区级体育设施，以满足需求；对于可达性较好区域，合理调整体育设施规模，实现区域设施可达性全覆盖；针对体育设施不足且质量较低的区域，在布设居住区级体育设施的同时，在设施未覆盖的人口聚集区布设市区级设施；针对设施匮乏区，布设居住区级体育设施。

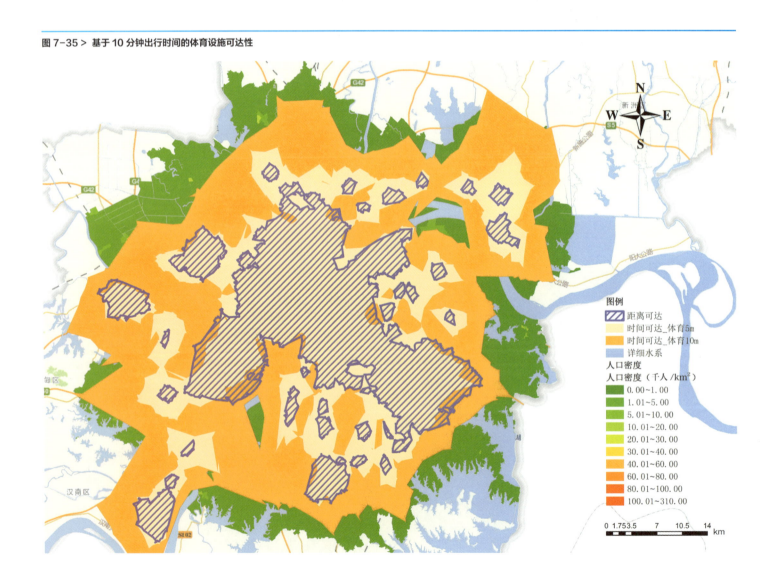

图 7-35 > 基于 10 分钟出行时间的体育设施可达性

图 7-36 > 武汉市加油加气站分区统计图

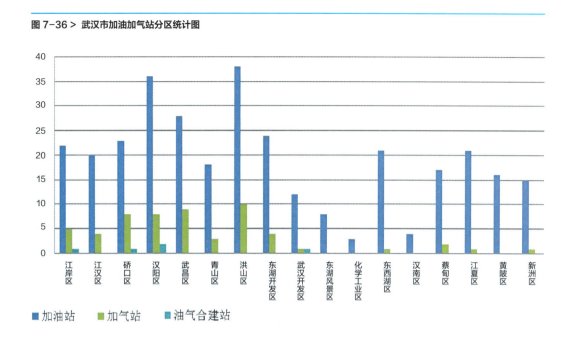

图 7-37 > 武汉市加油加气站空间分布图

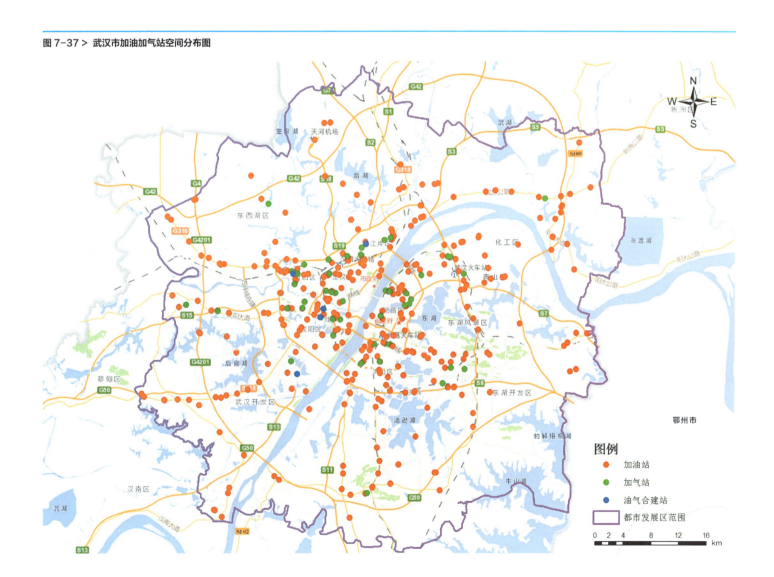

7.3.7 > 加油加气站设施分布与服务评价

1. 加油加气站设施分布分析

都市发展区内加油加气站共计 398 个，其中加油站 336 个，加气站 57 个，油气合建站 5 个。图 7-36、图 7-37 可以看出加油加气站主要沿路网分布，中心城区较为密集，新城区主要分布在主干道沿线。

2. 加油加气站服务水平评价

（1）加油加气站可达性评价

依据加油加气站评价准则，以现状路网数据为基础，计算加油加气站 1200m 的路网距离覆盖范围，如图 7-38 所示。由于加油加气站的配建不能在人口密集的区域，因而大多分布在城镇核心区域一定距离外，以及重要道路沿线。

图 7-38 > 基于距离的加油加气站可达性

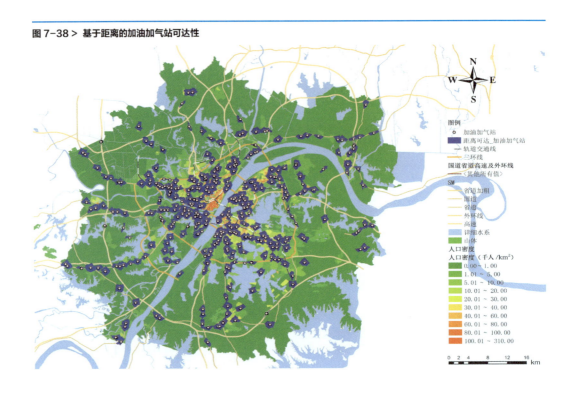

图 7-39 > 基于 5 分钟出行时间的加油加气站可达性

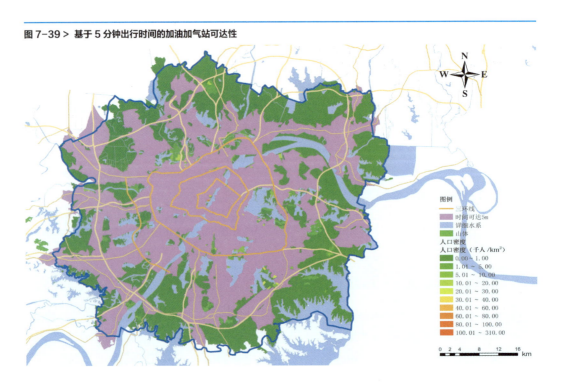

基于现状路网,以出行时间为成本,评价加油加气站的空间可达性,分别选取居民出行的5分钟、10分钟两个时间标准进行统计分析。从图7-39和图7-40可以看出5分钟可达范围内基本覆盖了整个中心城区和新城区主干道沿线区域,设施可达性较好;10分钟出行时间基本可以覆盖整个都市发展区,可达性好。

（2）加油加气站服务能力评价

将社区人口统计数据映射到实际居住用地上,计算规划距离范围内及5分钟机动车出行距离范围覆盖的人口数,评价加油加气站的服务能力。统计可得,规划距离指标范围内接近50%的人口未被覆盖,但5分钟出行时间内的可达性较好,覆盖90%以上的人口。

3. 结论与建议

整体来看,加油加气站分布较为均衡,且沿交通干线分布的特征显著。从出行距离上看,一环内老城区等个别区域基于距离的可达性较差。根据空间可达性及城市加油加气站设计与施工规范,有关规划布局建议如下：在中心城区设施未覆盖区域,应避开道路交叉口,在次干道上设置小型加油加气站,减少因加油需求而造成的不必要出行;对于功能区及新城区人口密度相对较低的区域,尤其是新修主要干道区域,应适当增设加油站设施点对。

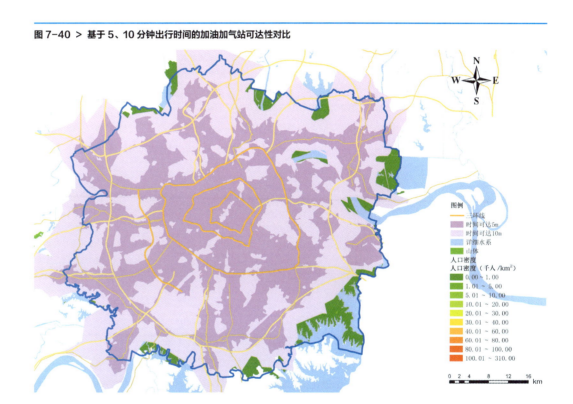

图7-40 > 基于5、10分钟出行时间的加油加气站可达性对比

参考文献 >

[1] 王利,韩增林.不同尺度空间发展区划的理论与实证[M].北京:科学出版社,2010.

[2] Christaller W.德国南部中心地原理[M].常正文,王兴中 译.北京:商务印书馆,1988.

[3] 崔功豪,魏清泉等.区域分析与区域规划[M].北京:高等教育出版社,2006.

[4] 宋小冬,钮心毅.再论居民出行的计算机辅助评价[J].城市规划会刊,2000（3）:18-22.

[5] Toward a Theory of Urban Public Facility Location[J]. Papers of the Regional Science Association., 1968（21）:35-51.

[6] 张杏娟,文雅等.基于Voronoi图的高密度城区停车场空间布局分析——以广州市海珠区为例[J].地球信息科学学报,2015,15（3）:415-421.

[7] 周慧,蔡忠亮等.增强型两步移动搜索模型的参数灵敏度研究[J].测绘地理信息,2015,40（5）:65-75.

[8] 张鹏飞,蔡忠量等.基于E2SFCA的城市旅游景点的潜在空间可达性分析[J].测绘地理信息,2015,40（1）:76-79.

[9] 王绮,修春亮等.基于高斯两步移动搜索法的沈阳市就业可达性评价[J].人文地理,2015（2）:78-82.

[10] 赵东霞,韩增林等.基于两步移动搜寻法的城市居家养老服务设施可达性研究——以大连市沙河口区低龄老年人为例[J].地域研究与开发,2014,33（6）:28-32.

8

RESEARCH ON WUHAN
PERSPECTIVE
DEVELOPMENT BASED ON SPATIAL
EVALUATION
TEMPORAL DATE
STRATEGY

第 8 章
基于网格的社区宜居性建模与分析

Chapter 8
Modeling and analyzing of the livability of the community based on grid

8.1 > 概述

随着世界范围内自然环境的不断变化和城镇化的快速发展，保护我们的人居生态环境已经成为全世界共同关注和迫切需要加以解决的课题[1]。近年来我国多个城市提出了建设"宜居城市"的目标"宜居"已成为城市和地区竞争力、吸引力的重要评判标准。社区是城市的基本单元，是一定城市地域内发生各种社会关系和社会活动，具有特定的生活方式，并具有归属感的人群所组成的一个相对独立的社会共同体，是城市基层管理、服务居民和开展社会工作的平台[2]。因此，建设"宜居城市"应当先从城市的基本单元"宜居社区"建设抓起[3]。整合地理国情普查信息、城市管理信息等数据，获得多种社区专题数据，获取基于城市基础网格的"网格—社区—城市"的多层次多元时空信息，利用这些多源社区数据对城市社区宜居性及空间格局进行客观分析评价，开展适用统计分析方法和城市的社区宜居性分析方法研究，对于丰富城市宜居社区理论、促进城市宜居社区建设实践的开展具有重要的现实意义[4]。

8.1.1 > 国内外研究现状

1. 评价指标

目前，国内外对于城市宜居评价的研究比较多，但是对于社区宜居环境的建设和评价的研究则相对较少，尚未形成系统、规范的理论体系。近年来，不少学者对社区建设与评价进行探索，并提出了包括和谐社区、安全社区、生态社区等多种社区评价指标体系，但关于城市社区宜居环境的评价尚未形成一套科学且具有可操作性的指标体系[5]。

1961 年，WHO（世界卫生组织）总结了满足人类基本生活要求的条件，提出了居住环境的基本理念，即"安全性、健康性、便利性、舒适性"。这些理念也体现了适宜人类生存的环境所需满足的条件。随后美国学者对居住区的舒适度评价进行了探究，提出应从自然环境、邻里社会环境、可达性、安全性、噪声及烦恼等六个方面考虑[6]。1996 年，联合国第二次人居大会明确提出"人人享有适当的住房"和"城市化进程中人类住区可持续发展"的理念。此后，有学者（Asami，2001）提出可持续性是衡量居住环境的重要因素和指标。在城市规划中，把人居环境的营造、人文关怀、生态环境保护和经济可持续发展等置于重要的地位[7]，如 2004 年 2 月发表的《伦敦规划》中，将"宜人的城市"作为一个核心内容加以论述，明确提出了经济增长不能侵占市区现有的公共开敞空间等。

国内关于居住环境评价的研究始于 1990 年代，但主要是关注人居环境的评价和分析，并主要在人居环境问题成因、城市人居环境地域分异、城市人居环境质量评价、自然生态系统对人居环境的影响、城市化与城市人居环境等六个方面展开研究探讨。随着建设宜居城市理念的深入，2007 年，我国颁布了《宜居城市科学评价标准》，从社会文明、经济富裕、环境优美、资源承载、生活便宜、公共安全六个方面考察了城市宜居性，为我国城市宜居性评价提供了一个基本标准。乌鲁木齐、上海、广州等城市近年来也纷纷提出了社区宜居性评价指标，为建设宜居城市决策提供参考。在参考目前国内外各种指标体系的基础上，考虑武汉市的实际情况、地理国情数据基础及指标体系的综合性、可操作性和可比性，本研究构建了包括社区居住级别、社区环境、社区配套设施、社区安全 4 个一级指标，10 个二级指标，24 个三级指标的社区宜居性评价指标体系。

2. 评价方法

目前，社区评价较多运用的方法是系统评价方法，即将社区作为一个系统来研究，其中系统分析是最关键的部分[5]。系统分析把研究对象看做一个整体，并以问题为导向重点考虑系统的结构功能和动态过程，同时重视系统以及子系统的内部联系和外部联系的研究，要求如实地分析系统与环境以及系统内部子系统之间的相互作用，从系统整体结构出发研究各子系统间的相互协调关系及其动态变化过程[5]。系统分析的重点在于通过系统的研究，调查系统的现状和确定问题的目标，通过系统设计，形成系统结构，并提出可行方案，通过建立模型，以及优化和评价技术对各种可行方案和替代方案进行系统量化分析和评价比较，最后输出合理的结果和方案供决策参考。它从系统的着眼点或角度去考察和研究整个客观世界，为人类认识和改造世界提供了科学的理论和方法。

用于社区评价的系统评价方法主要是综合评价法。指标权重的确定是综合评价中的一个关键问题，确定评价指标权重的方法很多，概括起来有两大类，即主观赋权法和客观赋权法。前者包括德尔菲法、层次分析法，后者包括秩和比法、相关系数法、主成分分析和因子分析法等。与国内运用较多的数学方法进行社区系统评价，量化评价为主的情况不同，国外学者对社区的评价较多的是定性评价，主要运用观察描述法、深度访谈法、问卷调查和案例分析等定性研究方法。主观赋权法能够反映决策者的意志，但决策结果具有很大的主观随意性。客观赋权法具有较强的数学理论依据，可以避免评价结果的主观随意性，但是同时又不能体现决策者的意愿。因此，主、客观赋权法具有各自的特点，但都存在一定的局限性。本研究将主观权重与客观权重相结合得到综合权重，既能反映专家的意见，又能较好地反映事物的实际情况，使得评价结果更加理想。

8.1.2 > 技术流程

基于网格的社区宜居环境评价主要从分析单元划分、构建指标体系及确定指标权重几方面展开，具体流程见图8-1所示。首先，研究通过制定划分原则，划分出分析研究的基础单元——基础网格，并通过文献分析，结合武汉市现状，建立社区宜居性评价指标体系；其次，从地理国情数据中提取出相关的指标数据，建立基于网格单元的专题数据库；接下来，通过主成分分析法确定指标体系的客观权重，通过参考专家打分，确定指标体系的主观权重，并加权求得指标体系的综合权重；最后，通过指标数据库与宜居性评价体系和模型，求得网格的宜居性评价结果，并通过社区内各网格所占的面积比，求得社区宜居性评价结果。

8.1.3 > 数据基础与处理

社区宜居性指标体系建库时主要通过提取地理国情数据库中与宜居性相关的要素数据进行，并按社区居住级别、社区居住环境、社区生活配套设施、社区安全等一级指标进行分类建库。

社区居住环境要从社区的自然生态环境及建筑环境等方面作建库考量。社区配套设施应从社区交通、医疗设施、教育文化设施、休闲娱乐设施、商业设施等方面来作建库考量。社区安全主要从社区的治安与公共安全和社区管理两方面来考虑。在具体对制定三级指标库进行考量时，应首先考虑从已有的地理国情普查指标中筛选出独立性好、代表性强，覆盖全面的指标。若某些数据十分必要，但地理国情普查数据中又没有，可考虑从其他数据（如网格数据、人文数据等）或其他途径获取。

数据处理过程从点状数据、线状数据及面状数据三方面来介绍。

1. 点状数据

对于公共设施（包含交通站点、商业设施、教育设施、休闲文体设施及医疗设施等）数据，按照其服务区半径建立缓冲区，并计算网格内居住区被不同设施服务区所覆盖的面积占网格内居住区总面积的百分比，用于衡量网格内居住区对于不同设施的可达性。根据公共配套设施建设标准，各类设施的服务半径见表8-1。

对于人口数据，按照人口数据属性表中所含的社区属性计算出社区内的特殊人口总数及人口总数，并通过二者之比计算出社区内的特殊人口所占比例，将值赋予社区内各个网格。

电子摄像头沿道路分布，处理时通过计算社区内电子摄像头总数与社区内道路总长度，并计算社区内摄像头沿道路分布的密度，将所得值赋予社区内各个网格。

2. 线状数据

城市道路数据（LCTL）中包含城市内部主干路、次干路及支路等多种类型道路。提取主干路数据，对其建立100m的噪声缓冲区，并计算噪声缓冲区覆盖网格内居住区的面积及其占网格内居住区总面积的比例，为噪声网格内噪声影响区。

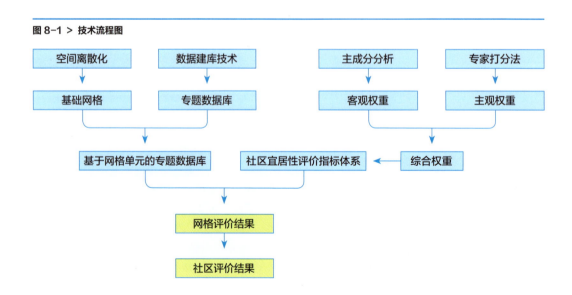

图8-1 > 技术流程图

表 8-1 > 公共设施服务半径表

公共设施	服务半径（m）
公交站点	300
地铁站点	500
幼儿园	300
小学	500
中学	1000
便利店	100
超市	500
大型购物中心	1000
基层诊所	300
社区卫生服务中心	500
大型医院	1000
公园	1000
社区级体育设施	500
地区级体育设施	2000
居住区级文化设施	1000

3. 面状数据

将居住小区数据与网格数据进行空间连接，使居住小区空间化，从而将居住小区按照网格划分成块，并将居住小区级别、绿化率及建筑年代等数据赋予居住小区所属网格的要素属性表。

提取水域数据中的河流、湖泊数据，通过环保局的水环境质量监测结果，将其中受到严重污染者去除，沿其余面状数据边界建立1000m 的湖泊生态影响区，并计算受到湖泊影响的社区面积占社区总面积的比例。

由于水厂对周边基本没有污染，因此将工矿设施数据中的水厂剔除。对污水处理厂建立200m 的工业污染缓冲区、其他工矿企业建立1000m 的工业污染缓冲区，并计算受到工业污染的社区面积占社区总面积的比例。

8.2 > 社区宜居性评价指标体系及模型的建立

8.2.1 > 评价体系建立的原则

1. 以人为本原则

一个社区是否宜居，主要是根据居住在社区中的人的感受来确定的。建设宜居社区是为了使居民能够生活在安全、舒适的居住环境中。在选取宜居社区的指标体系时，以人的需要和根本利益为出发点，重点体现与居民生活、居住、就业等关系密切的要素，反映居民对居住环境的需求[8]。

2. 适应性原则

我国社区建设发展的方向应该以社会发展、城市发展为背景，并与之保持一致。因此，在制定我国城市宜居社区评价指标体系时，首先必须坚持建立的体系与我国宜居城市建设的总体要求相适应，不能与之相悖[1]。

3. 系统性原则

影响社区宜居水平的因素是多种多样的，因此要构建宜居社区综合评价的指标体系是一项复杂的系统工程。在设计指标体系时，应使各子目标、阶段性目标服从总目标，保持目标方向的一致性，同时又要保持各子目标之间的协调性，做到各个指标之间既相互独立又相互联系，使建立的指标体系能够综合、全面地反映社区的整体水平[9]。

4. 可比、可量、可行原则

指标体系要运用于实际的评价工作中，因此各指标必须含义明确，数据资料收集方便且易于分析计算。一方面，对于评价指标中的定性指标，应该通过现代定量化的科学分析方法使之量化。另一方面，评价指标的统计口径、含义以及使用范围应使用统一的标准衡量，尽量消除人为的可变动因素的影响[3]，使评价对象之间存在可比性，进而确保评价结果的准确性。

5. 动态指导性原则

综合评价指标体系必须具有一定的导向性，能够引导城市社区健康、有序地发展。随着现代人对于生活品质的不断追求，宜居的概念也在不断升级换代，衡量社区宜居度的标准会有所改变。因此，指标的选取应随时间、地域、评估目标的变化而相应调整，保证与研究内容的一致性[10]。

8.2.2 评价指标体系因子的确定

通过研究社区相关理论，并结合武汉市现状及指标体系的实际可操作性，建立了如图8-2所示的指标体系建立分析图。

宜居性高的社区，其居住小区应具有完整的布局结构和市政配套设施；具有良好的自然环境与建筑环境，为居民提供清新、舒适的社区环境；对各类设施具有良好的可达性，方便

图 8-2 > 社区宜居性评价指标体系建立分析图

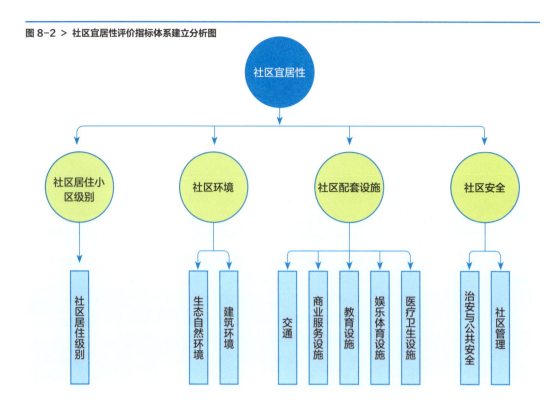

表 8-2 > 社区宜居性评价指标体系表

一级指标	二级指标	三级因子指标
社区居住级别	居住小区级别	居住小区级别
社区环境	生态自然环境	湖泊水系影响
		噪声污染影响
		绿化率
		工业区污染影响
	建筑环境	容积率
		建筑年代
社区配套设施	交通	公交站点覆盖
		地铁站点覆盖
	商业服务设施	便利店覆盖
		超市覆盖
		购物中心覆盖
	教育文化设施	幼儿园覆盖
		小学覆盖
		中学覆盖
	休闲娱乐设施	公园广场覆盖
		文化设施覆盖
		体育设施覆盖
	医疗服务设施	诊所覆盖
		卫生服务中心覆盖
		大型医院覆盖
社区安全	治安与公共安全	特殊人员所占比例
		电子监控密度
	社区管理	社区管理

上学、上班、就医、休闲等；具有良好的管理与较高的安全系数。依据分析图，本研究建立了如表 8-2 所示的基于网格的社区宜居性评价指标体系。由于农村地区与中心城区自然人文综合情况迥异，不适宜用同一套指标体系及方法进行评价，研究主要设计了对中心城区范围内的社区宜居性评价的指标体系。

8.2.3 主客观综合评价模型的建立

社区宜居性评价属于综合评价，权重问题的研究占有重要的地位，因为权重的合理性直接影响着评价结果的准确性[11]。目前，关于指标权重的确定方法很多，但不外乎客观赋权法和主观赋权法两大类。客观赋权法是按照资料数据所反映的统计信息给指标赋权，主观赋权法是结合专业知识和专家经验来确定指标权重[12]。二者各有优点，但也各有不足。比如客观赋权法有时得到的结果难以从专业角度解释，而主观赋权法不免有一些主观随意性。若能将二者用适当的方法结合，则得到的指标权重将会既利用样本资料的统计信息又能反映专家的意见，较好地反映事物的实际情况[13]。本文将主成分法确定的客观权重与主观权重相结合，确定出指标的综合权重，并应用于社区宜居性综合评价。

主成分分析法作为一种常用的多指标统计方法，它将原来的多个变量转化为少数几个综

表 8-3 > 指标因子评价标准表

三级因子指标	标准	计算公式
居住小区级别	一类 100，二类 90，三类 50，四类 20	无
湖泊水系影响	100%	$z_i = \dfrac{x_i}{100\%} \times 100$
噪声污染影响	0%	$z_i = \dfrac{(1-x_i)}{100\%} \times 100$
绿化率	40%	$z_i = \begin{cases} 100, & x_i \geq 40\% \\ \dfrac{x_i}{40\%} \times 100, & x_i < 40\% \end{cases}$
工业区污染影响	0%	$z_i = \dfrac{(100\% - x_i)}{100\%} \times 100$
容积率	1.8	$z_i = \begin{cases} 100, & x_i \leq 1.8 \\ \dfrac{1.8}{x_i} \times 100, & x_i > 1.8 \end{cases}$
建筑年代	2015 年	$z_i = \begin{cases} 20, & x_i \leq 1975 \\ 100 - (2015 - x_i) \times 2, & x_i > 1975 \end{cases}$
公交站点覆盖	100%	$z_i = \dfrac{x_i}{100\%} \times 100$
地铁站点覆盖	100%	$z_i = \dfrac{x_i}{100\%} \times 100$
便利店覆盖	100%	$z_i = \dfrac{x_i}{100\%} \times 100$
超市覆盖	100%	$z_i = \dfrac{x_i}{100\%} \times 100$
购物中心覆盖	100%	$z_i = \dfrac{x_i}{100\%} \times 100$
幼儿园覆盖	100%	$z_i = \dfrac{x_i}{100\%} \times 100$
小学覆盖	100%	$z_i = \dfrac{x_i}{100\%} \times 100$
中学覆盖	100%	$z_i = \dfrac{x_i}{100\%} \times 100$
公园广场覆盖	100%	$z_i = \dfrac{x_i}{100\%} \times 100$
文化设施覆盖	100%	$z_i = \dfrac{x_i}{100\%} \times 100$
体育设施覆盖	100%	$z_i = \dfrac{x_i}{100\%} \times 100$
诊所覆盖	100%	$z_i = \dfrac{x_i}{100\%} \times 100$
卫生服务中心覆盖	100%	$z_i = \dfrac{x_i}{100\%} \times 100$
大型医院覆盖	100%	$z_i = \dfrac{x_i}{100\%} \times 100$
特殊人员所占比例	0%	$z_i = \dfrac{(1-x_i)}{100\%} \times 100$
电子监控密度	0.8 个 /100m 道路	$z_i = \begin{cases} \dfrac{x_i}{0.8} \times 100, & x_i < 0.8 \\ 100, & x_i \geq 0.8 \end{cases}$
三级因子指标	标准	计算公式

表 8-4 > 主成分贡献率及权重表

成分	特征值	贡献率	累计贡献率
1	4.687	19.527	27.949
2	2.115	8.813	28.340
3	1.574	6.559	34.899
4	1.2374	5.724	40.623
5	1.155	4.813	45.436
6	1.045	4.355	49.791
7	0.996	4.149	53.940
8	0.969	4.037	57.977
9	0.866	3.609	61.586
10	0.836	3.484	65.069
11	0.805	3.354	68.424
12	0.760	3.165	71.588
13	0.725	3.019	74.608
14	0.701	2.922	77.530
15	0.644	2.684	80.214
16	0.636	2.650	82.864
17	0.601	2.503	85.367
18	0.592	2.469	87.836
19	0.578	2.406	—
20	0.547	2.277	—
21	0.514	2.143	—
22	0.472	1.969	—
23	0.456	1.898	—
24	0.353	1.471	—

表 8-5 > 客观权重结果表

三级因子指标	客观权重
居住小区级别	0.041754281
湖泊水系影响	0.004280565
噪声污染影响	0.070066086
绿化率	0.034019225
工业区污染影响	0.041979573
容积率	0.014118354
建筑时间	0.022078702
公交站点覆盖	0.038224692
地铁站点覆盖	0.054145389
便利店覆盖	0.019600481
超市覆盖	0.052267948
购物中心覆盖	0.043631721
幼儿园覆盖	0.0664614
小学覆盖	0.050090117
中学覆盖	0.050240312
公园广场覆盖	0.011189546
文化设施覆盖	0.044082307
体育设施覆盖	0.070591769
诊所覆盖	0.062856714
卫生服务中心覆盖	0.038449985
大型医院覆盖	0.053244217
特殊人员所占比例	0.06233103
电子监控密度	0.000450586
社区管理	0.053844998

合指标。它的优点是它所确定的权重是基于数据分析而得到的指标间的内在结构关系，不受主观因素的影响，得到的综合指标（主成分）间彼此独立，减少信息的交叉，分析评价结果具有客观性和可确定性[14]。主成分分析模型在本研究中主要用于求取各指标因子的客观权重。

德尔菲法也称专家调查法，是一种将所需解决的问题单独发送到各个专家手中，征询意见，然后回收汇总全部专家的意见，并整理出综合意见。随后将该综合意见和预测问题再分别反馈给专家，再次征询意见，各专家依据综合意见修改自己原有的意见，然后再汇总。这样多次反复，逐步取得比较一致的预测结果的决策方法。德尔菲法在本研究中主要用于确定各指标因子的主观权重。

评价模型权重确定的工作过程如下。

1. 指标标准化

对每一项指标进行文本分析，并参考相关国家标准对指标进行标准化[表 8-3]。每一项指标标准化后满分均为 100 分。各类公共设施覆盖、湖泊影响比例等指标按其与标准值的比例进行打分，噪声与工业污染为反向指标，应将其正向化。

2. 计算主成分贡献率及累计贡献率

求得相关系数矩阵即协方差矩阵后，计算出各成分贡献率及累计贡献率，结果见表 8-4。

贡献率：$M_i = \dfrac{\lambda_i}{\sum_{k=1}^{p} \lambda_k}$ （$i=1, 2, \cdots, p$）

累计贡献率：$N_i = \dfrac{\sum_{k=1}^{i} \lambda_k}{\sum_{k=1}^{p} \lambda_k}$

（$i=1, 2, \cdots, p$）

表 8-6 > 指标主观权重表

一级指标	二级指标	三级因子指标	主观权重
社区居住级别 0.3	居住小区级别 1	居住小区级别 1	0.3
社区环境 0.3	生态自然环境 0.5	湖泊水系影响 0.25	0.0375
		噪声污染影响 0.25	0.0375
		绿化率 0.25	0.0375
		工业区污染影响 0.25	0.0375
	建筑条件 0.5	容积率 0.55	0.0825
		建筑时间 0.45	0.0675
社区配套设施 0.3	交通 0.2	公交站点覆盖 0.4	0.024
		地铁站点覆盖 0.6	0.036
	商业服务设施 0.2	便利店覆盖 0.5	0.03
		超市覆盖 0.3	0.018
		购物中心覆盖 0.2	0.012
	教育文化设施 0.2	幼儿园覆盖 0.33	0.0198
		小学覆盖 0.34	0.0204
		中学覆盖 0.33	0.0198
	休闲娱乐设施 0.2	公园广场覆盖 0.6	0.036
		文化设施覆盖 0.2	0.012
		体育设施覆盖 0.2	0.012
	医疗服务设施 0.2	诊所覆盖 0.3	0.018
		社区卫生服务中心覆盖 0.3	0.018
		大型医院覆盖 0.4	0.024
社区管理 0.1	治安与公共安全 0.5	特殊劳改人员所占比例 0.4	0.02
		电子监控密度 0.6	0.03
	社区管理 0.5	社区管理 1	0.05

一般取累计贡献率达 85%~95% 的特征值，此次评价中共提取了 18 个主成分。

3. 确定客观权重

$$L_i = \sum_{k=1}^{18} N_k \cdot e_{ki}$$

计算出各指标的客观权重，所得结果见表 8-5。

4. 确定主观权重

通过参考《宜居城市科学评价标准》及相关调查分析中的赋权结果，确定了指标体系的主观权重，此外，部分指标的主观权重参考数据的质量确定［表 8-6］。

5. 确定综合权重及结果

客观指标权重：L_i（i=1，2，…，p）

主观指标权重：Z_i（i=1，2，…，p）
主客观指标加权：$J_i = \alpha L_i + (1 - \alpha) Z_i$

为了得到更好的评价效果，α 的取值很重要。本研究运用灵活的加权求和方式，将 α 在 0~1 之间取一系列不同的值，求取综合权重，并分别带入计算，得到评价结果，结合专家意见及武汉市中心城区的房价数据，得出对于武汉市中心城区，主客观权重的最佳比例。社区房价对社区宜居性的评价结果具有一定的参考作用。宜居性高的社区，其房价也自然会比较高。

计算时，根据标准化数据与指标综合权重表计算得出网格宜居性得分，并由网格得分与其占社区总面积之比得到社区的宜居性得分。

设对于第 k 个网格，其网格得分为：

$$F_k = \sum_{i=1}^{p} Z_{ik} \cdot J_i$$

设一个社区中有 n 个网格，社区面积为 S，

第 i 个网格其面积为 S_i，其网格得分为 F_i，则这个社区得分为：

$$C = \sum_{i=1}^{n}(s_i/s) \cdot F_i$$

得到不同 α 值对应的一系列结果，经研究与讨论后，得出当 α 取 0.8 时，所得武汉市中心城区的宜居性评价结果最好，表 8-7 所示为最终确定的武汉市中心城区宜居性评价结果的综合权重。

表 8-7 > 宜居性评价结果的综合权重表

一级指标	二级指标	三级因子指标	综合权重
社区居住级别 0.248	居住小区级别 1	居住小区级别 1	0.248
社区环境 0.277	生态自然环境 0.5	湖泊水系影响 0.25	0.031
		噪声污染影响 0.25	0.044
		绿化率 0.25	0.037
		工业区污染影响 0.25	0.038
	建筑条件 0.5	容积率 0.55	0.069
		建筑时间 0.45	0.058
社区配套设施 0.372	交通 0.2	公交站点覆盖 0.4	0.027
		地铁站点覆盖 0.6	0.04
	商业服务设施 0.2	便利店覆盖 0.5	0.028
		超市覆盖 0.3	0.025
		购物中心覆盖 0.2	0.018
	教育文化设施 0.2	幼儿园覆盖 0.33	0.029
		小学覆盖 0.34	0.026
		中学覆盖 0.33	0.026
	休闲娱乐设施 0.2	公园广场覆盖 0.6	0.031
		文化设施覆盖 0.2	0.019
		体育设施覆盖 0.2	0.024
	医疗服务设施 0.2	诊所覆盖 0.3	0.027
		社区卫生服务中心覆盖 0.3	0.022
		大型医院覆盖 0.4	0.03
社区管理 0.103	治安与公共安全 0.5	特殊劳改人员所占比例 0.4	0.028
		电子监控密度 0.6	0.024
	社区管理 0.5	社区管理 1	0.051

表 8-8 > 各区社区居住级别分布表

等级	优良				一般				差			
区域	社区		人口		社区		人口		社区		人口	
所属区	数量(个)	占比	数量(个)	占比	数量(个)	占比	数量(个)	占比	数量(个)	占比	数量(个)	占比
江岸区	62	44%	285973	40%	60	43%	340582	48%	18	13%	81805	12%
江汉区	44	42%	236391	45%	55	53%	256999	49%	5	5%	32468	6%
硚口区	46	37%	300522	43%	67	54%	343675	49%	11	9%	62377	9%
武昌区	85	59%	580501	57%	48	33%	360670	35%	12	8%	75581	7%
洪山区	93	60%	529947	58%	36	23%	300700	33%	25	16%	89377	10%
青山区	29	29%	147126	34%	41	41%	210381	49%	29	29%	71157	17%
汉阳区	64	56%	191039	55%	28	24%	103182	30%	23	20%	51731	15%

图 8-3 > 武汉市中心城区社区居住级别专题图

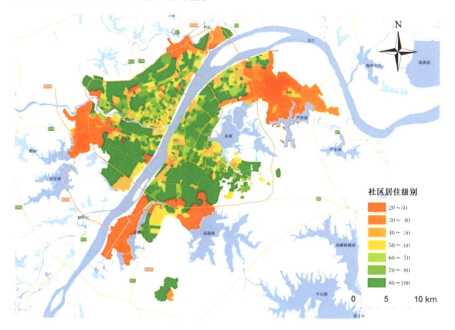

8.3 > 武汉市社区宜居性评价

8.3.1 > 评价结果与分析

1. 社区居住级别

社区居住级别主要按社区自身的市政设施及布局结构等进行分类。从表 8-8 中可以看到，武昌区、洪山区及汉阳区的居住级别整体较高，且人口大多集中在这些居住级别较高的区域；江岸区、江汉区及硚口区内部有大量的老旧房屋，这些居住区虽然位于武汉市繁华地带，但房屋质量差、居住小区市政设施不完善，不仅严重影响了居民居住的舒适性，对社区宜居性也造成了较大的影响，同时还对武汉市的整体形象造成了一定的影响。从社区居住级别分布图［图 8-3］中可以看到，武汉市中心城区社区的居住级别分布优劣交叉，市区内部，尤其

图 8-4 > 湖泊影响分布图

图 8-5 > 工业污染影响分布图

图 8-6 > 绿化率分布图

图 8-7 > 噪声影响分布图

是汉口的老城区，仍存留有较多布局不完整、市政设施不完善的老旧房屋，而中心城区的边缘也不乏一些新建的别墅及高档居住小区。

2. 社区环境

生态自然环境主要考虑了湖泊水系影响、工业污染影响、道路噪声影响及绿化率等指标对社区的影响。从图8-4~图8-7中可以看到：武汉市整体绿化率较高。武汉市中心城区的两江四岸区域（除江岸区、江汉区沿江区域由于主干道较多，受到了噪声的影响）紧邻水域，且不受工业污染影响，环境优良。而位于武汉市青山区化工区、洪山区胜利社区及其他一些工矿企业周边的区域，由于受到工业污染影响，环境较差。部分湖泊受到严重污染，夏季还会散发出恶臭（如青菱湖、杨春湖等），因此在进行计算时，将这部分受到严重污染的湖泊予以剔除。

建筑环境主要考虑了社区内建筑的容积率及建筑年代两个指标因素。从图8-8、图8-9中可以看到，汉口地区沿江繁华地带仍然有许多老旧房屋，而汉口、汉阳地区的边缘地带有不少新建的房屋。

从表8-9、图8-10中可以看到，武昌区、江岸区、硚口区及汉阳区的社区环境整体较好，而青山区、洪山区的社区由于受到工业污染影响，空气质量较差，周边湖泊污染严重，环境整体差，江汉区则多数社区环境一般。

3. 社区配套设施

武汉市中心城区公交站点密布，可达性极高［图8-11］。截至2015年，武汉市有3条地铁线路通车，分别为1号线、2号线及4号线，图8-12所示为三条地铁线路站点的分布。各区均有地铁线路穿过，而汉阳区、青山区及洪山区位于二环线外的区域尚无地铁线路，较于其他地区交通相对不便。

公共交通便捷度主要考虑公交站点与地铁

图8-8 > 容积率分布图

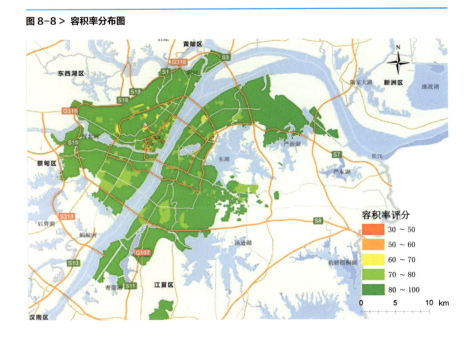

图8-9 > 建筑年代分布图

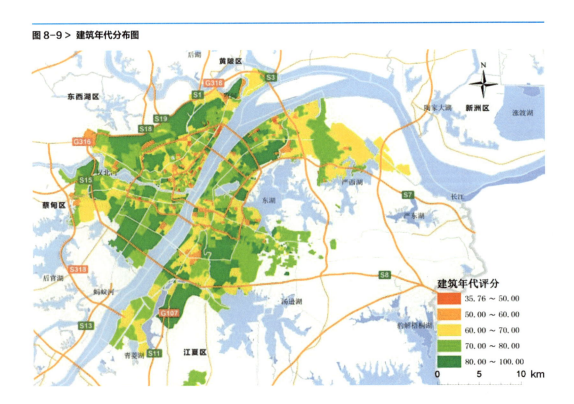

表 8-9 > 各区社区环境分布表

等级	优良				一般				差			
区域	社区		人口		社区		人口		社区		人口	
所属区	数量(个)	占比(%)	数量(个)	占比(%)	数量(个)	占比(%)	数量(个)	占比(%)	数量(个)	占比(%)	数量(个)	占比(%)
江岸区	73	52	356627	50	56	40	292677	41	11	8	59056	8
江汉区	38	37	191420	36	56	54	281309	53	10	10	53129	10
硚口区	71	57	375345	53	45	36	293856	42	8	6	37373	5
武昌区	77	53	516191	51	65	45	476598	47	3	2	23963	2
洪山区	39	25	199201	22	89	58	562237	61	26	17	158586	17
青山区	33	33	157122	37	41	41	212643	50	25	25	58899	14
汉阳区	68	59	229864	66	41	36	101714	29	6	5	14374	4

图 8-10 > 武汉市中心城区社区环境专题

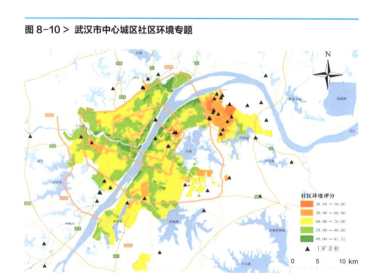

站点的可达性。中心城区三环线内公共交通网络覆盖率极高,汉口地区江堤街及武昌地区青菱街、洪山街等地交通可达性略低[图 8-13]。

商业服务设施主要考虑了便利店、超市及购物中心的可达性。从图 8-14 中可以看到,武汉市商业设施较为发达,密布于中心城区的大多数区域内。汉阳区、洪山区二环线外的商业设施分布较少。

武汉市中心城区内商业设施分布密度较大,三环线内绝大多数区域商业设施可达性为优,汉口地区的商业配套为优的区域更是占到了 70% 左右,是武汉三镇内商业最为发达的地区,武昌其次,汉阳则仅沿二环线的商业设施较完整。其他区域如青菱街、白玉山街周边商业设施可达性较低[图 8-15]。

教育设施主要考虑了幼儿园、小学及初中的可达性。从图 8-16 中可以看到,武汉市教育设施主要集中在二环线内及二环线与三

图 8-11 > 公交站点分布图

图 8-12 > 地铁站点分布图

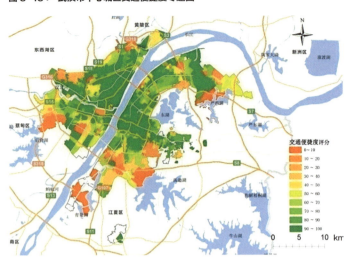

图 8-13 > 武汉市中心城区交通便捷度专题图

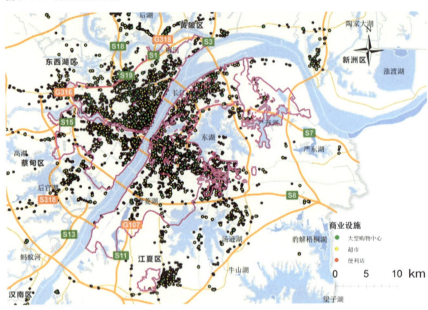

图 8-14 > 商业设施分布图

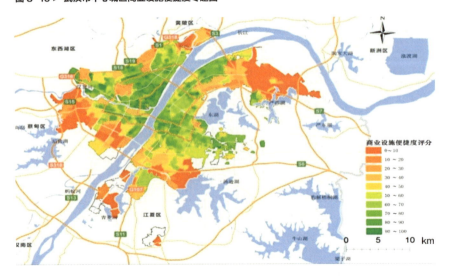

图 8-15 > 武汉市中心城区商业设施便捷度专题图

环线间青山区红卫路街、钢花村街及东湖开发区附近等地。

教育设施便捷度分布差异性大，且便捷度较高的区域主要集中在江岸区、江汉区、汉阳区琴断口街及建桥街、武昌区首义路街、红卫路街周边，而三环线外区域可达性普遍较差 [图 8-17]。

武汉市中心城区内医疗设施分布较广，主要是汉阳区四新社区、洪山区胜利社区、青菱社区及青山区白玉山街周边分布较少 [图 8-18]。

整体来看，中心城区内汉口区、汉阳区二环线两侧及武昌区友谊大道两侧等的医疗设施比较齐全，可达性较高，边缘地区如青菱街、永丰街及白玉山街等的医疗设施可达性较差 [图 8-19]。

从图 8-20 中可以看到休闲文体设施尤其是公园主要集中分布在二环线内、二环线与三环线之间的青山区钢花村街及东湖开发区附近，其余区域分布较少。

休闲文体设施便捷度主要考虑社区到公园、文化设施及体育设施的可达性。中心城区休闲文体设施便捷度分布呈现两极性。休闲文体设施主要分布在二环线内，二环线外主要分布在东湖开发区及红卫路街周边区域，其余社区对休闲文体设施的可达性较低 [图 8-21]。

综合以上五个公共设施要素，可以得到武汉市中心城区内配套设施的综合评价结果。从表 8-10 中可以看到，武汉市配套设施便捷度为优良的社区个数较多的区有江汉区、硚口区、江岸区及武昌区；配套设施便捷度较差的社区个数较多的有洪山区、青山区及汉阳区。配套设施便捷度为优良的覆盖人数最多的区主要为江汉区、江岸区，分别达到了 84% 与 72%。

图 8-16> 武汉市中心城区教育设施分布图

图 8-17> 武汉市中心城区教育设施便捷度专题图

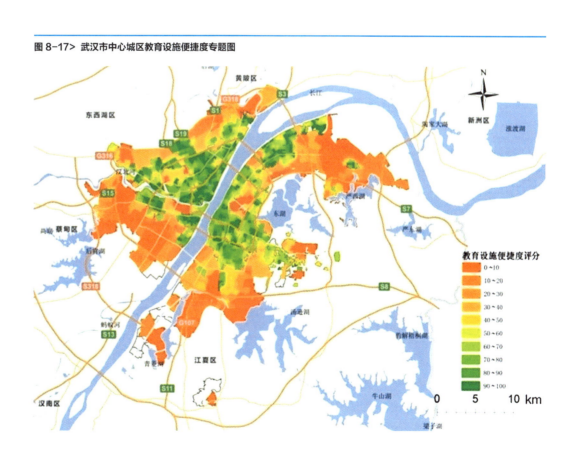

图 8-18 > 武汉市中心城区医疗设施分布图

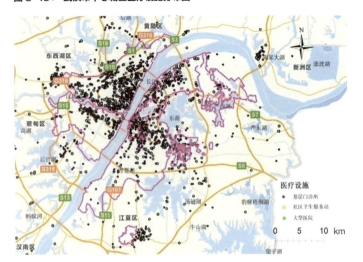

图 8-19 > 武汉市中心城区医疗设施便捷度专题图

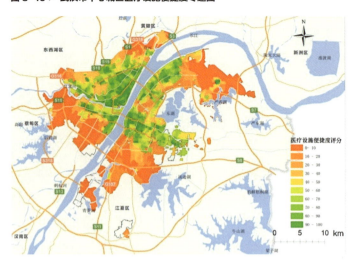

图 8-20 > 武汉市中心城区休闲文体设施分布图

图 8-21 > 武汉市中心城区休闲文体设施便捷度专题图

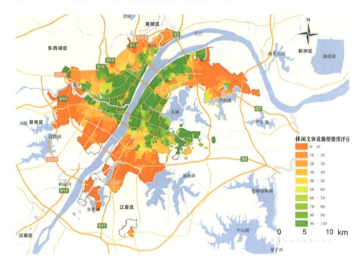

表 8-10 > 各区社区配套设施分布表

等级	优良				一般				差			
区域	社区		人口		社区		人口		社区		人口	
所属区	数量(个)	占比(%)	数量(个)	占比(%)	数量(个)	占比(%)	数量(个)	占比(%)	数量(个)	占比(%)	数量(个)	占比(%)
江岸区	87	62	511658	72	36	26	162375	23	17	12	34327	5
江汉区	88	85	439965	84	15	14	84334	16	1	1	1559	0
硚口区	78	63	427938	61	41	33	232328	33	5	4	46308	7
武昌区	81	56	588488	58	59	41	407605	40	5	3	20659	2
洪山区	36	23	232451	25	75	49	495622	54	43	28	191951	21
青山区	42	42	240009	56	34	34	156863	37	23	23	31792	7
汉阳区	44	38	181440	52	35	30	109601	32	36	31	54911	16

如图 8-22 所示，武汉市配套设施便捷度优良的区域主要分布在二环线内及二环线与三环线间的钢花村街及东湖开发区附近。而配套设施便捷度较差的区域主要分布在青山区白玉山街、汉阳区永丰街、四新社区及洪山区洪山街、张家湾街及青菱社区附近。

及江岸区。配套设施便捷度为优良的覆盖人数最多的区主要为江汉区、江岸区，分别达到了 84% 与 72%。如图 8-23 所示，武汉市安全分布呈现交叉式，高档住宅小区如永清街、百步亭花园等地住宅小区高档，安全系数高，而中心城区内一些老旧房屋及城中村区域安全系数相对较低。

4. 社区安全

社区安全专题图主要考虑了社区内摄像头分布密度、吸毒、劳改人员所占比例及社区管理等指标。从表 8-11 中可以看到，武汉市安全为优良的社区个数较多的区有江汉区、汉阳区；安全较差的社区个数较多的有洪山区、青山区

5. 社区宜居性

从表 8-12 中可以看到，宜居性为优良的社区个数占所属区内总社区个数较多的区主要有江岸区、江汉区、硚口区及武昌区，其中江汉区、江岸区及武昌区，均高达 70% 以上；而

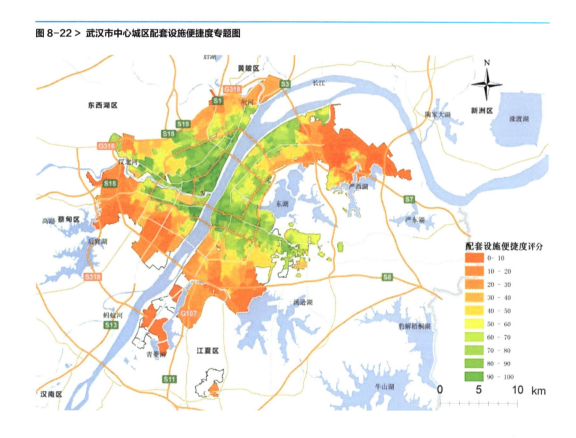

图 8-22 > 武汉市中心城区配套设施便捷度专题图

表 8-11 > 各区社区安全分布表

等级	优良				一般				差			
区域	社区		人口		社区		人口		社区		人口	
所属区	数量（个）	占比（%）	数量（个）	占比（%）	数量（个）	占比（%）	数量（个）	占比（%）	数量（个）	占比（%）	数量（个）	占比（%）
江岸区	60	43	331098	47	51	36	248447	35	29	21	128815	18
江汉区	73	70	348001	66	27	26	148333	28	4	4	29524	6
硚口区	57	46	339956	48	51	41	274271	39	16	13	92347	13
武昌区	60	41	470839	46	67	46	457277	45	18	12	88636	9
洪山区	46	30	281211	31	58	38	397994	43	50	32	240819	26
青山区	34	34	176247	41	34	34	181710	42	31	31	70707	16
汉阳区	60	52	227213	66	35	30	81591	24	20	17	37148	11

图 8-23 > 武汉市中心城区社区安全专题图

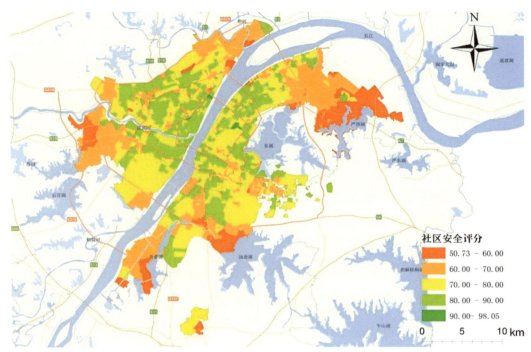

表 8-12 > 各区社区宜居性分布表

等级	优良				一般				差			
区域	社区		人口		社区		人口		社区		人口	
所属区	数量（个）	占比（%）	数量（个）	占比（%）	数量（个）	占比（%）	数量（个）	占比（%）	数量（个）	占比（%）	数量（个）	占比（%）
江岸区	102	73	563261	80	31	22	135853	19	7	5	9246	1
江汉区	82	79	402653	77	21	20	114022	22	1	1	9183	2
硚口区	89	72	496564	70	35	28	210010	30	0	0	0	0
武昌区	114	79	819250	81	30	21	196214	19	1	1	1288	0
洪山区	72	47	470667	51	63	41	392575	43	19	12	56782	6
青山区	49	49	263503	61	25	25	127259	30	25	25	37902	9
汉阳区	61	53	233467	67	41	36	91215	26	13	11	21270	6

宜居性差的社区个数较多的主要是青山区，宜居性为差的社区个数占到总社区个数的 25%。各区内人口大多分布在宜居性较好的区域，其中江岸区、江汉区及武昌区均有高达 80% 左右的人口分布在宜居性优良的区域。

从图 8-24 中可以看到武汉市最宜居的地区主要集中在江岸区、江汉区的沿江高层住宅区，汉阳区的二环线周边琴断口街、建桥街周边，武昌区首义路街、中南路街及青山区沿江区域附近的高档楼层区周边。这些地段不仅拥有良好的配套设施、高档舒适的住宅区、更位于江河或湖泊周边，具有良好的生态环境，临近地铁站点，可快速到达武汉市内各大商圈及中央区，不论是从居住环境还是周边配套来看都是极佳的区域。而宜居性较差的区域主要分布在汉阳区永丰街，青山区工人村街化工区附近，洪山区张家湾街及其周边。这些地方地处城区边缘，青山区工人村街附近由于武钢化工厂的存在，大大影响了周边环境，使得武钢周边社区宜居性较差，而永丰街、张家湾街附近社区，房屋简陋，且老化严重，有较多危房，配套设施不足，宜居性较差。

8.3.2 > 对策与建议

1. 加快旧城改造，推动社区宜居

从社区居住级别专题图中可以看到，武汉市中心城区内有很多市政设施不完善、布局结构不完整的社区，内部环境差，严重影响了所属社区居民的生活。近年来，武汉市着力打造两江四岸休闲娱乐区，江边风景如画，空气清新，

基于时空大数据的武汉发展研究：
透视、评价与策略

Research on Wuhan Development Based on
Spatial Temporal Date：

PERSPECTIVE, EVALUATION AND
STRATEGY

>

第 8 章
Chapter 8

图 8-24 > 武汉市中心城区社区宜居性专题图

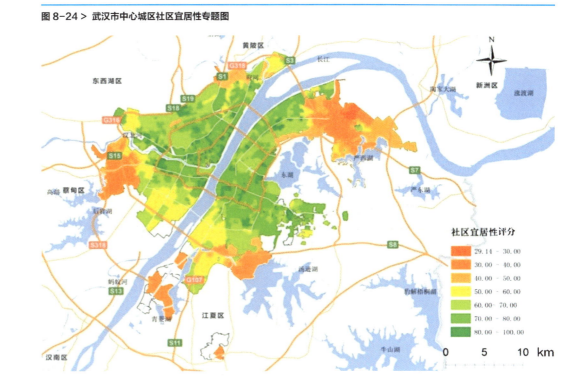

图 8-25 > 市政设施、布局结构不够完善的区域

153

而汉口沿江区域存留着大量的质量差、布局不完整的房屋，不仅造成了居民生活质量的降低，对武汉市的城市形象也有所影响。此外，汉阳区永丰街，洪山区青菱街、胜利社区，青山区工人村街及白玉山街周边遍布十分简陋的房屋，甚至存在大量危房，道路泥泞曲折，布局不合理，市政设施无法满足社区居民的需求，对社区宜居性的影响极大。

针对社区内居住小区所存在的问题，应加快旧城区的改造，推动武汉市社区宜居性的整体提升。首先，以沿江两岸为重点，完善社区居住区的市政设施及布局结构；其次，对工业区周边的居住区结构进行调整，避免居住区与工业区混合交叉的状况；最后，对青山区工人村街、汉阳区永丰街及洪山区张家湾街周边的农村进行拆迁与改造，完善各项市政设施，提升建筑质量与布局结构的合理性。建设模范宜居社区，带动武汉市社区宜居性的整体提升。

图 8-26 > 环境较差的区域

青山区工业污染区　严西湖

汉口噪声影响区

图 8-27 > 交通设施便捷度低的区域

汉阳区汉新社区周边

洪山区洪山街周边

图 8-28 > 商业设施便捷度较低的区域

青山区工人村街

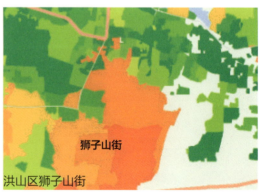
洪山区狮子山街

图 8-29 > 教育设施便捷度较低的区域

江岸区塔子湖街

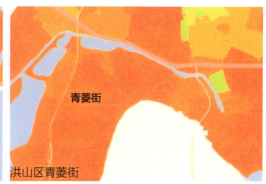
洪山区青菱街

图 8-25 中，橙色、红色区域为需加强社区内居住小区建设的区域。

2. 提高环境质量，加强生态保护

武汉市是一座重工业城市，市内有多家重工业企业，以青山区最多，包括武钢、青化等多家工矿企业，这些企业对周边空气造成了较严重的污染，并影响到了包括五一社区、铁铺岭社区在内的多个社区的居民，也导致除少数城郊湖泊水质较好（如梁子湖、斧头湖、鲁湖等）之外，绝大多数城内湖泊均呈现严重的富营养化特征，如南湖、沙湖等。武汉市汉口地区沿一环线周边噪声污染较为严重，应对周边的居住区加强防噪措施。

对于当前的环境现状，必须加强对污染区域的治理，并制定相关的管理措施，提高环境质量。首先，必须进一步完善相关法规，增强法规的严厉程度，加强对污染企业的惩治力度；其次，建立严格的监督机制，一方面对工矿企业的排污量进行监督，另一方面，针对水环境污染现状的监测与管理，应建立专门团队，并使水务局、环保部门、区政府等各部门共同监督，明确责任归属；最后，应该加强预防和长效管理机制的建立，对所面临的问题建立项目基金，增加研究性投入，从源头和治理两方面对污染进行控制。图 8-26 中的红色区域为环境较差的区域，应针对其原因进行治理及改善。

3. 完善基础设施，提升居住质量

从武汉市社区宜居性评价指标体系的客观权重中可以看到，对武汉市社区宜居性影响最大的是武汉市的基础配套设施建设。从总的配套设施便捷度专题图中可以看到，江岸、江汉区整体配套设施较好，便捷度高，而汉阳区则除沿二环线的区域外整体配套设施便捷度都较低，青山区白玉山街、洪山区张家湾街、和平街、狮子山街周边配套设施都不足以满足社区居民的需求。

交通方面，武汉市中心城区内交通整体良好。如图 8-27 所示，汉新社区及洪山街周边，汉阳区龙灯社区，江汉区华安里社区，青山区山兴和社区及洪山区张家湾街周边交通可达性均比较低，应增设交通站点，方便所属社区居民的出行与通勤。

商业设施方面，大多数区域便捷度优良，如图 8-28 所示，青山区工人村街及洪山区狮子山街周边的商业设施可达性较差，这两个区域人口较少，可以增设一些小型商业设施以满足社区居民的购物需求。此外，其他需要加强商业设施建设的区域有：江岸区塔子湖街，汉阳区江堤街、开发区，青山区白玉山街，洪山区张家湾街周边。

教育设施方面，中心城区内整体需要加强。其中，汉阳区包含汉新地区管委会、江堤街、开发区等大片区域的幼儿园、小学、中学三类教育设施均较为缺乏，江岸区后湖街、青山区白玉山街及洪山区洪山街、张家湾街及青菱街等地也基本没有教育设施。以上区域教育设施缺乏严重，应从幼儿园、小学、中学三方面分别加以完善［图 8-29］。

医疗设施方面，如图 8-30 所示，洪山区白沙洲街、汉阳区二环线以外区域的医疗设施缺乏较为严重，这些区域人口密度不大，可以考虑增设一些小型医院。整个中心城区二环线内社区便捷度整体较高，其他区域如江岸区后湖街，汉阳区江堤街、开发区及其以南区域，

图 8-30 > 医疗设施便捷度较低的区域

洪山区白沙洲街

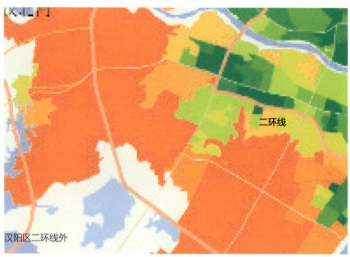

汉阳区二环线外

图 8-31 > 休闲文体设施便捷度较低的区域

汉阳区二环线外

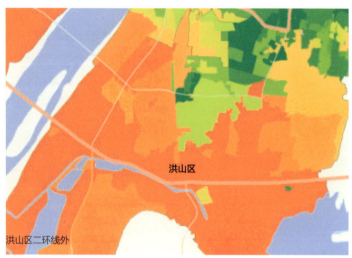

洪山区二环线外

图 8-32 > 社区安全较差的区域

江岸区上滑社区

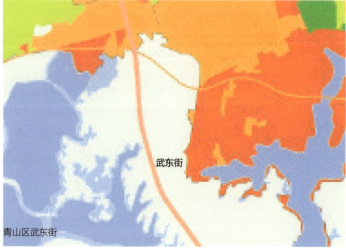

青山区武东街

洪山区狮子山街及珞南街以南大片区域医疗设施则十分缺乏，建议增加医疗设施以满足人们的求医需求。

休闲文体设施方面，如图 8-31 所示，除二环线内、二环线及三环线之间的青山区沿江区域及东湖开发区等地，大片区域休闲文体设施建设不足，无法满足人们日益增长的对高品质生活的需求，因此，大片区域需要进一步加强休闲文体设施的建设。

4. 强化管理水平，建设平安社区

安全对于每一位社区居民来说都非常重要，能够为居民提供安全居住环境的社区，才可能成为宜居社区。武汉市内众多管理优良的小区，包括百步亭社区、世纪江尚居住小区及武汉天地居住小区等，为所属社区居民提供了较高的安全保障。而一些城中村区域管理相对较差，需要加强管理。具体来看，江岸区航务社区、上滑社区，硚口区桥北社区，武昌区武锅头社区等区域应增设电子监控数量来提升社区安全度；江汉区宝庆社区、三民社区，洪山区红旗社区等地特殊人口较多，为防止影响到社区其他居民，应加强监督与管理，做好防范隔离措施［图 8-32］。武汉市中心城区内有许多没有物业管理的小区，以及一些中心城区周边的社区、城中村区域，这些地方的社区欠缺细致的管理与安全保障措施，所属社区安全系数较低，必须加强管理与改造。此外，建设安全社区，应做到以下几个方面：（1）必须加强社区周边监控建设，制定应急机制，规范应急管理，建立应急平台；（2）健全安全防范系统，落实社会单位责任和政府监管责任，加强公共安全设施建设；（3）强化治安综合治理，完善社会治安防控系统。

参考文献 >

[1] 李丹妮. 我国城市宜居社区评估研究[D]. 大连：大连理工大学，2009.

[2] 张文忠. 宜居城市的内涵及评价指标体系探讨[J]. 城市规划学刊，2007（3）：30-34.

[3] 孟元元. 城市宜居社区综合评价及其应用研究[D]. 秦皇岛：燕山大学，2011.

[4] 王梅. 老工业搬迁区宜居社区评价指标体系研究——以沈阳市铁西区为例[D]. 沈阳：沈阳大学，2012.

[5] 胡晓君. 城市宜居社区综合评价研究[D]. 广州：中山大学，2008.

[6] Mart Kihl. Livable Communities: An Evaluation Guide[M]. AARP Public Policy Institute, 2005.

[7] Anthony Carl. Livable Communities[J]. Community Survey, 2001.

[8] 李小英. 城市宜居性评价研究——以兰州市为例[D]. 兰州：兰州大学，2007.

[9] 赵强. 城市健康生态社区评价体系整合研究[D]. 天津：天津大学，2012.

[10] 王建康. 城市宜居性评价研究——以福州市为例[D]. 福州：福建师范大学，2009.

[11] 陈伟，夏建华. 综合主、客观权重信息的最优组合赋权方法[J]. 数学的实践与认识，2007，37（1）：17-22.

[12] 郭晓晶，何倩，张冬梅等. 综合运用主客观方法确定科技评价指标权重[J]. 科技管理研究，2012，32（20）：64-67，71.

[13] 李建明，曲成毅，刘庆欧等. 主客观赋权合成指标权重及其在公共卫生综合评价中的应用[J]. 数学的实践与认识，2007，37（5）：1-6.

[14] 刘臣辉，吕信红，范海燕等. 主成分分析法用于环境质量评价的探讨[J]. 环境科学与管理，2011，36（3）：183-186.

9

RESEARCH ON WUHAN PERSPECTIVE DEVELOPMENT BASED ON SPATIAL EVALUATION

RESEARCH ON WUHAN TEMPORAL DATE STRATEGY

第 9 章
历史文化资源调查与保护利用分析

Chapter 9
The survey of historical and cultural resources and its protection and utilization

9.1 > 概述

中央城镇化工作会议指出，要"保护和弘扬传统优秀文化，延续城市历史文脉""发展有历史记忆、地域特色、民族特点的美丽城镇"。习近平总书记强调，"历史文化是城市的灵魂，要像爱惜自己的生命一样保护好城市历史文化遗产"。历史文化遗产保护工作越来越受到重视。武汉是1986年国务院公布的第二批国家历史文化名城之一。2013年，《武汉市主城区历史文化与风貌街区体系规划》、《武汉市工业遗产保护与利用规划》等规划相继获批，2014年，第七批全国重点文保单位名单、湖北省第六批文保单位名单、武汉市第八、九批优秀历史建筑名单等相继公布。随着历史资源发掘工作的推进，主城区历史文化资源信息需要不断更新和补充。此外，《武汉市历史镇村保护名录规划》确定了51个历史文化名镇名村推荐名单，正式将武汉市历史保护工作扩展到全市域。本研究的目的在于进一步摸清武汉市历史文化资源的空间分布情况，实现历史文化资源数据库建设的全市域覆盖，建立历史文化资源保护利用评价体系，以服务于规划管理和编制工作。

1. 研究范围

研究范围为武汉市市域，包括江岸区、江汉区、硚口区、汉阳区、武昌区、青山区、洪山区七个中心城区和东西湖区、汉南区、蔡甸区、江夏区、黄陂区、新洲区六个新城区的行政范围，总面积为8569km²。

2. 对象界定

历史文化资源，是指人类文明活动过程中遗存的各种文明印记。历史文化资源是以文化形态存在的社会资源，它是人类社会进步的记录，是人类创造的物质财富和精神财富的积淀，是社会文明的结晶。

《保护世界文化和自然遗产公约》规定，属于下列各类内容之一者，可列为文化遗产：一、文物：从历史、艺术或科学角度看，具有突出、普遍价值的建筑物、雕刻和绘画，具有考古意义的成分或结构，铭文、洞穴、住区及各类文物的综合体；二、建筑群：从历史、艺术或科学角度看，因其建筑的形式、同一性及其在景观中的地位，具有突出、普遍价值的单独或相互联系的建筑群；三、遗址：从历史、美学、人种学或人类学角度看，具有突出、普遍价值的人造工程或人与自然的共同杰作以及考古遗址地带。

《中国文物古迹保护准则》对于文物古迹的定义：它是指人类在历史上创造或人类活动中遗留的具有价值的不可移动的实物遗存，包括地面与地下的古文化遗址、古墓葬、古建筑、石窟寺、石刻、近现代史迹及纪念建筑、由国家公布应予保护的历史文化街区（村镇），以及其中原有的附属文物。

考虑本次调查工作的实际可操作性，调查对象主要限定为已经纳入保护体系的文化遗产资源，包括：历史文化风貌街区、历史镇村、区级以上文物保护单位、未公布为文物保护单位的不可移动文物（以下简称"不可移动文物"）、优秀历史建筑，以及部分建议保护的建筑等。

9.2 > 武汉市历史文化资源调查与分析

9.2.1 > 调查与建库

1. 部门协同，梳理和整合历史文化资源数据

武汉市的历史保护工作涉及文化、房管、规划等多个部门，虽工作职责各有侧重，但部分历史文化资源数据之间仍存在交叉重叠，如一个建筑可能既是优秀历史建筑又是不可移动文物，或者既是文物保护单位又是工业遗产等。因此，在调查工作开展之前，通过多部门联合的方式，对全口径的历史文化资源数据进行了系统的梳理和整合，明确了调查的具体对象和主要内容。

（1）文化部门：主要负责开展文物保护单位、不可移动文物的普查、登记和保护工作。本次调查主要整合了第三次文物普查数据和最新公布的各级文物保护单位名录，具体包括国家公布的第一至七批、湖北省公布的第一至六批、武汉市公布的第一至五批，以及各区公布的文物保护单位、不可移动文物名单等。文化部门提供的数据类型基本以描述性文字为主。

（2）房管部门：主要负责开展武汉市优秀历史建筑的调查、评选和保护等工作。目前，主要整合了已公布的武汉市第一至九批优秀历史建筑名录。房管部门提供的数据类型以描述性文字和照片为主。

（3）规划部门：主要负责编制历史文化风貌街区、历史镇村等的保护规划，并按照国家相关规范的要求，建立了历史建筑档案。规划部门的数据类型相对较为丰富，包括空间数据、属性信息和照片等。

2. 全面普查，部门合作现场采集数据

2015年8~11月，通过文献查阅、实地踏勘、问卷调查、居民访谈、现场测绘、遥感测量等多种方式，在区文化、区规划（土地）等有关部门的帮助与配合下，针对全市的历史文化资源，开展了大量的实地调查工作。

（1）通过现场调查定位坐标

调查人员在有关部门熟悉情况的工作人员带领下到达现场，运用手机上安装的"调查点录入系统"APP测绘软件，采集每一个历史文化资源点的GPS坐标，并对资源的编号、名称、等级等基本信息逐一予以备注［图9-1］。

（2）填写调查登记表

为了深入挖掘资源的特色和价值，为下一步的评价工作奠定基础，针对中心城区和新城区的历史文化资源点分别设计了两个调查登记表，要求调查人员在调查过程中，根据登记表的内容，依次采集、完善每个资源点的属性信息。

针对中心城区，由于大多为已确定空间位置的历史文化资源，为确保调查工作的准确性和可操作性，调查登记表的内容以各资源点已公布的核心信息为依据，包括基本信息、历史信息、现状信息、保护信息和其他5大类，编码、所属行政区、地址、建造年代、名称、保护类型、保护类别、保护级别、公布时间、备注等10小类。对于历史文化风貌街区，其属性信息以《武汉市主城历史文化与风貌街区体系规划》为依据。

针对新城区，由于大多为未确定空间位置的历史文化资源，且其属性信息内容并不完善，调查登记表对各项属性进行了细分，包括5大类，以及编码、名称、行政区、街道（镇）、村、地址、年代、保护类别、详细类别、面积、所有权、隶属、用途、保护级别、保存状况、保护措施、备注等17小类，内容较为详尽，并尽量采取勾选的方式，以便调查人员记录。对于历史镇村，其属性信息以《武汉市历史镇村保护名录规划》等作为依据。

（3）收集、拍摄照片

收集历史文化资源点的历史图片或平面图、效果图等。向文化等部门收集历史资源的历史照片；部分历史资源曾经做过测绘，收集其测绘图纸；还有部分历史资源已经编制了相关保护发展规划，收集其相关规划图纸。

拍摄每个历史资源的保护标志和现场照片。针对建筑物，主要拍摄其主要立面、内部结构和具有特色的细部照片等；针对遗址遗迹，主要拍摄其保护标志和全景照片。

利用无人机拍摄全景。针对部分调查人员难以进入或存在一定危险性的山顶、丛林、岛屿等地区，利用无人机采集资源点的鸟瞰照片。

3. 分类建库，搭建历史文化资源信息共享平台

（1）单体文物古迹。为了尽量准确地表达

图9-1＞"调查点录入系统"采集空间数据示意图

镇村中大量地下文物的位置信息，针对单体文物古迹中的建、构筑物和遗址、遗迹，分别采取以下两种不同的方式储存其空间位置数据。

对于建、构筑物，录入其本体范围线。部分附带庭园、花园的，还应将建、构筑物周边环境共同划入本体范围。

对于地下、半地下等难以靠肉眼确定具体范围的遗址、遗迹等，则通过"点位（点文件）+范围虚线（面文件）"的方式来表达其大致的空间位置。当有保护标志时，点位位置为保护标志测点；当没有保护标志时，点位位置为遗址、遗迹的几何中心。本体范围虚线的划定主要依据以下原则：①相关文献、普查资料记载中关于该资源点范围的文字描述；②面积大小；③卫片地物判读，如遗址、遗迹大多为台地；④在文化等有关部门的协助下，现场绘制。

（2）历史文化风貌街区和历史镇村。武汉市的历史文化风貌街区均已编制了保护规划，

表 9-1 > 中心城区历史文化资源本体划定情况一览表

类型		总数	备注
单体文物古迹	国家级文保	25	第一至七批
	省级文保	83	第一至六批
	市级文保	72	第一至五批
	区级文保	5	
	不可移动文物	185	
	优秀历史建筑	184	第一至九批（共238处，其中54处上升为文保单位）
	工业遗产	9	第一批（共27处，其中18处为文保单位或优秀历史建筑）
	历史保护建筑	198	依据房管局候选优秀历史建筑名单
合计		761	
历史文化风貌街区		16	
总计		777	

图 9-2 > 江岸区历史文化资源分布图

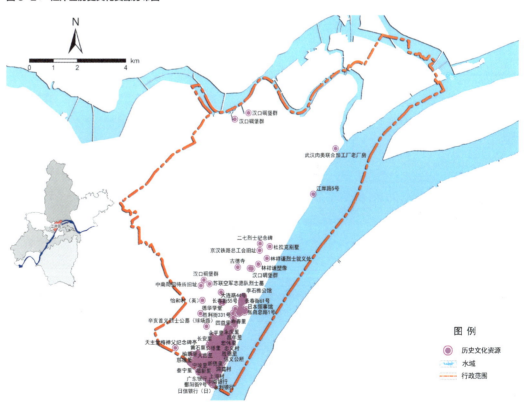

图 9-3 > 江汉区历史文化资源分布图

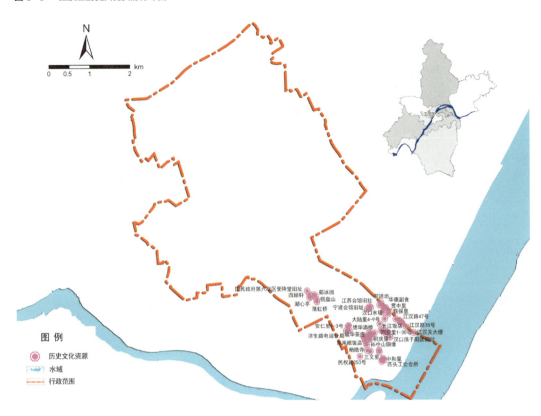

图 9-4 > 汉阳区历史文化资源分布图

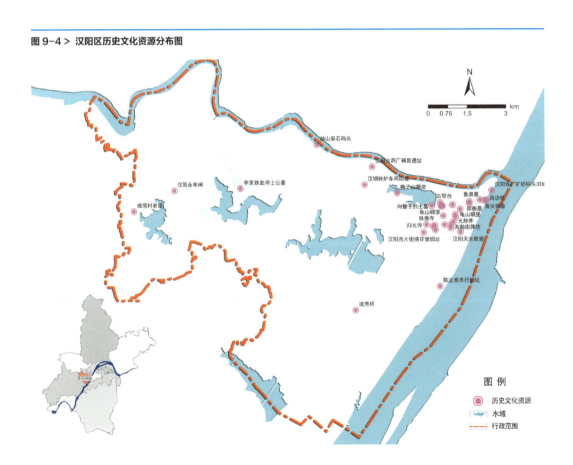

基于时空大数据的武汉发展研究：
透视、评价与策略
Research on Wuhan Development Based on Spatial Temporal Date：
PERSPECTIVE, EVALUATION AND STRATEGY

> 第9章
Chapter 9

图 9-5 > 硚口区历史文化资源分布图

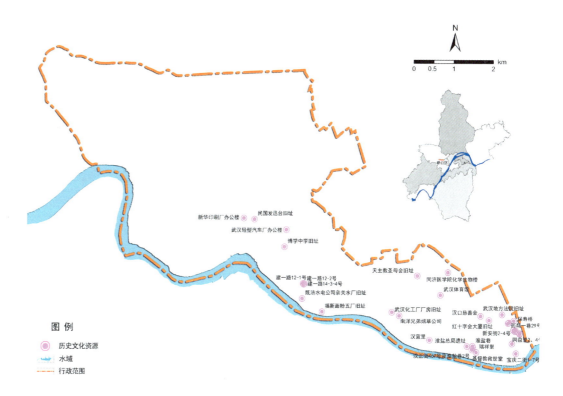

图 9-6 > 武昌区历史文化资源分布图

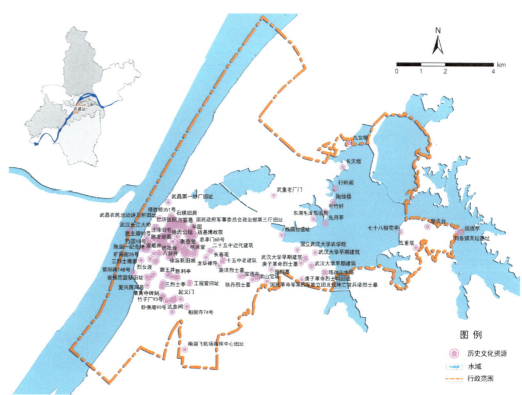

图 9-7 > 青山区历史文化资源分布图

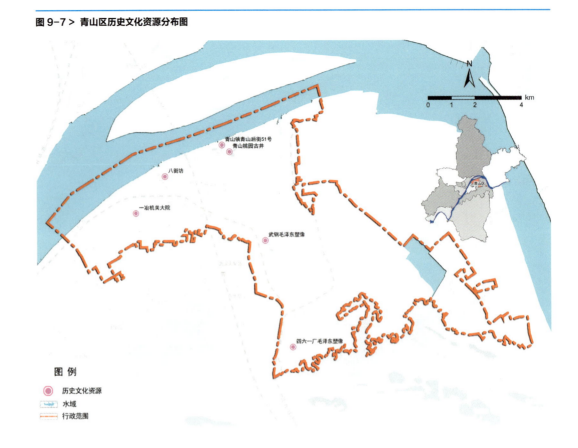

图 9-8 > 洪山区历史文化资源分布图

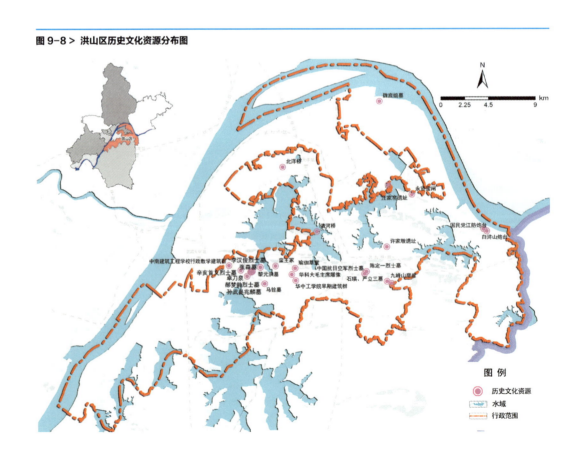

其紫线范围清晰、明确；部分已编制保护规划的历史镇村，其保护范围线为规划中划定的保护范围紫线，未编制保护规划的，则暂时将镇村整体划定为虚紫线进行预保护。

9.2.2 > 总体情况分析

1. 中心城区历史文化资源总体情况

中心城区历史文化资源数量共计777处，包括761处单体文物古迹和16片历史文化风貌街区[表9-1]。

（1）单体文物古迹

根据调查统计，中心城区范围内共有各级文保单位、不可移动文物、优秀历史建筑、工业遗产等761处，主要分布在长江、汉江沿岸的武昌古城、原汉口租界区和汉阳老城区范围内，并沿着东西山系整体呈现出"十字轴"分布特征。从数量和分布密度来看，江岸区的历史文化资源最多且分布最为集中，约占中心城区总量的50%，其次是武昌区，约占27%。各区具体分布情况见图9-2~图9-8。

（2）历史文化风貌街区

武汉市共有16片历史文化风貌街区，包括江汉路及中山大道片、青岛路片、"八七"会址片、一元路片、昙华林片5个历史文化街区，首义片、农讲所片、青山"红房子"片、洪山片、珞珈山片5个历史地段和大智路片、六合路片、汉正街片、显正街片、龟山北片、汉钢片6个传统特色街区。历史文化风貌街区的核心保护范围达8.3km²，范围内覆盖了中心城区约50%的文保单位、75%的优秀历史建筑以及50%的历史保护建筑，为实现历史文化资源集中成片保护奠定了良好基础[图9-9]。

（3）总体保护状况

中心城区的历史文化资源基本位于三镇老城区，且大多分布于一环以内的中央活动区，有着很好的区位优势，是城市发展的核心地带，建设速度较快，保护与发展的矛盾日益突出，保护工作面临着较大的压力。

一方面，老城区普遍面临着物质性与功能性的衰退，难以满足现代生活的要求。如汉口租界区成片的传统里分，建筑和配套设施老化，通风、采光条件不足，私密性较差，居民有着迫切的改建要求。另一方面，随着武汉市"三旧"

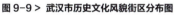
图9-9 > 武汉市历史文化风貌街区分布图

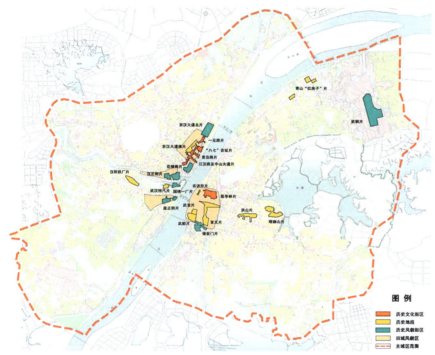

表9-2 > 新城区历史文化资源本体划定情况一览表

类型		总数	备注
单体文物古迹	国家级文保	4（包含56个点）	第一至七批
	省级文保	24（包含76个点）	第一至六批
	市级文保	71	第一至五批
	区级文保	104	
	不可移动文物	336	
	优秀历史建筑	3	第一至九批
合计		646	
历史镇村		37	
总计		683	

图 9-10 > 东西湖区历史文化资源分布图

图 9-11 > 蔡甸区历史文化资源分布图

图 9-12 > 江夏区历史文化资源分布图

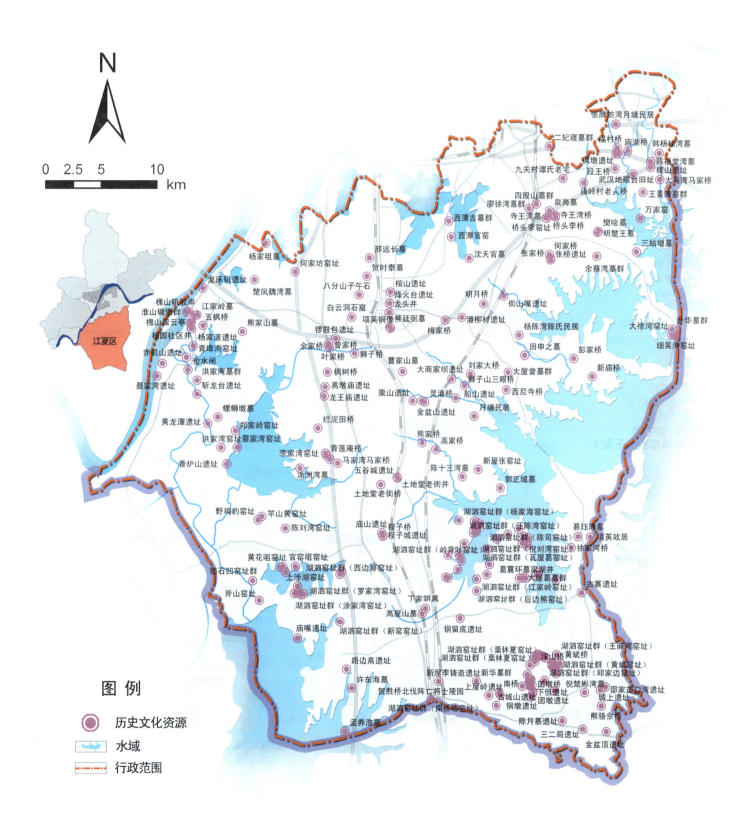

图 9-13 > 黄陂区历史文化资源分布图

图 9-14 > 新洲区历史文化资源分布图

图 9-15 > 汉南区历史文化资源分布图

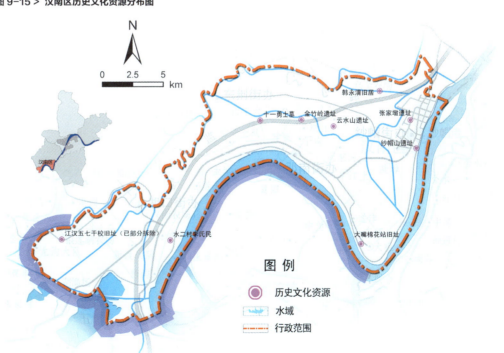

改造工作的推进和城市功能的提升，老城内部出现了"插蜡烛"式的新建建筑，对历史建筑的原真性、完整性和历史街区的传统肌理与整体风貌特色造成了极大的冲击。通过现场踏勘，发现部分历史遗迹经过重新修缮，历史风貌发生了较大的变化，如优秀历史建筑花楼街321号、历史保护建筑江汉二路152~162号等；部分遗迹由于保护不力，历史风貌已逐渐消失，如历史保护建筑鄱阳新里2~5号等；部分遗迹甚至已经被拆除，踪迹难觅，如不可移动文物德华酒楼、毓华茶庄等。

2. 新城区历史文化资源总体情况

新城区历史文化资源数量共计683处，包括646处单体历史遗迹和37个历史镇村[表9-2]。

（1）单体历史遗迹

根据调查统计，新城区的各级文物保护单位、不可移动文物、优秀历史建筑等共计646处，涉及406个行政村，年代跨越了从商周时期到秦汉直至明清的每个时段，以明清为主，历史脉络连续、清晰。但是，相对于中心城区，村镇历史文化资源的分布较为分散，集中成片的较少。从分布数量来看，江夏区、黄陂区历史文化资源最多，分布占新城区总量的32%、31%，其次是新洲区，约占19%。各区具体分布情况见图9-10~图9-15。

（2）历史镇村

武汉市目前仅有大余湾一处中国历史文化名村，已于2012年开放文化旅游。在新城区历史文化资源调查的过程中，将资源规模较大、分布较为集中的镇村作为重点调查对象，对其基本情况、历史沿革、传统格局和空间特色等进行了详细调查，最终形成51个武汉市历史镇村分级保护名录推荐名单，包括2个省级历史文化名镇，以及4个国家级、20个省级、25个市级历史文化名村。从历史镇村的分布情况来看，大多位于汉北山区，其中，黄陂区占39%，新洲区占22%，以及南部江夏区梁子湖水系周边，约占31%；从历史镇村的类型来看，共分为建筑风貌型、遗址遗产型、革命遗迹型、景观风貌型和其他型五种类型，其中，遗址遗产型所占比重最大，共33个，占65%，其次是建筑风貌型，共11个，占22%[图9-16]。

（3）总体保护状况

受城乡社会二元结构的影响，历史保护工作长期以来重城市、轻乡村。村镇地区因资源点位分散、现场核查难度大、地形图更新周期长等限制，历史保护工作偏于滞后；且由于村镇文物古迹类型以地下古遗址与古墓葬为主，国家级历史文化名镇名村数量少，人们对于其历史文化价值的认识不够，保护意识淡薄，再加上监管力度、保护措施不足，导致村镇历史文化资源在新一轮用地拓展和新农村建设中，显得十分脆弱。根据调查，目前村镇646处文物古迹中，118处破坏严重，其中古建筑类37处，古遗址、古墓葬类81处，还有大量乡土建筑、传统民居遭到建设性破坏，村镇历史文脉断裂，"千镇一面、万村一貌"的特色危机正成为共性问题。

① 东西湖区：保护状况较差的10处，多数为不可移动文物。其中，东山街道巨龙岗周氏老屋、刘氏老屋因土地增减挂钩、迁村并点而拆除；㴭口古镇、塔耳头遗址等因河水淹没而受损。

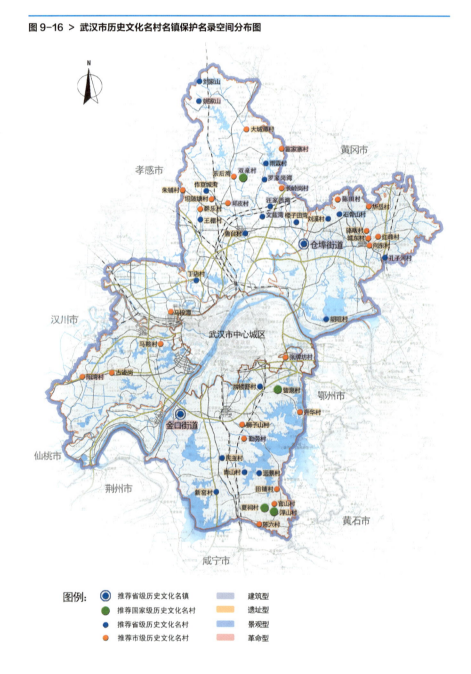

图9-16 > 武汉市历史文化名村名镇保护名录空间分布图

② 蔡甸区：保护状况较差的15处，其中省级文保单位1处，区级文保单位3处，其余为不可移动文物。其中，诸葛城遗址、炉房村墓群等发掘后保护不到位；城头山遗址、尹督堂墓等因开山采石、房屋建设等遭受破坏；万人食堂遗址、樊氏民居等因经久不用损毁严重。

③ 江夏区：保护状况较差的32处，多数为不可移动文物。其中，龙泉街道月塘名居、豹澥镇地磁台旧址等因迁村并点或村庄更新而拆除；熊骆余桥等因河水淹没或年久坍塌而受损。

④ 黄陂区：保护状况较差的55处，包括各级文物保护单位、不可移动文物。其中，遗址、遗迹类资源遭受破坏的程度较为严重，如滠口镇杨家嘴遗址、周家田墓群、前川街道鲁台山墓群等，多因违规开发建设遭到损毁，普遍缺乏管理和维护，保护意识和保护措施均不足。

⑤ 新洲区：保护状况较差的4处，多数为不可移动文物。其中，徐古镇柳河公社十二大队粮食仓库、三店街陈外湾民居、仓埠平安桥三处历史资源由于功能改造、改善居住条件、土地出让等原因已被拆除。

⑥ 汉南区：保护状况较差的2处。其中，张家墩遗址为区级文物保护单位，其上已新建居住小区；江汉"五七"干校旧址大礼堂和部分宿舍已被拆除，其他房屋墙面风化严重。

9.3 > 武汉市历史文化资源保护利用评价

9.3.1 > 评价思路

通过对全市历史文化资源的实地调查，获取了各资源点保护与利用情况的第一手资料。每一个资源点都是唯一的，且各具特点。但是如果把每个资源都作为一个单独的研究对象来处理的话，那么就会使研究变得繁杂而且没有意义。因此，必须按一定的标准对不同的遗产资源进行分级，然后再进行系统的分析。

保护历史文化资源是第一位的，开发必须以保护为前提，尤其是对于一些具有很强吸引力却很脆弱的资源，必须给予足够的重视。因此，从保护和开发的角度对历史文化资源进行分级评价时，必须同时考虑资源吸引力和资源承载力两个因素。

因此，本次评价工作的基本思路是：一方面，科学、客观地对武汉市历史文化资源的现存状况进行评价与分析，从保存状态角度对其资源状况作出评估；另一方面，资源的开发与利用必定跟某种社会需求有关，因此，将从社会需求的角度来评价资源的开发与利用潜力。在评

表9-3 > 武汉市历史文化资源评估指标表

评价目标	一级因子	二级因子
历史文化资源保护与利用评价	资源吸引力	A. 历史文化价值
		B. 真实性与完整度
		C. 面积与规模
		D. 可进入性
		E. 整体氛围与环境
	资源承载力	F. 材质坚固度
		G. 本体保存现状
		H. 日常维护与管理
		I. 社会干扰因素控制力

说明：

A. 历史文化价值：包括历史价值、艺术价值、研究价值、社会认同与情感价值等，本研究针对的评价对象为已评定并划分等级的文保单位、优秀历史建筑等，因此可将其历史文化价值对应为保护级别；

B. 真实性与完整度：历史文化资源的原真性和完整度情况；

C. 面积与规模：面积与规模是否适合作为景点开发；

D. 可进入性：指交通状况的好坏和可接近程度，即是否方便到达和进入；

E. 整体氛围与环境：从整体氛围上看，其文化气息是否浓厚，自然环境是否舒适，以及绿化状况、卫生状况等；

F. 材质坚固度：根据材质状况判断，大致为土质最差，木质、砖木其次，砖石最强；

G. 本体保存现状：本体遭受破坏的程度；

H. 日常维护与管理：是否制定相关的管理规定，是否采取修缮等保护措施；

I. 社会干扰因素控制力：对破坏历史资源的潜在威胁可能性判断。

价的基础上，根据资源状况与需求定位，分析可能的利用方式与利用前景。

在评估流程方面，首先，根据评价目标，对评价的指标体系进行设计；其次，明确各指标对应的评分标准以及历史文化资源的分级标准；然后，根据分级标准对评价对象进行分类；最后，提出保护利用建议，从而为历史文化资源的保护和开发利用工作提供指导。

9.3.2 评价体系构建

1. 指标体系

根据武汉市历史文化资源的特点，在初步调查与文献资料分析的基础上，设计了一个评估量

表 9-4 > 武汉市历史文化资源评估体系

价值	评价指标	指标注释	评分标准			
			4	3	2	1 或 0
资源吸引力	1. 历史文化价值	涵括历史、艺术、科学等价值，对应保护级别	国家级文保、省级文保	市级文保、优保建筑	区级文保、不可移动文物	其他未公布级别
	2. 真实性与完整度	历史文化资源的原真性和完整度情况	原物非常完整（完整率≥90%）	原物比较完整（完整率≥70%）	原物基本完整（完整率≥50%）	原物完整性稍差（完整率<50%）
	3. 面积与规模	面积与规模是否适合作为景点开发	≥10000m²	≥5000m²	≥1000m²	<1000m²
	4. 可进入性	是否方便到达和进入	交通便捷，临主要道路，进入容易	交通比较便捷，进入比较容易	交通不便，进入有一定困难	进入困难/无法进入
	5. 整体氛围与环境	周边历史、自然和人文环境遗存的数量	周边2km范围内其他遗存的数量≥5个	周边2km范围内其他遗存的数量≥3个	周边2km范围内其他遗存的数量≥1个	周边2km范围内无其他遗存
资源承载力	6. 材质坚固度	材料的耐久性和结构的稳定性	砖石	砖木	木质	土质
	7. 本体保存现状	本体是否遭受破坏，程度如何	本体保存非常完好（完好率≥90%）	本体保存比较完好（完好率≥70%）	本体保存基本完好（完好率≥50%）	本体保存完好性稍差（完好率<50%）
	8. 日常维护与管理	有无保护标志、保护规划、保护修缮等措施	有三项	有两项	有一项	基本没有保护措施
	9. 社会干扰因素控制力	利用功能是否合理，社会干扰因素是否能够控制	控制力很强（使用主体为国家）	控制力较强（使用主体为集体）	控制力一般（使用主体为自用）	控制力弱（使用主体为出租）

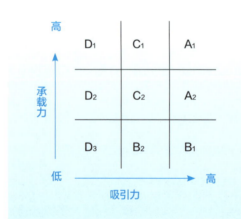

图 9-17 > "吸引力—承载力矩阵模型"（Bob Mckercher）

A 级——高吸引力和中高承载力的文化遗产
B 级——中高吸引力和低承载力的文化遗产
C 级——中吸引力和中高承载力的文化遗产
D 级——低吸引力的文化遗产
※ Bob Mckercher 的 "吸引力—承载力矩阵模型"：历史文化资源的开发方式主要表现为游览和体验，如果一处资源点没有吸引力，参观者就不会去，那么开发就会没有意义；反之，如果一处遗产点具有很高的吸引力，前来参观体验的人若超出了该资源点的承载能力，那么就会对该资源点造成破坏。
（资料来源：朱明敏.广州老城区文化遗产保护与利用研究[D].广州：中山大学，2009.）

表，包括2个基本因子和9个二级因子[表9-3]。

2. 评分和分级标准[表9-4]

参照国内外分级方法，综合得分占总分70%以上的判定为"强"，综合得分占总分48%以上70%以下的判定为"中"，综合得分占比不满48%的判定为"弱"。

资源吸引力评判标准的满分为20分，则"强"≥14分，14分＞"中"≥10分，"弱"＜10分。

资源承载力评判标准的满分为16分，则"强"≥11分，11分＞"中"≥8分，"弱"＜8分。

3. 分级评价

调查人员实地考察各处文化遗产点，分别利用量化评价指标对各个遗产点进行逐一评估，然后集中讨论，综合个人评价，确定每一处文物点的吸引力因子与承载力等级，然后利用"吸引力—承载力矩阵模型"对各处历史文化资源进行分级评价[图9-17]。

在"吸引力—承载力矩阵模型"中，A级文化遗产不仅吸引力高，而且承载力强，其利用潜力也是最高的，能够在保护利用过程中发挥主导作用。B级文化遗产虽对参观者具有很高或较高的吸引力，但利用过程中就必须考虑采取相关措施提高其承载力，并要加强文化资源

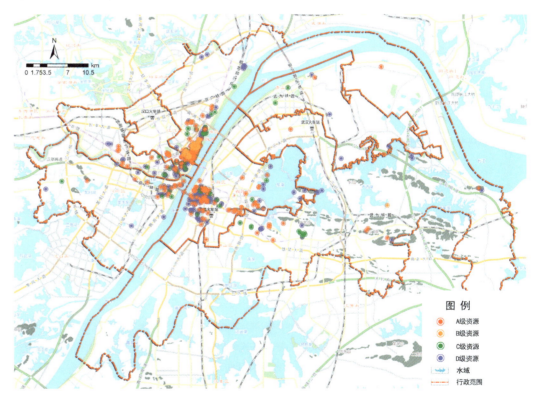

图 9-18 ＞ 中心城区历史文化资源分级评价总图

表 9-5 ＞ 江岸区高级别历史文化资源一览表

编码	名称	资源吸引力评价	资源承载力评价	综合评价
JA-001	中国实业银行大楼旧址	强	强	A_1
JA-002	汉口平汉铁路局旧址	强	强	A_1
JA-004	湖北共进会旧址	强	强	A_1
JA-005	鲁兹暨史沫特莱旧居	强	强	A_1
JA-006	宋庆龄汉口旧居	强	强	A_1
JA-007	汉口花旗银行大楼	强	强	A_1
JA-008	古德寺	强	强	A_1

的管理和维护,一些因遗址本身特征而无法提高承载力的地点,要限制开放以保护文化遗产。C级文化遗产一般来说是相当多的,是文化遗产利用中的中坚力量。D级为所有低吸引力的遗产,无论其承载力有多高,参观者对它们的兴趣始终有限,所以,对于这一级别的文化遗产的利用,要寻找与前三种不同的思路。从A级到D级的文化遗产中,利用潜力依次递减。

占33%;D级资源占35%。总体而言,江岸区半数以上的历史文化资源设立了保护标志,保存状况良好;高级别的资源数量十分丰富,具有较高的保护性开发潜力。

江岸区历史文化资源的典型代表有东正教堂(俄)、俄商新泰大楼等。全区共有68处具有较高保护开发潜力的资源,主要分布在汉口原租界风貌区。各级文物保护单位和优秀历史建筑较为集中地分布在沿江地区,多为办公楼建筑和民用住宅。青岛路片保护规划已经获批,八七会址片、一元路片等保护规划正在编制[表9-5]。

9.3.3 > 资源保护利用评价

1. 中心城区[图9-18]

(1)江岸区

江岸区共有历史文化资源378处,其中,A级资源占21%;B级资源占11%;C级资源

(2)江汉区

江汉区共有历史文化资源49处,其中,A级资源占34%;C级资源占20%;D级资源占45%。总体而言,江汉区约半数历史文化资

表9-6 > 江汉区高级别历史文化资源一览表

编码	名称	资源吸引力评价	资源承载力评价	综合评价
JH-007	汉口璇宫饭店	强	强	A_1
JH-008	宁波会馆旧址	强	强	A_1
JH-009	江苏会馆旧址	强	强	A_1
JH-010	汉口总商会暨中华全国文艺界抗敌协会旧址	强	强	A_1
JH-011	日晷台	强	强	A_1
JH-012	张公亭	强	强	A_1
JH-013	湖心亭	强	强	A_1

表9-7 > 汉阳区高级别历史文化资源一览表

编码	名称	资源吸引力评价	资源承载力评价	综合评价
HY-001	归元寺	强	强	A_1
HY-002	古琴台	强	强	A_1
HY-003	禹稷行宫	强	强	A_1
HY-004	石榴花塔	强	强	A_1
HY-009	汉钢转炉车间旧址	强	强	A_1
HY-016	汉阳铁厂矿砂码头旧址	强	强	A_1
HY-031	黄兴铜像	强	强	A_1

表9-8 > 硚口区高级别历史文化资源一览表

编码	名称	资源吸引力评价	资源承载力评价	综合评价
QK-001	保寿桥	强	强	A_1
QK-002	药帮一巷石板路	强	强	A_1
QK-003	既济水电公司宗关水厂旧址	强	强	A_1
QK-004	博学中学旧址	强	强	A_1
QK-005	汉口义勇消防联合会旧址	强	强	A_1
QK-006	天主教圣母会旧址	强	强	A_1
QK-007	武汉轻型汽车厂办公楼	强	强	A_1

源设立了保护标志，保存状况良好；高级别的资源数量较为丰富，总体保护开发潜力很大。

江汉区历史文化资源的典型代表有江汉关大楼、中山公园近代园林建筑等。全区共22处具有较高保护开发潜力的资源，主要分布在中山公园一带。江汉区的商业会馆、饭店等建筑较多，《江汉路及中山大道历史文化街区保护规划》正在编制 [表9-6]。

（3）汉阳区

汉阳区共有历史文化资源46处，其中，A级资源占46%；C级资源占11%；D级资源占43%。总体而言，汉阳区约半数的历史文化资源设立了保护标志，保存状况基本良好；工业类历史文化遗迹数量众多，具有较大的保护开发潜力。

汉阳区历史文化资源的典型代表有归元寺、古琴台，以及工业遗产资源。全区共10处具有较高保护开发潜力的资源，主要分布在东北汉江沿岸。诸多历史遗迹同时也被纳入了《工业遗产保护规划》，开发利用时需遵循工业遗产保护要求。龟山北片、显正街片、汉钢片保护规划正在编制中 [表9-7]。

（4）硚口区

硚口区共有历史文化资源38处，其中，A级资源占31%；C级资源占17%；D级资源占51%。总体而言，硚口区人口密集、发展速度较快，历史资源的保护力度需要加强。

硚口区历史文化资源的典型代表为药帮一巷石板路等。全区共11处具有较高保护开发潜力的资源，主要分布在汉正街地区。以汉正街为

表9-9 > 武昌区高级别历史文化资源一览表

编码	名称	资源吸引力评价	资源承载力评价	综合评价
WC-003	湖北省立图书馆旧址	强	强	A_1
WC-004	中共中央军委办事处旧址	强	强	A_1
WC-005	武泰闸	强	强	A_1
WC-006	武昌第一纱厂旧址	强	强	A_1
WC-007	孙中山先生纪念碑	强	强	A_1
WC-001	阅马场孙中山铜像	强	强	A_1
WC-008	国民政府军事委员会政治部第三厅旧址	强	强	A_1

表9-10 > 青山区高级别历史文化资源一览表

编码	名称	资源吸引力评价	资源承载力评价	综合评价
QS-001	青山桃园古井	强	强	A_1
QS-002	一冶机关大院	中	中	C_2
QS-003	八街坊	中	中	C_2
QS-004	四六一厂毛泽东塑像	弱	中	D_2
QS-005	武钢毛泽东塑像	弱	中	D_2
QS-006	青山镇青山后街51号	弱	弱	D_3

表9-11 > 洪山区高级别历史文化资源一览表

编码	名称	资源吸引力评价	资源承载力评价	综合评价
HS-001	黎元洪墓	强	强	A_1
HS-004	武汉体院羽毛球（体操）馆、排球馆、教学楼	强	强	A_1
HS-018	白浒山炮台	强	强	A_1
HS-026	蛮王冢	强	强	A_1
HS-006	许家墩遗址	强	弱	B_1
HS-007	陈定一烈士墓	强	中	A_2
HS-008	九峰山摩崖	强	中	A_2

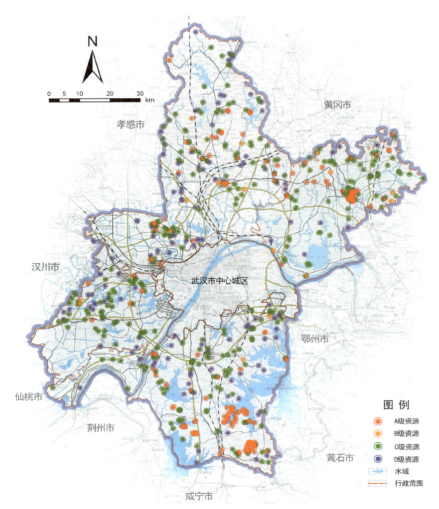

图9-19 > 新城区历史文化资源分级评价总图

代表的汉口商业文化在本区集中体现,《汉正街片传统特色街区保护规划》正在编制中[表9-8]。

（5）武昌区

武昌区共有历史文化资源207处,其中,A级资源占39%;C级资源占12%;D级资源占49%。总体而言,武昌区历史文化资源丰富,且大多集中于昙华林、首义地区,革命遗迹较多,具有很大的保护开发潜力。

武昌区历史文化资源的典型代表有武昌起义军政府旧址、武汉大学早期建筑等。全区共有70处具有较高保护开发潜力的资源,主要分布在武昌古城、武汉大学、东湖沿线等地区。首义片相关保护规划早在2008年就获批,根据规划,武昌首义广场的改造工程已经完成并成为市民游玩、观瞻的新去处。昙华林片、珞珈山片保护规划正在编制[表9-9]。

（6）青山区

青山区共有历史文化资源8处,其中,A级资源占17%;C级资源占33%;D级资源占50%。总体而言,青山区历史文化资源数量相对较少,分布较分散,现状保护情况一般,总体保护开发潜力一般。

青山区历史文化资源的典型代表为红钢城八街坊等。全区有1处具有较高保护开发潜力的资源,为青山桃园古井。《青山"红房子"片历史地段保护规划》已于2008年获市人民政府批

表9-12 > 东西湖区高级别历史文化资源一览表

编码	名称	资源吸引力评价	资源承载力评价	综合评价
DXH-001	马投潭遗址	强	强	A_1
DXH-004	柏泉古井	强	强	A_1
DXH-009	柏泉天主堂	强	强	A_1
DXH-023	景德寺遗址	强	强	A_1
DXH-029	东西湖堤防水利设施	强	强	A_1
DXH-003	余家嘴遗址	强	中	A_2
DXH-020	马投潭王氏老屋	中	弱	B_2

表9-13 > 蔡甸区高级别历史文化资源一览表

编码	名称	资源吸引力评价	资源承载力评价	综合评价
CD-012	钟子期墓	强	强	A_1
CD-013	熊伯龙墓	强	强	A_1
CD-001	陈子墩遗址	强	中	A_2
CD-003	鲢鱼台遗址	强	中	A_2
CD-005	临嶂城垣遗址	强	中	A_2
CD-040	嵩阳寺遗址	中	弱	B_2
CD-063	大樊湾樊氏民居	中	弱	B_2

复［表 9-10］。

（7）洪山区

洪山区共有历史文化资源 33 处，其中，A 级资源占 34%；B 级资源占 3%；C 级资源占 29%；D 级资源占 34%。总体而言，洪山区约半数的历史文化资源设立了保护标志，保存状况基本良好；较多资源分布于高校内，总体保护开发潜力一般。

洪山区历史文化资源的典型代表有武汉体院羽毛球（体操）馆、排球馆、教学楼等。全区共 6 处具有较高保护开发潜力的资源，主要分布在洪山区中部喻家山等地。洪山区的历史文化资源空间分布比较分散，没有历史文化风貌街区［表 9-11］。

2. 新城区［图 9-19］

（1）东西湖区

东西湖区共有历史文化资源 33 处，其中，A 级资源 6 处，占 18%；B 级资源 1 处，占 3%；C 级资源 14 处，占 42%；D 级资源 12 处，占 36%。总体而言，东西湖区约半数的历史文化资源设立了保护标志，保存状况基本良好；高级别的资源数量较少，总体保护开发潜力一般。

东西湖区历史文化资源的典型代表有马投潭遗址、柏泉遗产群等。全区共 7 处具有较高保护开发潜力的资源，主要分布在柏泉、径河街道。马投潭遗址和王氏老屋已纳入马投潭历史文化名村保护范围，目前已编制了遗址公园规划和历史文化名村保护规划［表 9-12］。

（2）蔡甸区

蔡甸区共有历史文化资源 80 处，其中，A 级资源 5 处，占 6%；B 级资源 2 处，占 3%；C 级资源 52 处，占 65%；D 级资源 21 处，占 26%。蔡甸区大多数的历史文化资源设立了保护标志，保护情况良好；高级别的历史文化资源数量不多，分布较为分散，开发利用潜力有待挖掘。

蔡甸区历史文化资源的典型代表为知音文化品牌。全区共有 7 处具有较高保护开发潜力的资源，分布较散。围绕钟子期墓，"高山流水遇知音"的知音文化品牌发展已初具雏形，并已纳入历史文化名村的保护范畴，编制了相关保护和发展规划［表 9-13］。

（3）江夏区

江夏区共有历史文化资源 205 处，较为密

表 9-14 > 江夏区高级别历史文化资源一览表

编码	名称	资源吸引力评价	资源承载力评价	综合评价
JX-150~JX-158	明楚王墓	强	强	A_1
JX-018	槐山留云亭	强	强	A_1
JX-019	金水闸	强	强	A_1
JX-020	槐山矶驳岸	强	强	A_1
JX-031	青莲庵桥	强	强	A_1
JX-042	灵港桥	强	强	A_1
JX-043	白云洞石窟	强	强	A_1
JX-060	贺胜桥北伐阵亡将士陵园	强	强	A_1
JX-061	南桥	强	强	A_1
JX-064	团墩桥	强	强	A_1
JX-160~JX-202	湖泗窑址群	强	中	A_2
JX-002	斩龙台遗址	强	中	A_2
JX-027	新屋李铸造遗址	强	中	A_2
JX-035	大屋曾墓群	强	中	A_2
JX-063	团墩遗址	强	中	A_2
JX-072	五谷城遗址	强	中	A_2
JX-073	城上遗址	强	中	A_2
JX-017	淮山碉堡群	中	弱	B_2
JX-124	段王桥	中	弱	B_2
JX-136	杨陈湾陈氏民居	中	弱	B_2

表 9-15 > 黄陂区高级别历史文化资源一览表

编码	名称	资源吸引力评价	资源承载力评价	综合评价
HP-152~HP-189	大余湾古民居建筑群	强	强	A_1
HP-73~HP-93	雨霖古建筑群	强	强	A_1
HP-190~HP-194	木兰山古建筑群	强	强	A_1
HP-002	双凤亭	强	强	A_1
HP-004	圣庙	强	强	A_1
HP-005	前川中学教学楼旧址	强	强	A_1
HP-081	半河桥	强	强	A_1
HP-089	坡下塆民居	强	强	A_1
HP-091	耿家大湾民居	强	强	A_1
HP-092	姚家山新五师司政机关旧址	强	强	A_1
HP-134	盘龙城遗址	强	强	A_1
HP-196	罗家岗湾古民居建筑群	强	强	A_1
HP-006	郭袁嘴遗址	强	中	A_2
HP-016	面前畈遗址	强	中	A_2
HP-020	鸡公程遗址	强	中	A_2
HP-032	宗圣祠（曾家大湾祠堂）	强	中	A_2
HP-034	蔡济民故居	强	中	A_2
HP-038	中分卫遗址	强	中	A_2
HP-056	龙王尖遗址	强	中	A_2
HP-057	作京城遗址	强	中	A_2
HP-079	铁门坎遗址	强	中	A_2
HP-080	陈煌墩遗址	强	中	A_2
HP-096	马寨城遗址	强	中	A_2
HP-001	鲁台山墓群	强	弱	B_1
HP-003	程家墩遗址	中	弱	B_2
HP-028	新集天主堂	中	弱	B_2
HP-055	五龙台遗址	中	弱	B_2
HP-146	黄花涝民居	中	弱	B_2
HP-197	彭家桥石桥	中	弱	B_2

集，因此将部分关系较为密切或地理位置相同或相近的资源点，合并为一处来评估，如明楚王墓群（9处）、湖泗窑址群（43处）。因此，共计评估资源153处，其中，A级资源18处，占12%；B级资源3处，占2%；C级资源89处，占58%；D级资源43处，占28%。总体而言，江夏区的历史文化资源非常丰富，其中桥涵类和窑址类历史文化资源较多。有较多数量的高级别历史文化资源，且其中大部分分布较为集中，总体保护开发潜力较好。

江夏区历史文化资源的典型代表有明楚王墓、湖泗窑址、明清古桥等。全区共有20处较高保护开发潜力的资源，主要分布在流芳、金口和湖泗街道。其中，明楚王墓已开发成景区；金口古镇被列为省级历史文化名镇，部门湖泗窑址群纳入浮山村、夏祠村等历史文化名村的保护范畴。此外，江夏区明、清时期的古桥众多，共计36处，各具特色，且大多保存完好［表9-14］。

（4）黄陂区

黄陂区共有历史文化资源199处，将部分关系较为密切或地理位置相同或相近的资源点，合并为一处来评估，如大余湾古民居建筑群（38处）、雨霖古建筑群（11处）、木兰山古建筑群（5处）。因此，共计评估资源148处，其中，A级资源23处，占16%；B级资源6处，占4%；C级资源72处，占48%；D级资源47处，占32%。总体而言，黄陂区的历史文化资源数量多、分布广，且已具备一定的开发基础，潜力较高。

黄陂区历史文化资源的典型代表为古民居建筑群等。全区共有29处具有较高保护开发潜力的资源，主要分布在大木兰旅游文化圈范围内，具备联合开发的潜力。大余湾、雨霖、木兰古建筑群等已开发成景区。罗家岗湾古民居建筑群、耿家大湾民居等已纳入历史文化名村保护范畴［表9-15］。

（5）新洲区

新洲区共有历史文化资源120处，其中，A级资源19处，占16%；B级资源6处，占5%；C级资源85处，占71%；D级资源10处，占8%。新洲区的历史文化资源数量较多，保护情况较好；高级别的资源也较为丰富，主要在新洲区北部区域，总体保护开发潜力较好。

新洲区历史文化资源的典型代表有书院、公馆、人民公社等。全区共有26处具有较高保护开发潜力的资源，主要分布在邾城、凤凰、仓埠、旧街等老街、集镇。众多历史资源已纳入新洲红色旅游通道旅游景点；问津书院已编制了详细规划，石骨山人民公社旧址正在编制保护规划，并均已纳入历史文化名村的保护范畴；徐源泉公馆等已经开放参观［表9-16］。

（6）汉南区

汉南区共有历史文化资源9处，其中，A级、B级资源均没有；C级资源6处，占67%；D级资源3处，占33%。总体而言，汉南区的历史文化资源的保存状况一般，数量少且保护级别不高，分布较为分散，总体保护开发潜力较低。

汉南区历史文化资源的典型代表有农场、"五七"干校等。汉南区的"五七"干校旧址和数量众多的农场，承载了一代人的集体记忆，具有较高的社会情感价值，但保存状况普遍不乐观。

3. 小结

（1）中心城区历史文化资源数量极为丰富，集中体现了武汉市历史文化名城特色。中心城

表9-16 > 新洲区高级别历史文化资源一览表

编码	名称	资源吸引力评价	资源承载力评价	综合评价
XZ-001	问津书院	强	强	A_1
XZ-002	徐源泉公馆	强	强	A_1
XZ-032	得云观黄金佛塔	强	强	A_1
XZ-113	石骨山人民公社旧址	强	强	A_1
XZ-117	正源中学旧址	强	强	A_1
XZ-118	伍峰岗渡槽	强	强	A_1
XZ-119	叶家里渡槽	强	强	A_1
XZ-120	新洲区供销合作社联合社	强	强	A_1
XZ-004	珠山遗址	强	中	A_2
XZ-007	戢岗墓群	强	中	A_2
XZ-010	庙墩遗址	强	中	A_2
XZ-019	六斗丘遗址	强	中	A_2
XZ-024	红山嘴墓群	强	中	A_2
XZ-053	山善湾墓群	强	中	A_2
XZ-055	干瓦湾墓群	强	中	A_2
XZ-056	管家岗湾墓群	强	中	A_2
XZ-060	章兴大湾墓群	强	中	A_2
XZ-074	坞峰岗墓群	强	中	A_2
XZ-094	李集民居	强	中	A_2
XZ-014	柳夫人墓	中	弱	B_2
XZ-038	城楼寨遗址	中	弱	B_2
XZ-039	狮子岩遗址	中	弱	B_2
XZ-098	郭希秀湾门楼	中	弱	B_2
XZ-106	魏文伯故居	中	弱	B_2
XZ-115	凤凰八大九小队仓库	中	弱	B_2

区历史资源主要集中在汉口原租界风貌区、武昌古城区等城市的起源地区，是武汉城市历史发展脉络的重要空间载体。中心城区面积占全市面积的11%左右，但从历史文化资源的数量来看，占全市的50%以上。因此，中心城区是历史文化名城的核心保护区，集中体现了武汉市历史文化名城的特色。

（2）中心城区资源类型相对单一，保护力度有待加强。中心城区以革命遗址和租界建筑为主，多为特殊时期的办公建筑和以里分为代表的住宅建筑等，虽然大多设立了保护标志，且部分进行了修缮和开发利用，但由于中心城区人口密集，资源使用强度过大，部分建筑遭到不同程度破坏。

（3）新城区历史文化资源丰富，但地下文物占比大，开发具有不确定性。新城区的历史文化资源数量较多，分布广泛，且大多分布在田野、山林和村庄等交通不便的地区，部分毗邻自然、人文风景名胜区，资源周边的自然环境条件普遍较好。但各类文物古迹中，古遗址和古墓葬类地下文物占比最大，共计61%，且大多未划定文物埋藏线，保护边界未明，因此，未来的保护开发工作存在较大的不确定性。

（4）新城区目前公布的高级别资源有限，且保存状况普遍不乐观。除盘龙城遗址、明楚王墓群、湖泗窑址群等少数全国重点文物保护单位规模大、地位高，新城区的文物古迹大多为已登记但尚未核定公布为文物保护单位的不可移动文物，占52%。同时，由于人为破坏或自然损毁等原因，文物古迹的破坏情况比较严重，保存状况差或较差的占18%，保存状况一般的占32%，保护形势非常严峻，尤其是古遗址、古墓葬类不可移动文物的保护状况普遍较差，亟须抢救性保护。

9.4 > 策略与建议

1. 合理开发利用新城区历史文化资源，打造环城游憩带

主城区的历史文化资源相对较为集中，且无论是在关注度、认知度还是管理、维护手段等方面，都远远优于新城区。新城区数量众多、分布广泛的历史文化资源，亟须进行抢救性保护。开展调查和建库工作只是迈出了第一步，定出资源的空间位置是远远不够的，下一步，还要将其纳入紫线规划体系，进行严格保护。与此同时，仅仅有保护也是不够的，只有进行合理的开发利用，才能充分地挖掘和发挥资源的价值，真正实现资源的永续利用。

因此，建议将新城区的历史文化资源保护与乡村旅游，以及新农村、美丽乡村建设结合起来，以保护为主，同时兼顾镇村的发展要求，力争通过综合性的保护与利用，保存和延续镇村的文化遗产资源和历史风貌特色，完善基础设施，全面提升镇村整体环境景观面貌。同时，立足区域发展，将历史镇村与已经形成的旅游景点相结合，发展近郊旅游，打造中心城区外围的环城游憩带。

2. 完善保障措施，进一步创新保护模式和激励机制

由于缺少相应的激励政策和实施机制，保护资金匮乏，历史文化资源的保护工作推进较为困难。目前，武汉市历史文化名城保护主要依靠财政预算专项资金，虽然投入不断增加，但是经费还是相对有限，且使用性质单一，导致历史建筑、传统民居由于缺乏资金得不到及时修缮，街区呈衰败之势，基础设施不能满足人民群众需求，民生问题没有得到根本性改善。因此，武汉历史文化资源的保护在合理引入市场机制、拓宽投融资渠道、创新保护模式和管理实施机制等方面还有待进一步完善。除了市、区财政安排专项资金，还应整合市城乡建设、农业、旅游、房管等有关部门的涉农专项资金，将历史镇村保护开发与新农村建设、旅游开发等工作相结合，形成发展合力。同时，积极向上争取专项资金，并鼓励和支持社会力量通过捐资、投资、合作开发等方式，参与历史文化资源的保护开发。

3. 加大历史文化资源宣传力度，建立公众查询的网络平台

目前，武汉市搭建了一个由社会大众和专业机构共同参与的"众规武汉"平台，并通过城市记忆地图板块，发布了武汉市各级各类历史文化资源的数据信息，推进了历史文化资源保护的宣传和公众参与。通过这一平台，公众可以方便地查询、浏览各资源点的属性信息，并通过微信平台进行互动，提供线索讲述与老建筑有关的故事，或上传照片等。

目前，众规平台上中心城区的历史文化资源信息相对比较完善，而新城区尤其是历史镇村的信息还较为缺乏。建议结合本次历史资源调查和评价工作，宣传和发布新城区历史镇村资源，为公众提供一个查询的网络平台，调动社会各界参与历史镇村保护开发的积极性。

参考文献 >

[1] 陈伟瑾, 张云青, 冉慧敏. 常州市历史文化资源浏览查询地理信息系统的建立[C]. 江苏省测绘学会2011年学术年会, 2011.

[2] 石靖, 刘正平, 王耀南. 城乡统筹背景下农村特色资源普查方法探讨——以南京市江宁区横溪街道为试点[J]. 规划师, 2013(9): 89-93.

[3] 肖爱玲. 关于西安老城区历史文化资源GIS数据库建设的思考[J]. 西北大学学报（自然科学版）, 2011(4).

[4] 郭立新, 朱明敏, 闫晓青等. 广州老城区历史文物资源调查及开发策略分析[J]. 文化遗产, 2011(4).

[5] 朱明敏. 广州老城区文化遗产保护与利用研究[D]. 广州: 中山大学, 2009.

[6] 周岚, 叶斌, 王芙蓉等. 基于"3S"的历史文化资源普查与利用——以南京市为例[J]. 规划师, 2010(4).

[7] 牛婷婷, 汪永平. 南京镇村历史文化资源调查及保护对策研究[J]. 江苏建筑, 2008(5).

[8] 赵东. 数字化生存下的历史文化资源保护与开发研究——以陕西为中心[D]. 济南: 山东大学, 2014.

[9] 武汉华中科大城市规划设计研究院, 武汉市规划编制研究和展示中心. 武汉市历史镇村保护名录规划[Z]. 2012.

[10] 武汉市规划研究院. 武汉主城历史文化与风貌街区体系规划[Z]. 2012.

10

RESEARCH ON WUHAN PERSPECTIVE DEVELOPMENT BASED ON SPATIAL EVALUATION TEMPORAL DATE STRATEGY

第10章 武汉城市圈生态发展水平建模与分析

Chapter 10 Modeling and analyzing of ecological development in Wuhan arban cluster

10.1 > 概述

党的十八大提出"把生态文明建设放在突出地位,融入经济建设、政治建设、文化建设、社会建设各方面和全过程,努力建设美丽中国"。2013年7月,习近平总书记在视察湖北省时强调"在发展中既要金山银山,更要绿水青山"。湖北省第十次党代会提出"生态立省、建设美丽湖北"的战略。2014年11月由省人大常委会审议批准《湖北生态省建设规划纲要(2014—2030年)》。生态文明建设已经成为各级政府的重要任务。

武汉城市圈作为"两型"社会建设综合配套改革试验区,在全国的生态文明建设中居于示范引领的地位。《武汉城市圈"两型"社会建设综合配套改革试验区空间规划》确定了"一环两翼"的生态结构,对城市圈生态建设起到了较好的指导作用,但在多年的建设过程中,也暴露出区域生态建设系统性不强、评价指标体系缺失等一系列问题。为进一步推动武汉城市圈生态环境一体化发展,为未来城市圈的决策提供技术支撑,本研究在武汉城市圈区域生态安全格局和生态资源环境发展水平评价指标体系两个方面进行了探索。

10.1.1 > 研究范围

本研究涵盖武汉城市圈"1+8"范围,包括武汉和周边的黄石、鄂州、黄冈、孝感、咸宁、仙桃、潜江、天门8个城市的行政区,国土面积约5.8万 km² [图10-1]。

10.1.2 > 研究方法

本研究采用的主要方法有:文献检索法、专家咨询法、验证分析法等。

在技术路线上,当前国内外相关理论研究和实践一般从生态资源空间保护和生态环境建设两个方面进行。前者以自然地理要素为单元,偏向国土、规划、环保等部门的空间管制范畴,侧重生态空间及资源的划定与保护;后者以行政区为基本单元,综合社会、经济、环保等内容,通过现状评价引导策略的制定,提高生态环境建设水平。

本研究以打造全国示范的绿色城市圈为目标,分别通过生态安全格局(属生态资源空间保护范畴)和指标体系(属生态环境建设范畴)两种技术方法,从城市圈整体和县(市、区)级两个层面,对城市圈生态环境发展水平进行评价。最后,综合上述二者的结论,提出城市圈生态发展方面的对策和建议。

10.1.3 > 数据来源

本研究以国情普查的地表覆盖数据为基础,结合环保统计公报、各城市统计年鉴、国家生态安全数据库等数据,构建武汉市城市圈生态资源环境数据库[表10-1]。

图10-1 > 研究范围示意图

表10-1 > 主要数据来源一览表

数据类型	来源
地表覆盖	以国情普查数据为主
高程	美国太空总署(NASA)和国防部国家测绘局(NIMA)联合测量的SRTM数据
太阳辐射、气温、降雨等气象数据	中国气象科学数据共享服务网
植被覆盖等影像波段解析数据	TERRA卫星的MODEV1D 250M系列产品
土壤、土质、自然灾害、生态资源区等相关数据	寒带旱区科学数据中心、中国人地系统主题数据库、国家生态安全数据库、《湖北自然保护区》图纸扫描等
地质数据	湖北省地质局发布的图纸

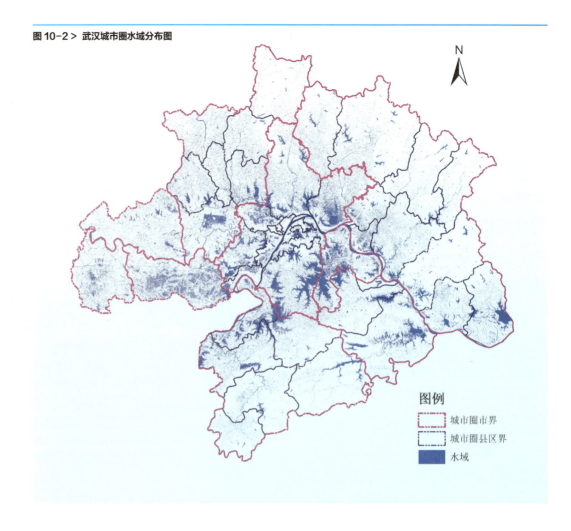

图10-2 > 武汉城市圈水域分布图

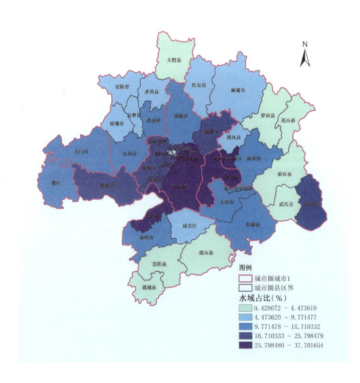

图10-3 > 武汉城市圈分县（市、区）水域占比图

10.2 > 武汉城市圈现状解析

10.2.1 > 地形地貌与气候

武汉城市圈地貌类型多样，平原、岗地、丘陵和山地兼备。其中，北部和东北分属桐柏山和大别山脉，南部有幕阜山脉，西部和中部为开阔的江汉平原和鄂东沿江平原，长江、汉江贯穿全境，形成"一水两山三丘四原"的总体格局。

武汉城市圈属亚热带季风气候，冬夏季风交替明显，雨量充沛，年平均降雨量1130~1600mm，在湖北省属于降雨较多的地区。

10.2.2 > 水资源情况

1.水资源类型丰富，分布不均

武汉城市圈地处长江中游，区内水系发达，水域广阔，河渠纵横，大小湖泊星罗棋布，天然河流、湖泊、水库等水体面积约6333.6km^2，占城市圈总面积的10.9%，高于长株潭城市群的7.2%和全国的4%。长江、汉江在此交汇，带来年均7122亿m^{3}的过境客水。从水资源类型空间分布来看，东部、北部和南部山区，以季节性河流、溪沟为主；西部平原以渠网为主，间有湖泊；

中部大江大河汇聚，湖泊众多，水域面积广阔[图10-2]。

从各县（市、区）水域面积占比来看，长江、汉江沿线地区，如嘉鱼县、鄂州市、江夏区、新洲区、黄梅县，水域面积占比较大，水资源丰富[图10-3]。

2. 河流水质情况较好，湖泊水质有待改善

武汉城市圈主要河流水质情况较好，部分支流水质较差。2014年，武汉城市圈71个主要河流监测断面中，水质良好（符合Ⅰ～Ⅲ类标准）的断面占83.1%，水质较差（符合Ⅳ、Ⅴ类标准）的断面占8.4%，水质污染严重的劣Ⅴ类断面占7.0%。95%的受污染断面分布在武汉市及其周边。

武汉城市圈湖泊整体为中度污染，水质有待改善。2014年，武汉城市圈86个重要湖泊的水质监测中，水质良好（符合Ⅰ～Ⅲ类标准）的水域占34.8%，水质较差（符合Ⅳ、Ⅴ类标准）的水域占52.4%，水质污染严重的劣Ⅴ类水域占12.8%。污染湖泊主要分布在人口稠密的城市周边地区。

10.2.3 土地资源情况

此次地理国情普查的地表覆盖数据共十个大类，其中土地资源包括耕地、林地、园地、草地四大类。武汉城市圈的耕地占比最高，其后依次为林地、草地和园地[表10-2][图10-4]。

1. 耕地资源

武汉城市圈耕地资源总面积占比为34.9%，大于长株潭城市群的21.8%和全国的14.3%。人均耕地面积约1亩，高于长株潭城市群的0.7亩，低于全国的1.5亩。耕地主要分布在城市圈西部的江汉平原及东部沿江平原，南、北部山区较少[图10-5]。分县（市、区）来看，潜江、天门、仙桃、咸宁北部、黄冈南部耕地较多，黄冈北部、孝感北部、咸宁南部等地耕地较少[图10-6]。

表10-2 > 武汉城市圈土地资源面积一览表（资料来源：第一次全国地理国情普查数据）

资源类型	面积（km²）	占城市圈面积比例（%）
耕地	20342.4	34.9%
林地	16583.5	28.5%
园地	1938.3	3.3%
草地	5088.8	8.7%

图10-4 > 武汉城市圈地表覆盖图

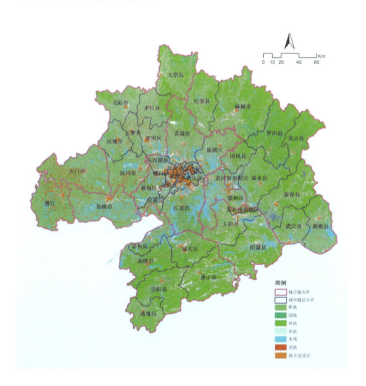

图10-5 > 武汉城市圈耕地分布图

图 10-6 > 武汉城市圈分县（市、区）耕地占比图

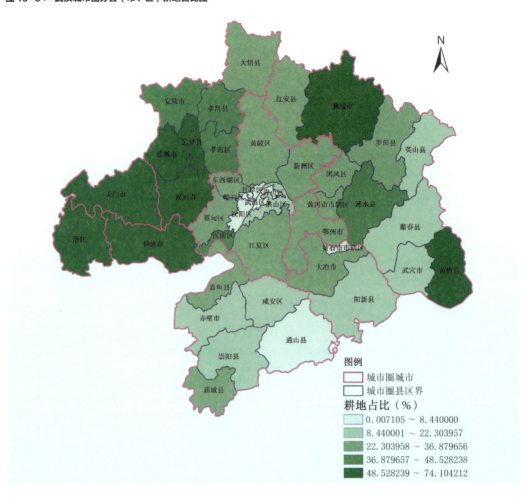

图 10-7 > 武汉城市圈林地分布图

2. 林地资源

武汉城市圈林地资源总面积占比为28.5%，低于长株潭城市群的49.3%，高于全国的26.7%［图10-7］。林地资源集中分布在东北部的大别山和东南部的幕阜山，多为落叶阔叶混交林型；平原岗地的林地呈零星分布［图10-8］。

3. 园地资源

武汉城市圈园地总面积占比为3.3%，高于长株潭城市群的1.85%和全国的1.5%［图10-9］。园地包括果园、茶园、苗圃、花圃等类型，主要分布在罗田、麻城、英山、大悟等山区及咸安区、江夏区等大城市周边地区［图10-10］。

4. 草地资源

武汉城市圈草地总面积占城市圈总面积的8.8%，高于长株潭城市群的2.1%，低于全国的23.2%［图10-11］。草地主要为山坡草地、水边草地，分布较为分散［图10-12］。

图 10-8 > 武汉城市圈分县（市、区）林地占比图

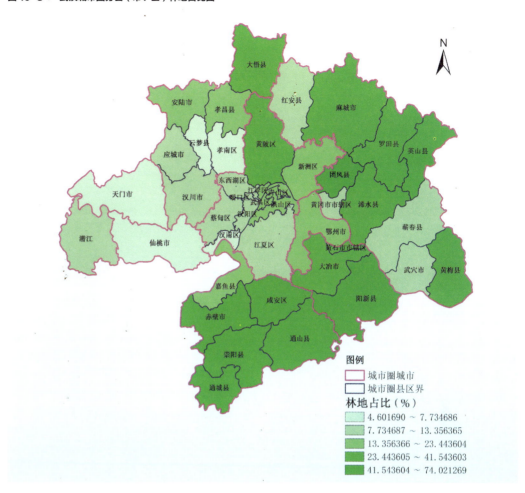

图 10-9 > 武汉城市圈园地分布图

图 10-10 > 武汉城市圈分县（市、区）园地占比图

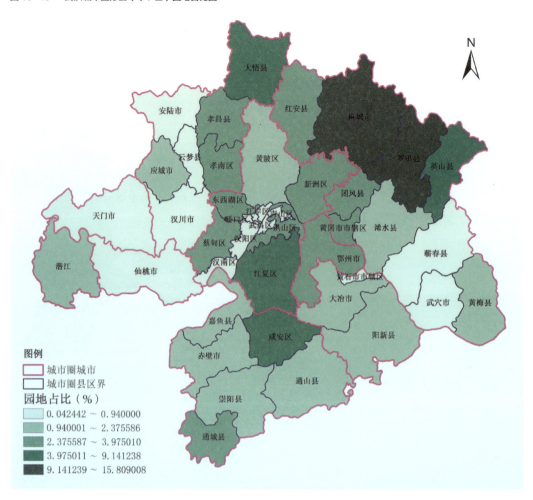

图 10-11 > 武汉城市圈草地分布图

图 10-12 > 武汉城市圈分县（市、区）草地占比图

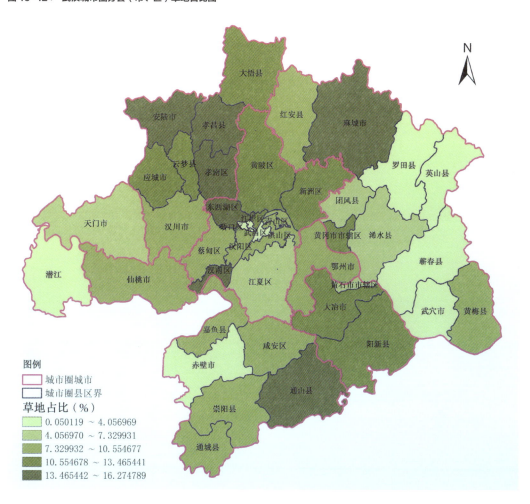

表 10-3 > 2015 年上半年武汉城市圈各城市空气质量优良率统计表

城市	城市空气质量优良率
天门	47.51%
咸宁	65.75%
孝感	70.72%
黄冈	57.50%
潜江	51.93%
鄂州	52.49%
黄石	56.35%
仙桃	64.09%
武汉	49.20%
平均值	57.28%

10.2.4 > 空气质量情况

考虑到 2015 年之前，武汉城市圈内仅有武汉市采用了新的空气质量评价标准，故本研究选用 2015 年 1~6 月新标准下的数据。经计算，武汉城市圈空气质量优良率平均值为 57.28%，低于长株潭城市群的 64.1% 和全国平均水平的 72.7%（备注：全国值选用环保部公布的 338 个地级及以上城市空气质量监测数据，其数据全部采用新标准），空气质量一般［表 10-3］。

10.3 > 区域生态安全格局构建

10.3.1 > 分析模型框架

综合已有的理论和技术，本研究的分析模型包括水环境生态系统、地质及土壤生态系统、

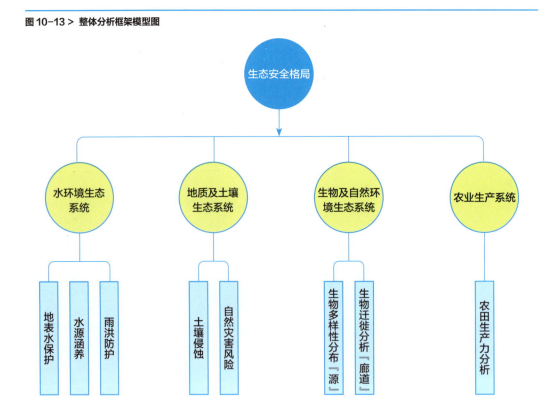

图 10-13 > 整体分析框架模型图

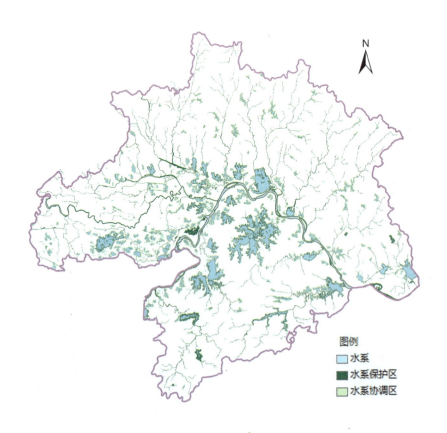

图 10-14 > 水系保护区和协调区范围图

生物及自然环境生态系统、农业生产及保护生态系统这四大系统，下设八个子系统［图 10-13］。

10.3.2 > 水环境生态系统

参考国内外相关研究，结合武汉城市圈实际情况，本研究提出水环境生态系统包括地表水保护、水源涵养和雨洪防护三个子系统。

1. 地表水保护子系统

首先，进行数据校核。以国情普查的地表覆盖数据为基础，结合高程分析，形成完整的地表水系图。然后，进行径流分级。以Strahler（1957）地表径流分级体系为主，结合《中华人民共和国地表水环境质量标准》和《环境影响评价技术导则——地面水》等标准，将河流和湖泊各分成八个级别。最后，确定水体防护退让范围。按照不同级别，参考《湖北省湖泊管理条例》、《城市水系规划规范》等相关法规和研究文献，分别向外扩展若干距离，形成水体保护区和协调区［图 10-14］。

2. 水源涵养子系统

对水系的源头进行保护，能有效提高水体

图 10-15 > 水系长度分级图

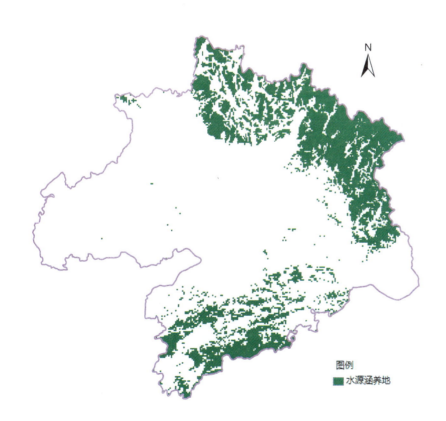

图 10-16 > 水源地分析图

的环境质量。首先，运用 GIS 计算所有河流水系的水流长度，从而寻找出河流的上游区域[图10-15]；通过密度分析，选取其集中的区域，从而确定保护范围。分析结果显示，大别山系和幕阜山系是城市圈内重要的水源涵养地[图10-16]。

3. 雨洪防护子系统

本研究采用美国农业部水土保持局开发的SCS（Soil Conservation Service）雨洪水文模型，首先，划分流域。根据高程分析，对城市圈进行流域划分，并假定每个流域内的雨量是无法及时外排的。然后，计算下垫面渗透系数。根据地表覆盖和土壤数据，按照当地径流系数表（本次计算以武汉为标准），分别计算每个流域内的地表雨水径流的产生系数。最后，进行降雨淹没模拟。根据大雨（50mm）、暴雨（100mm）、大暴雨（200mm）三种降雨级别，分别计算出每个流域的地表雨水径流总量，并与高程进行体积换算，换算出不同的淹没高度。同时，考虑到雨水会形成小区域内涝的特性，还需要对结果进行聚合、消融和滤波等处理[图10-17]。

图 10-17 > 雨洪淹没范围模拟图

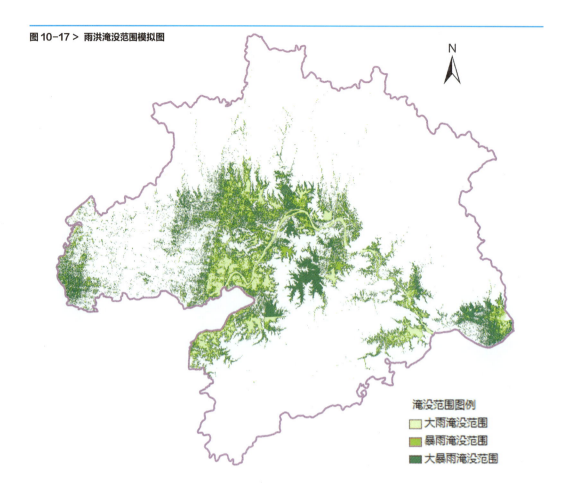

图 10-18 > 水环境生态系统保护范围图

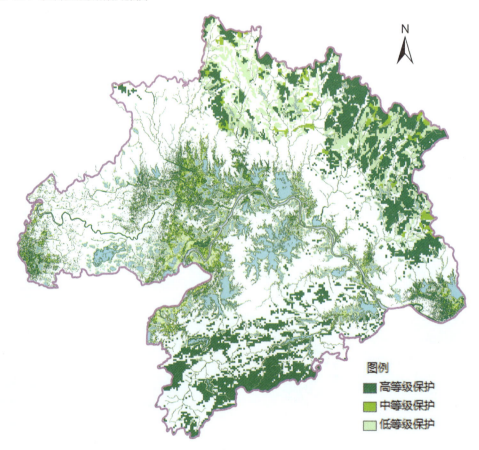

图 10-19 > 岩溶塌陷、滑坡崩塌风险分布图

图 10-20 > 石漠化风险分布图

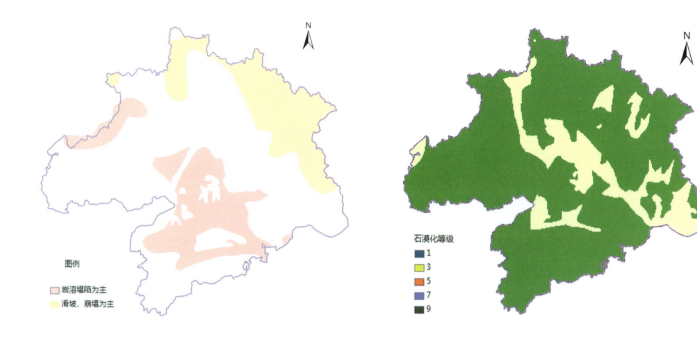

图 10-21 > 土壤侵蚀风险图

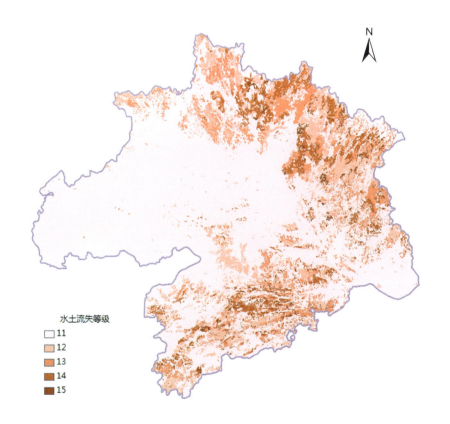

4. 小结

将上述三个子系统的分析结果进行叠合，形成水环境生态系统保护范围图。结果显示，三级保护区面积占比分别为：低等级保护 8.2%、中等级保护 1.4%、高等级保护 17.2%，其中高等级保护区主要位于大别山和幕阜山地区［图 10-18］。

10.3.3 土壤与地质保护生态系统

参考国内外相关研究，结合武汉城市圈实际情况，本研究提出自然灾害和土壤侵蚀两个子系统。

1. 自然灾害防护系统

根据地质数据，武汉城市圈土壤与地质生态方面的风险主要为：岩溶塌陷风险、滑坡崩塌风险、石漠化风险［图 10-19、图 10-20］。根据中国生态系统评估与生态安全数据库统计，武汉城市圈约有 1/4 的地区存在不同程度的地质灾害风险。

2. 土壤侵蚀防护系统

采用环保领域常用的中国土壤流失方程（CELE 模型），模拟预测可能发生水土流失风

图 10-22 > 土壤与地质保护生态系统保护图

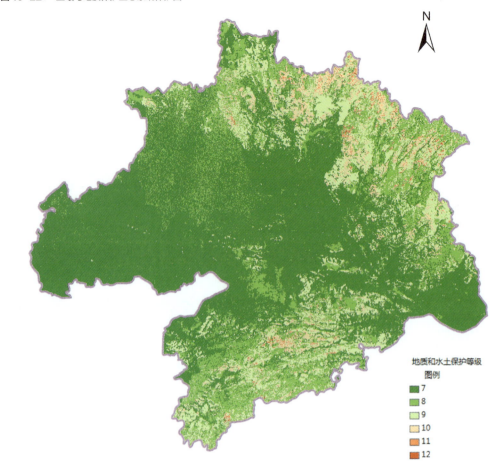

图 10-23 > 生态多样性斑块分布图——"源"

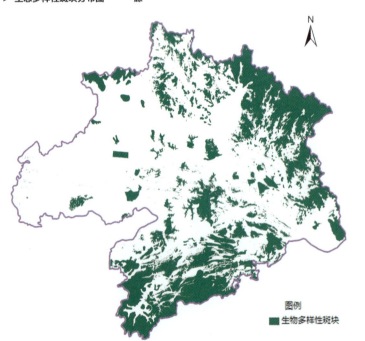

险的地区。结果显示，城市圈的土壤流失风险主要分布在大别山、幕阜山地区［图10-21］。

3. 小结

将自然灾害和土壤流失两个子系统的分析结果叠合，形成土壤与地质保护生态系统保护图［图10-22］。从结果上看，东北部大别山地区和南部幕阜山地区水土流失风险相对较大，江汉平原地区风险相对较小。各类等级地区占城市圈总面积的比例从低至高分别为：50%、29%、16%、4%、0.48%、0.08%。

10.3.4 > 生物多样性与生态资源保护系统

参考国内外相关研究成果，生物多样性与生态资源保护系统一般包括两个子系统，即生物多样性保护系统和生物迁徙适宜性系统。本研究首先识别现状生态资源丰富的"斑块"，即开展生态多样性分布分析；然后，识别和构建串联上述地区的潜在"廊道"，即开展生物迁徙廊道分析；最后，通过 GIS 的最小阻力模

图10-24 > 生物迁徙适宜性分析——"阻力面"

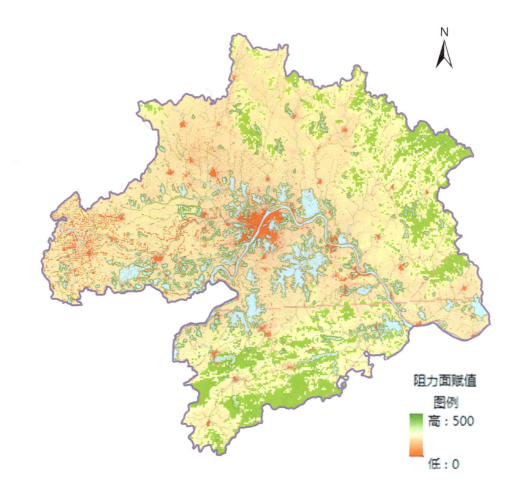

图10-25 > 生物及自然环境保护图

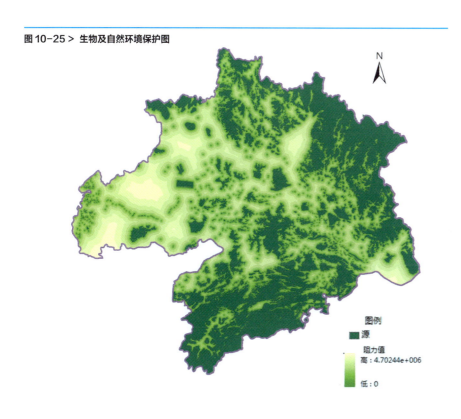

型（分别设置相应的"源"和"阻力面"），即可实现判别。

1. 生物多样性保护系统——"源"

生态资源丰富的"斑块"，同时也是最小阻力模型中的"源"，其主要包含下列四类生物多样性丰富的地区：生境良好的斑块、各类生态功能区、重要山体、重要水体。结果显示，"源"占城市圈面积的29.58%［图10-23］。

2. 生物迁徙适宜性分析——"阻力面"

阻力面上不同阻力值的设置，反映了生物在地表迁徙的难度。其赋值从三个方面考虑：水体阻力最小，赋值1；建成区阻力最大，赋值500；其余地区的阻力按植被生产力进行换算，赋值在1~250之间。结果显示，人类活动较多的江汉平原和城镇周边的阻力值较大［图10-24］。

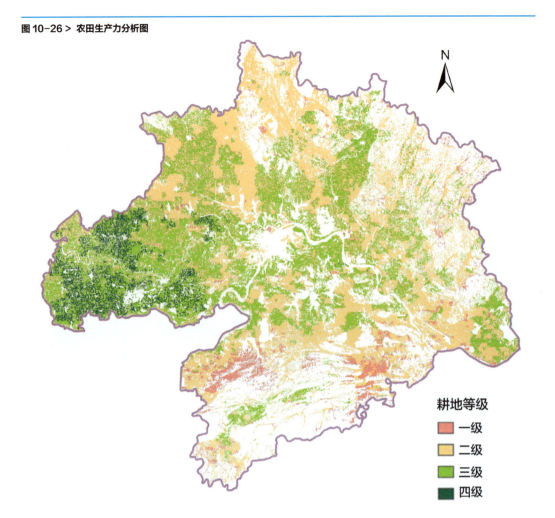

图10-26 > 农田生产力分析图

耕地等级
- 一级
- 二级
- 三级
- 四级

3. 小结

将上述的"源"和"阻力面"进行叠加计算，结果显示，需要保护的地区主要位于重要的生态功能区以及功能区之间的廊道（如水系等）[图10-25]。

10.3.5 > 农业生产保护系统

武汉城市圈耕地资源丰富，农业生产系统是需要重点关注的领域。农田生产力是判断农田保护与发展的重要指标，本研究在《全国耕地地力调查与质量评价技术规程》的基础上，以水稻生长条件为标准，通过德尔菲法，选取影响力最大的气候、立地及管理、水源等三大指标和十项子指标。通过归一化计算，并与地表覆盖数据中的农田数据进行叠合，形成农田生产力评价图。结果显示，江汉平原农田生产力较强，而东北部和南部山区农田生产力相对较弱。评定的四级耕地面积的占比分别是：一级10%，二级33%，三级51%，四级6%（生产力最高）[图10-26]。

10.3.6 > 综合评价分析

将水环境保护、地质及土壤保护、生物及自然环境保护、农业生产四大系统的结果进行叠加，随后进行进一步的优化和聚合计算，评价出低、中、高三级生态敏感区[表10-4]。从三级敏感区的面积上看，高生态敏感区面积最大，占区域总面积的49%左右，中、低生态敏感区分别占区域总面积的29%和22%。

从空间类型上看，高敏感度分区主要包括下列地区：重要的水源涵养区（三级）、地表水的保护区、大雨淹没范围、地质、土壤侵蚀严重地区（12侵蚀等级）、生态保护区、风景区、重要的山水和四级耕地。从空间分布上看，高敏感度分区主要位于水体及其周边、东北部和南部山区、江汉平原一带。中、低生态敏感区包含的类型较多，广泛分布于除东北部和南部山区之外的范围内[图10-27]。

表 10-4 > 生态敏感性赋值一览表

大类因素	因子	原始值	重赋值
水环境保护系统	水源涵养因子	水源涵养三级区	99
		水源涵养二级区	4
		水源涵养一级区	1
	地表水保护因子	保护区范围	99
		协调区范围	4
	雨洪防护因子	大雨淹没范围	99
		暴雨淹没范围	4
		大暴雨淹没范围	1
地质及土壤保护系统	地质及土壤保护因子	12级	99
		11级	4
		10级	3
		9级	2
		8级	1
		7级	1
生物及自然环境保护系统	生物多样性保护因子——"源"	"源"所包含的范围	99
	生物迁徙适应性因子——"阻力值"	0~10000	4
		10000~25000	3
		25000~43000	2
		43000~65000	1
		65000~max	0
农业生产系统	农业生产力因子	四级耕地	99
		三级耕地	4
		二级耕地	2
		一级耕地	1

图 10-27 > 武汉城市圈区域生态安全格局图

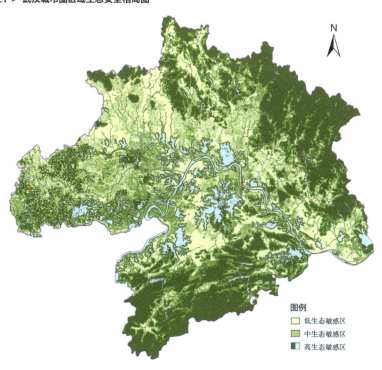

图例
- 低生态敏感区
- 中生态敏感区
- 高生态敏感区

10.4 > 生态资源环境指标体系构建

10.4.1 > 指标体系整体框架

指标体系构建的主要原则有：兼顾科学性与实用性；兼顾完备性与简明性；兼顾整体性与层次性；兼顾动态性与稳定性；突出可测性与可比性；一致性原则。

根据相关研究成果，结合城市圈的生态发展目标，确定本次武汉城市圈生态资源环境发展水平评价指标体系结构为"目标—评价专题—指标库"。综合相关规划的要求，本研究以建设全国"两型"社会建设的生态示范区为指引，具体目标为：对武汉城市圈"两型"社会建设中的生态资源、生态环境的发展水平进行评价。本研究的子专题确定为：生态基底、水生态特色、城乡建设生态胁迫、人文生态。指标库将按照四个子专题广泛搜集对应的指标，构建潜在指标库，经遴选后确定最终指标库［表 10-5］。

10.4.2 > 潜在指标库构建

1. 生态基底

生态环境评价的共性指标主要有植被覆盖指数、林地占比、草地占比、水域湿地占比、耕地占比、城镇开发密度等；根据地理国情普查数据和两型社会建设要求，可确定的指标有人均耕地面积、生物丰度指数、森林覆盖率、地质灾害隐患区面积占比等。

2. 水生态特色

生态环境评价的共性指标主要有水网密度指数和水质达标率，其中前者是武汉城市圈的特色指标。

3. 城乡建设生态胁迫

生态环境评价的共性指标主要有城市空气质量达标率、城镇污水处理率、生活垃圾处理率，两型社会建设要求的特色指标是生活垃圾无害化处理率。

4. 人文生态

两型社会建设要求和生态环境评价的共性指标主要有人文保护区面积占比、高新技术园

表 10-5 > 相关规划中的生态建设目标

上位规划	目标体系	
	总目标	子目标
《武汉城市圈资源节约型和环境友好型社会建设综合配套改革试验总体方案》	全国"两型"社会建设的典型示范区	全国宜居的生态城市圈，重要的先进制造业基地、高新技术产业基地、优质农产品生产加工基地、现代服务业中心和综合交通运输枢纽
《武汉城市圈"两型"社会建设空间规划纲要》	中部地区经济发达、社会和谐、生态优美、城乡融合、文明开放的核心区域	我国重要的新型工业基地和科教创新基地、中部地区的现代服务业中心和特色农业区
《武汉城市圈"两型"社会建设综合配套改革试验生态环境规划》	生态城市群	人水和谐、绿色宜居、持续发展、生态文明
《湖北生态省建设规划纲要（2014-2030年）》	美丽中国省级示范区	空间布局合理、经济生态高效、城乡环境宜居、资源节约利用、绿色生活普及、生态制度健全

表 10-6 > 武汉城市圈生态资源环境评价指标表

总目标	子专题		指标项
生态资源环境发展水平评价	生态基底（A1）	1	耕地压力指数 B11
		2	生物丰度指数 B12
		3	森林覆盖率 B13
		4	植被覆盖指数 B14
		5	25% 以上坡度地区占比 B15
		6	建设用地面积占比 B16
		7	地质灾害隐患区面积占比 B17
	水生态特色（A2）	8	水网密度指数 B21
		9	断面水质达标率 B22
	城乡建设生态胁迫（A3）	10	城市空气质量优良率 B31
		11	城镇污水处理率 B32
		12	生活垃圾无害化处理率 B33
		13	单位 GDP 能耗 B34
		14	环保投资占 GDP 比重 B35
	人文生态（A4）	15	人文保护区面积占比 B41
		16	高新技术园区面积占比 B42
		17	生态功能区面积占比 B43

区面积占比、生态功能区面积占比。

10.4.3 > 指标遴选

通过项目组初选、专家精选两步，最终指标库见表10-6。

10.4.4 > 评价指标体系

1. 构造成对比较矩阵

根据权重判断矩阵构建公式，分别构建各专题的判断矩阵 [表10-7]。

（1）生态基底专题矩阵 [表10-8]
（2）水生态特色专题矩阵

由于水生态特色专题仅两项指标，故无须构建判断矩阵，直接用专家打分法赋予权重。

（3）城乡建设生态胁迫专题矩阵 [表10-9]
（4）人文生态专题矩阵 [表10-10]

2. 指标体系

通过矩阵计算、随机一致性检验指标，最终得出指标权重计算结果如表10-11所示。

表 10-7 > 子专题矩阵

	生态基底 A1	水生态特色 A2	城乡建设生态胁迫 A3	人文生态 A4
生态基底 A1	1	3/1	2/1	5/1
水生态特色 A2	1/3	1	1/2	1
城乡建设生态胁迫 A3	1/2	2	1	3
人文生态 A4	1/5	1	1/3	1

表 10-8 > 生态基底专题矩阵

	耕地压力指数 B11	生物丰度指数 B12	森林覆盖率 B13	植被覆盖指数 B14	25% 以上坡度地区面积占比 B15	建设用地面积占比 B16	地质灾害隐患区面积占比 B17
耕地压力指数 B11	1	2/3	1/5	1/3	1/5	2	1
生物丰度指数 B12	3/2	1	1/3	1/3	1/4	3	1
森林覆盖率 B13	5	3	1	2	3	3	1
植被覆盖指数 B14	3	3	1/2	1	3	3	1
25% 以上坡度地区面积占比 B15	5	4	1/2	1/3	1	5	1
建设用地面积占比 B16	1/2	1/3	1/4	1/3	1/5	1	1
地质灾害隐患区面积占比 B17	1	1/3	1/5	1/5	1/4	1	1

表 10-9 > 城乡建设生态胁迫专题矩阵

	城市空气质量优良率 B13	城镇污水处理率 B32	生活垃圾无害化处理率 B33	单位 GDP 能耗 B34	环保投资占 GDP 比重 B35
城市空气质量优良率 B31	1	3	5	1	3
城镇污水处理率 B32	1/3	1	2	1/2	1
生活垃圾无害化处理率 B33	1/5	1/2	1	1/3	1/5
单位 GDP 能耗 B34	1	2	3	1	1
环保投资占 GDP 比重 B35	1/3	1	5	1	1

表 10-10 > 人文生态专题矩阵

	人文保护区面积占比 B41	高新技术园区面积占比 B42	生态功能区面积占比 B43
人文保护区面积占比 B41	1	2	1/6
高新技术园区面积占比 B42	1/2	1	1/7
生态功能区面积占比 B43	6	7	1

表 10-11 > 武汉城市圈生态资源环境评价指标权重表

子专题	指标项		指标性质	权重	
				指标项分权重	子专题权重
生态基底	1	耕地压力指数	负向	0.0971	
	2	生物丰度指数	正向	0.3077	
	3	森林覆盖率	正向	0.2311	
	4	植被覆盖指数	正向	0.2036	0.48
	5	25% 以上坡度地区面积占比	负向	0.0628	
	6	建设用地面积占比	负向	0.0495	
	7	地质灾害隐患区面积占比	负向	0.0482	
水生态特色	8	水网密度指数	正向	0.600	0.15
	9	断面水质达标率	正向	0.400	
城乡建设生态胁迫	10	城市空气质量优良率	正向	0.3660	
	11	城镇污水处理率	正向	0.1372	
	12	生活垃圾无害化处理率	正向	0.0628	0.26
	13	单位 GDP 能耗	负向	0.2446	
	14	环保投资占 GDP 比重	正向	0.1893	
人文生态	15	人文保护地区面积占比	正向	0.1512	
	16	高新技术园区面积占比	正向	0.0905	0.11
	17	生态功能区面积占比	正向	0.7582	

图 10-28 > 分县（市、区）耕地压力指数评价图

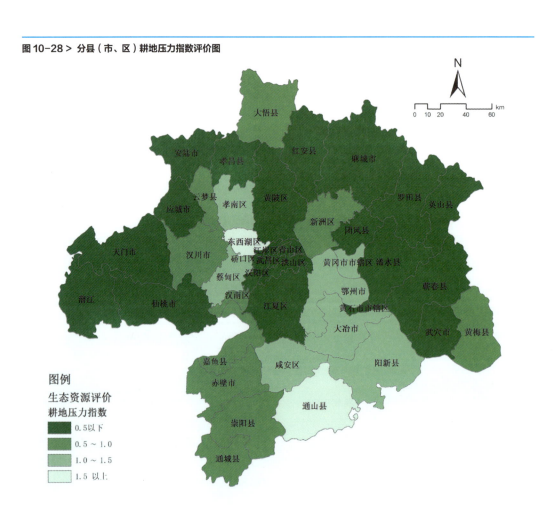

表 10-12 > 耕地压力指数评价结果分级表

等级	状态	分布区间	县（市、区）总数	县（市、区）	状况描述
第一等级	优	0~0.5	16	麻城市、应城市、江夏区、蕲春县、安陆市、仙桃市、英山县、浠水县、武穴市、团风县、天门市、黄陂区、红安县、潜江市、孝昌县、罗田县	耕地资源丰富
第二等级	良	0.5~1.0	11	汉南区、大悟县、汉川市、云梦县、嘉鱼县、黄梅县、新洲区、赤壁市、通城县、崇阳县	耕地资源较丰富
第三等级	中	1.0~1.5	8	鄂州市、阳新县、蔡甸区、黄冈市市辖区、孝南区、咸安区、大冶市	耕地资源一般
第四等级	差	1.5 以上	2	通山县、东西湖区	耕地资源较紧缺

表 10-13 > 生物丰度指数评价结果分级表

等级	状态	分布区间	县（市、区）总数	县（市、区）	状况描述
第一等级	优	83.21~100	10	英山县、崇阳县、赤壁市、通山县、罗田县、咸安县、阳新县、麻城市、蕲春县、通城县	生物种类丰富
第二等级	良	65.98~83.21	11	团风县、嘉鱼县、大冶市、红安县、江夏区、鄂州市、黄陂区、东西湖区、洪山区、孝昌县、武昌区	生物种类较丰富
第三等级	中	57.58~65.98	11	黄梅县、武穴市、黄冈市市辖区、大悟县、安陆市、汉南区、浠水县、新洲区、青山区、仙桃市、汉川市	生物种类贫乏
第四等级	差	23.22~57.58	11	江岸区、孝南区、潜江市、应城市、蔡甸区、天门市、黄石市市辖区、汉阳区、云梦县、硚口区、江汉区	生物种类较贫乏

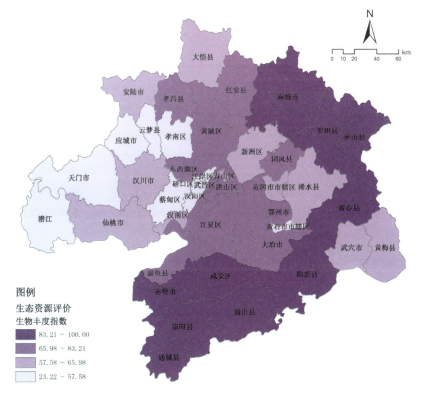

图 10-29 > 分县（市、区）生物丰度指数评价图

10.5 > 生态资源环境水平评价

10.5.1 > 生态基底

1. 耕地压力指数

城市圈整体评价：武汉城市圈耕地压力指数为 0.73，低于长株潭城市群的 0.93 和全国的 1.07。

分县（市、区）评价：武汉城市圈不包括中心城区的 35 个评价单元中，耕地压力指数最小的是麻城市的 0.36，最大的是武汉市东西湖区的 6.12［图 10-28］［表 10-12］。

2. 生物丰度指数

城市圈整体评价：武汉城市圈生物丰度指数为 98，低于长株潭城市群的 116.6，高于全国的 91.6（备注：武汉城市圈生物丰度指数比较参考全国归一化值 511.2642）。

分县（市、区）评价：43 个评价单元中，生物丰度指数最高值为英山县的 100，最低的是武汉市江汉区的 23.2，平均值为 74.7［图 10-29］［表 10-13］。

3. 森林覆盖率

城市圈整体评价：武汉城市圈森林覆盖率为33.5%，低于长株潭城市群的51.4%，高于全国的21.63%。

分县（市、区）评价：城市圈43个县（市、区）中，森林覆盖率最高的是英山县的69.2%，最低的是云梦县的5.6%，平均值为31.8%［图10-30］［表10-14］。

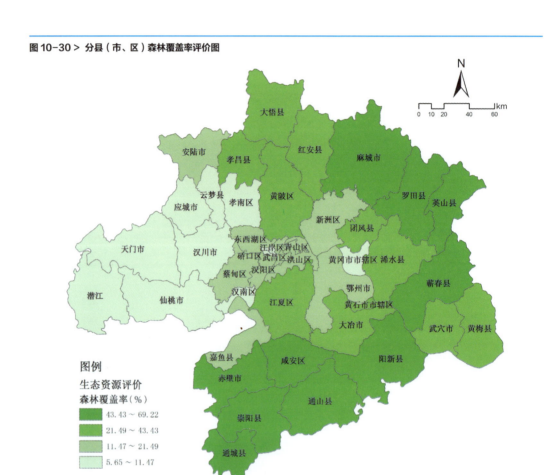

图10-30 > 分县（市、区）森林覆盖率评价图

表10-14 > 森林覆盖率评价结果分级表

等级	状态	分布区间（%）	县（市、区）总数	县（市、区）	状况描述
第一等级	优	43.43~69.22	10	英山县、罗田县、崇阳县、通山县、赤壁市、咸安区、麻城市、通城县、蕲春县、阳新县	森林资源丰富
第二等级	良	21.49~43.43	11	团风县、红安县、大冶市、大悟县、武穴市、孝昌县、黄陂区、黄石市市辖区、江夏区、黄梅县、浠水县	森林资源较丰富
第三等级	中	11.47~21.49	11	安陆市、嘉鱼县、洪山区、武昌区、鄂州市、江岸区、青山区、汉阳区、东西湖区、蔡甸区、新洲区	森林资源一般
第四等级	差	5.65~11.47	11	黄冈市市辖区、潜江市、汉川市、应城市、江汉区、硚口区、汉南区、孝南区、天门市、仙桃市、云梦县	森林资源较匮乏

4. 植被覆盖指数

城市圈整体评价：武汉城市圈植被覆盖指数为 76，低于长株潭城市群的 87.9 和全国的 78.9。

分县（市、区）评价：城市圈 43 个县（市、区）中，植被覆盖指数最高值为通山县的 100.0，最低值是武汉市硚口区的 23.3，平均值为 69.9 [图 10-31] [表 10-15]。

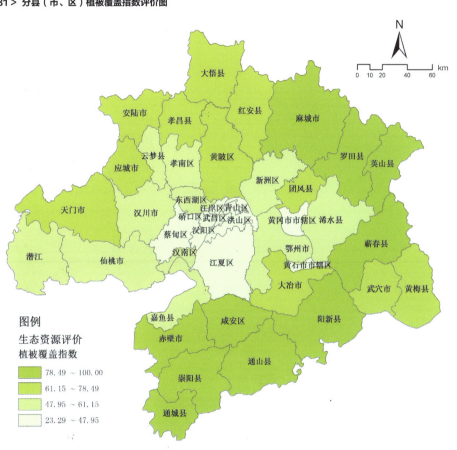

图 10-31 > 分县（市、区）植被覆盖指数评价图

表 10-15 > 植被覆盖指数评价结果分级表

等级	状态	分布区间	县（市、区）总数	县（市、区）	状况描述
第一等级	优	78.49~100.00	10	通山县、崇阳县、英山县、赤壁市、通城县、蕲春县、麻城市、阳新县、罗田县、咸安区	植被覆盖好
第二等级	良	61.15~78.49	11	团风县、红安县、大冶市、安陆市、孝昌县、黄陂区、武穴市、黄梅县、大悟县、天门市、应城市	植被覆盖较好
第三等级	中	47.95~61.15	11	云梦县、汉川市、潜江市、浠水县、嘉鱼县、孝南区、仙桃市、东西湖区、汉南区、鄂州市、新洲区	植被覆盖一般
第四等级	差	23.29~47.95	11	黄冈市市辖区、黄石市市辖区、洪山区、蔡甸区、江夏区、江岸区、青山区、汉阳区、武昌区、江汉区、硚口区	植被覆盖较差

5. 25°以上坡度地区面积占比

城市圈43个县（市、区）中，25°以上坡度地区面积占比最低的为云梦县的0.01%，最高的为通山县的23.37%，平均值为7.1%[图10-32][表10-16]。

6. 建设用地面积占比

城市圈整体评价：武汉城市圈建设用地面积占比为4.14%，低于长株潭城市群的4.46%，高于全国的3.27%。

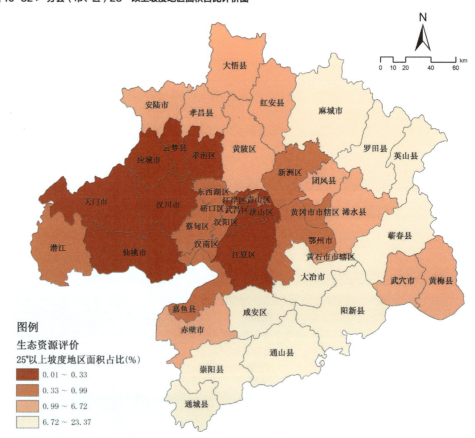

图10-32 > 分县（市、区）25°以上坡度地区面积占比评价图

表10-16 > 25°以上坡度地区面积占比评价结果分级表

等级	状态	分布区间（%）	县（市、区）总数	县（市、区）	状况描述
第一等级	优	0.01~0.33	10	云梦县、应城市、仙桃市、江夏区、硚口区、汉川市、天门市、孝南区、武昌区、洪山区	土壤侵蚀风险低
第二等级	良	0.33~0.99	11	江岸区、东西湖区、汉阳区、江汉区、黄冈市市辖区、青山区、嘉鱼县、新洲区、潜江市、汉南区、蔡甸区	土壤侵蚀风险较低
第三等级	中	0.99~6.72	11	鄂州市、安陆市、黄陂区、浠水县、红安县、武穴市、孝昌县、团风县、黄梅县、赤壁市、黄石市市辖区	土壤侵蚀风险一般
第四等级	差	6.72~23.37	11	大悟县、咸安区、大冶市、蕲春县、麻城市、通城县、阳新县、罗田县、英山县、崇阳县、通山县	土壤侵蚀风险较大

分县（市、区）评价：城市圈43个县（市、区）中，城乡居民点用地占比最高值为武汉市江汉区的48.63%，最低值为咸宁市通山县的2.14%，平均值为4.14%［图10-33］［表10-17］。

7. 地质灾害隐患区面积占比

计算公式为：地质灾害隐患区面积占比＝地质灾害隐患区面积／区域总面积。

式中，地质灾害隐患区面积以第一次全国地理国情普查数据为依据。

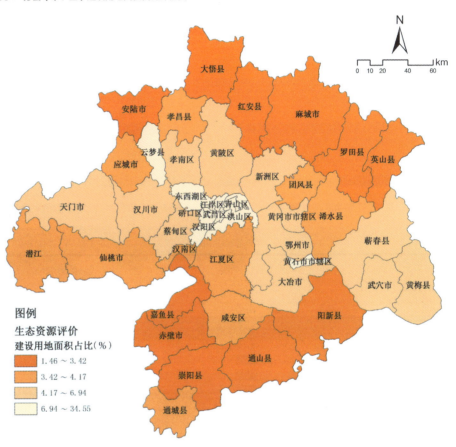

图10-33 > 分县（市、区）建设用地面积占比评价图

表10-17 > 建设用地面积占比评价结果分级表

等级	状态	分布区间（%）	县（市、区）总数	县（市、区）	状况描述
第一等级	优	1.46~3.42	11	通山县、罗田县、崇阳县、英山县、赤壁市、大悟县、嘉鱼县、麻城市、阳新县、红安县、安陆市	建设活动对生态影响小
第二等级	良	3.42~4.17	10	咸安区、仙桃市、孝昌县、通城县、江夏区、应城市、浠水县、汉南区、团风县、潜江市	建设活动对生态影响较小
第三等级	中	4.17~6.94	12	蔡甸区、天门市、黄陂区、汉川市、黄梅县、武穴市、蕲春县、鄂州市、新洲区、黄冈市市辖区、大冶市、孝南区	建设活动对生态影响一般
第四等级	差	6.94~34.55	12	云梦县、东西湖区、洪山区、黄石市市辖区、汉阳区、武昌区、硚口区、青山区、江岸区、江汉区	建设活动对生态影响较大

10.5.2 > 水生态特色

1. 水网密度指数

城市圈整体评价：武汉城市圈水网密度指数为14.7，高于长株潭城市群的10.5，低于全国的16.48（备注：区域水网密度比较参考全国归一化值：河流长度归一化系数为84.3704，水域面积归一化系数为591.7909）。

分县（市、区）评价：城市圈43个县（市、区）中，水网密度指数最高值为武汉市武昌区的67.5，最低的是大悟县的3.1，平均值为15.3[图10-34][表10-18]。

图10-34 > 分县（市、区）水网密度指数评价图

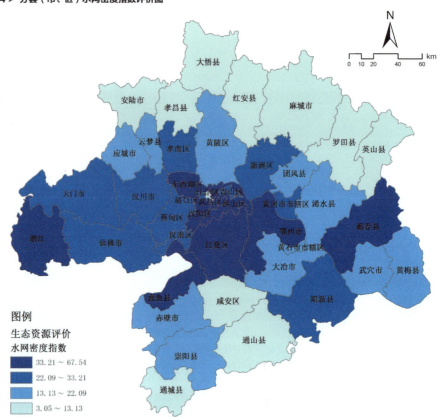

表10-18 > 水网密度指数评价结果分级表

等级	状态	分布区间（%）	县（市、区）总数	县（市、区）	状况描述
第一等级	优	33.21~67.54	10	武昌区、潜江市、江岸区、江夏区、东西湖区、嘉鱼县、洪山区、蕲春县、汉阳区、鄂州市	水资源丰富
第二等级	良	22.09~33.21	12	汉川市、黄冈市市辖区、蔡甸区、青山区、仙桃市、汉南区、孝南区、硚口区、新洲区、天门市、阳新县、黄陂区	水资源较丰富
第三等级	中	13.13~22.09	10	赤壁市、云梦县、黄梅县、浠水县、应城市、黄石市市辖区、团风县、大冶市、武穴市、崇阳县	水资源一般
第四等级	差	3.05~13.13	11	孝昌县、罗田县、通城县、红安县、英山县、咸安区、通山县、麻城市、安陆市、江汉区、大悟县	水资源较匮乏

2. 断面水质达标率

城市圈整体评价：武汉城市圈地表水环境质量达标率为86.50%，低于长株潭城市群的89.5%，高于全国的66.3%（备注：数据来源于中国、湖北、湖南环境质量公报，计入主要河流、湖泊监测数据）。

分县（市、区）评价：城市圈9个市中，地表水环境达标率最高的是黄冈市的94.74%，最低的是仙桃市的28.57%[图10-35][表10-19]。

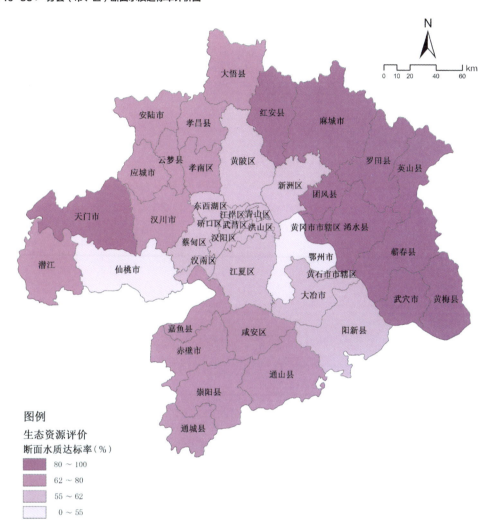

图10-35 > 分县（市、区）断面水质达标率评价图

表10-19 > 断面水质达标率评价结果分级表

等级	状态	分布区间（%）	县（市、区）总数	县（市、区）	状况描述
第一等级	优	80~100	2	咸宁市、天门市	水质好
第二等级	良	62~80	2	黄冈市、潜江市	水质较好
第三等级	中	55~62	3	黄石市、武汉市、鄂州市	水质一般
第四等级	差	0~55	2	孝感市、仙桃市	水质较差

10.5.3 > 城乡建设生态胁迫

1. 城市空气质量优良率

城市圈整体评价：本研究选用2015年1~6月新空气质量评价标准下的数据，经计算得出武汉城市圈空气质量优良率平均值为57.28%，低于长株潭城市群的64.1%和全国的72.7%（全国值选用环保部公布的338个地级及以上城市空气质量监测数据，其数据全部采用新标准）。

分县（市、区）评价：城市圈9个市中，空气质量优良率最高的是孝感市的70.72%，最低的是天门市的47.51%［图10-36］［表10-20］。

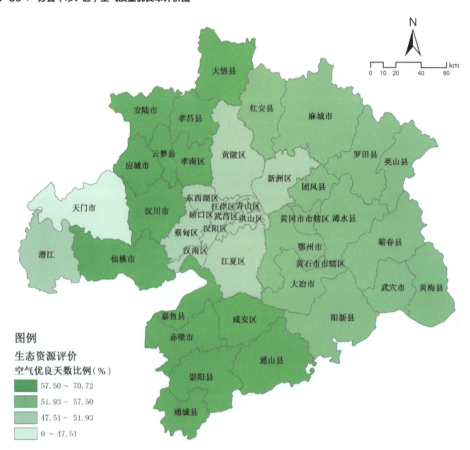

图10-36 > 分县（市、区）空气质量优良率评价图

表10-20 > 城市空气质量优良率评价结果分级表

等级	状态	分布区间（%）	县（市、区）总数	县（市、区）	状况描述
第一等级	优	57.50~70.72	3	仙桃市、孝感市、咸宁市	空气质量好
第二等级	良	51.93~57.50	3	鄂州市、黄石市、黄冈市	空气质量较好
第三等级	中	47.51~51.93	2	潜江市、武汉市	空气质量一般
第四等级	差	0~47.51	1	天门市	空气质量较差

2. 城镇污水处理率

城市圈整体评价：武汉城市圈各城市城镇污水处理率平均值为 86.39%，低于长株潭城市群的 93.1% 和全国平均值的 90.2%。

分县（市、区）评价：城市圈 9 个市中，城镇污水处理率最高的是武汉市的 93%，最低的是仙桃市的 80%［图 10-37］［表 10-21］。

3. 生活垃圾无害化处理率

计算公式为：生活垃圾无害化处理率（A）= 生活垃圾无害化处理量 / 垃圾产生量 ×100%

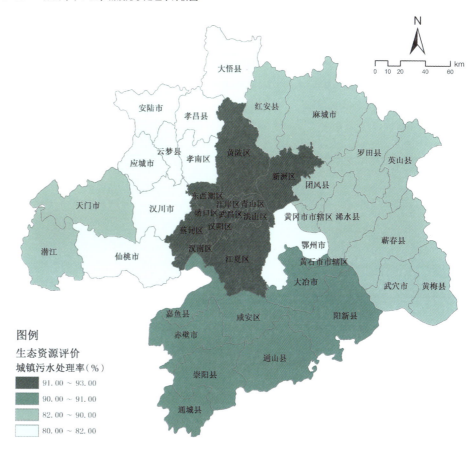

图 10-37 > 分县（市、区）城镇污水处理率评价图

表 10-21 > 城镇污水处理率评价结果分级表

等级	状态	分布区间（%）	县（市、区）总数	县（市、区）	状况描述
第一等级	优	91~93	1	武汉市	城镇污水处理率高
第二等级	良	90~91	2	黄石市、咸宁市	城镇污水处理率较高
第三等级	中	82~90	3	天门市、潜江市、黄冈市	城镇污水处理率中等
第四等级	差	80~82	3	鄂州市、孝感市、仙桃市	城镇污水处理率较低

垃圾产生量用垃圾清运量数据代替；卫生填埋场、焚烧厂、垃圾堆肥厂建设和各项污染物排放浓度满足相关标准的，处理的垃圾量认定为无害化处理量。

4. 单位 GDP 能耗

城市圈整体评价：城市圈整体指标为各城市平均值，经计算得出武汉城市圈单位 GDP 能耗为 0.97t 标准煤/万元，高于长株潭城市群的 0.66t 标准煤/万元和全国平均值 0.7t 标准煤/万元。

分县（市、区）评价：根据指标分析，城市圈 9 个市中，单位 GDP 能耗最高的是黄石市的 1.32t 标准煤/万元，最低的是天门市的 0.72t 标准煤/万元［图 10-38］［表 10-22］。

图 10-38 > 县（市、区）单位 GDP 能耗评价图

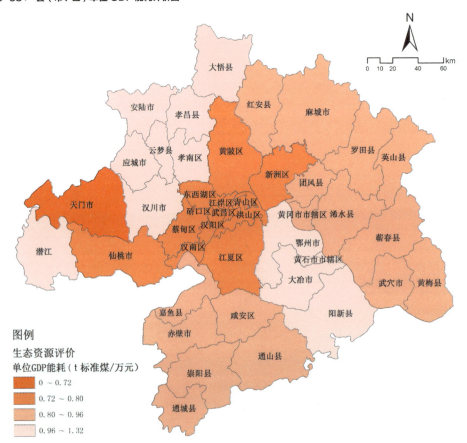

表 10-22 > 单位 GDP 能耗评价结果分级表

等级	状态	分布区间（t 标准煤/万元）	县（市、区）总数	县（市、区）	状况描述
第一等级	好	0~0.72	2	天门市、武汉市	单位 GDP 能耗低
第二等级	较好	0.72~0.80	2	仙桃市、黄冈市	单位 GDP 能耗较低
第三等级	中等	0.80~0.96	1	咸宁市	单位 GDP 能耗一般
第四等级	较差	0.96~1.32	4	孝感市、潜江市、鄂州市、黄石市	单位 GDP 能耗较高

表 10-23 > 武汉城市圈指标评价结果对比表

指标	武汉城市圈	长株潭城市群	全国
耕地压力指数	0.73	0.93	1.07
生物丰度指数	98	116.6	91.6
森林覆盖率	31.8%	51.4%	21.63%
植被覆盖指数	76	87.9	78.9
建设用地面积占比	4.14%	4.46%	3.27%
水网密度指数	14.7	10.5	16.48
断面水质达标率	86.5%	89.5%	66.3%
空气质量优良率	57.28%	64.10%	72.70%
城镇污水处理率	86.39%	93.10%	90.20%
单位 GDP 能耗	0.97	0.66	0.70

5. 环保投资占 GDP 比重

计算公式为：环保投入占 GDP 的比重 = 环保投入资金 / 当年国内生产总值 ×100％。

10.5.4 > 人文生态

1. 人文保护地区面积占比

计算公式为：人文保护地区面积占比（A）= 人文保护地区面积 / 区域总面积。

人文保护地区面积根据地理国情普查数据，计自然、文化保护区、自然、文化遗产、风景名胜区、旅游区、森林公园、地质公园、湿地公园面积。

2. 高新技术园区面积占比

计算公式为：高新技术园区面积占比（A）= 高新技术园区面积 / 城镇建设用地面积。

高新技术园区面积根据政府相关部门确定的范围计算。

3. 生态功能区面积占比

计算公式为：生态功能区面积占比（A）= 生态功能区面积 / 区域总面积。

生态功能区指在生态现状调查、生态敏感性与生态服务功能评价的基础上，分析其空间分布规律，确定不同区域的主导生态功能，制定的生态功能区划。主要包括生态调节功能区、产品提供功能区与人居保障功能区等。

10.5.5 > 小结

武汉城市圈的耕地资源、生物丰度、森林资源和水资源具有比较优势，但是在空气污染防治、水环境保护等降低城乡建设生态胁迫方面的生态环境建设需加强［表 10-23］。

10.6 > 策略及建议

10.6.1 > 生态资源发展

1. 强化林地林木保护与管理工作，确保森林资源安全

根据综合分析，武汉城市圈植被覆盖指数较高的地区主要集中于圈内的西北、东北、东南地区，作为重要的生态屏障，这些地区在水土涵养、资源保护、气候调节和区域生态稳定性方面具有不可替代的作用。为实现人口、经济、资源环境的空间均衡布局，首先应从保护现有原生态系统着手，并且在城市周边建设生态屏障，在城市内部调整生态结构，加强生态安全预测。

2. 紧抓耕地保护与利用工作，确保耕地资源安全

实行最严格的耕地保护制度和节约用地制度。严格执行土地利用总体规划和年度计划，落实耕地和基本农田保护目标。统筹建设占用和补充耕地规模，加大土地整理复垦力度，严格实行耕地占补平衡制度。积极探索耕地保护严、建设占地少、用地效率高的科学发展道路。创新土地管理方式，建设国家节约集约用地试点示范区。加大闲置土地处置力度，盘活存量建设用地。

3. 保护水生态结构与功能，恢复水生态系统

武汉城市圈水体资源优势明显，但部分河湖生态系统及其周边地区长期受人为活动干扰，原有生态结构与功能遭到破坏，对城市发展的生态支撑与服务能力遭到削弱。当前全社会对河流湖泊的保护意识已达到了较高的水平，下一步工作的重点是形成完善的湿地系统，确保湿地景观组分类型和结构的完整性。可针对一些重点湿地开展次区域专项规划研究，如环梁子湖地区，力争将这些地区建设成为具有合理水陆生态结构的综合性生态节点，进一步强化武汉城市圈生态格局建设的骨架。

10.6.2 > 各城市生态空间区域协调发展

1. 生态空间区域协调的主要问题

各城市空间管制分区相似，但标准不一，急需协调。各县市空间管控分区总体来说可分为已建区、适建区、限建区和禁建区；但各地分区划分标准不一，例如，基本农田和同一山脉的林地资源，在不同县市属于不同管控区。由此导致管理标准不一致，不利于区域性生态资源保护。此外，基于生态安全格局的整体结构性生态要素管控不足。各县市空间管控要素整体来说包括：山体、水体、山水本体缓冲区、耕地、生态廊道、自然保护区、风景名胜区核心区、森林公园核心区、文化遗址区，以资源要素斑块保护为主，对基于生态安全格局的廊道型生态要素管控不够。

各城市发展轴线需协调。长江城镇发展轴与长江生态保护需要协调。从生态角度考虑，长江沿线也是地表水系保护、雨洪防护、生物迁徙等的重要区域，长江沿线城镇在考虑发展的同时，也需要对上述生态问题进行考虑。城市圈发展轴与生态保护冲突较小。总体上看，三条城市圈发展轴线并未对重要的生态资源进行侵占，仅需要在具体发展中避让各类生态要素。部分市级发展轴线与生态保护冲突较为明显。咸宁、天门、潜江等地的部分市级轴线过于散乱，并对重要生态资源形成明显的分隔，需要进行统一调整和优化。

武汉市全域生态框架需要与周边地区进行协调。从整体格局来看，武汉市提出的六大绿楔与本次研究的生态安全格局基本吻合，实施条件较好。但同时可将生态框架向西与江汉平原、西北与孝感地区的部分生态廊道进行整合、延伸。从武汉与鄂州的生态空间管控的拼合图来看，目前"摊大饼"现象较为严重，城市发展挤占了区域生态廊道，造成了梁子湖、长江、涨渡湖之间的生态阻隔，需要协调相关规划。

2. 武汉城市圈各城市生态空间协调发展建议

建立统一的分区管制评价标准，以区域生态格局的基本特征为基础，对区域生态空间实行分区管理和控制。突破城市圈内行政区划限制，遵循"统一标准、统一监管、统一规划、统一行动"的基本原则，按照"严格保护生态区域，有效控制重点建设区域，积极引导一般地区"的管制思路，将城市圈内用地具体划分为重点开发区域、引导开发区域、限制开发区域和禁止开发区域等不同类型的空间分区，并实施有针对性的政策引导和综合管制，保证武汉城市圈生态和基础设施建设的完整性，保证区域空间布局和发展目标得以实现。摒弃粗放式的资源牺牲型发展，讲求环境效益与经济社会效益双赢的可持续发展模式，以满足区域的健康、快速发展。

协调城市建设用地与关键性生态要素，构建全域网络化的生态保护框架。在把握城市格局演化的宏观可能性的基础上，从不同生态要素的功能结构的整合入手，构建一个对各类城市生态影响具有隔离、缓冲、阻断和减小的空间架构，并通过必要的保护、恢复和建设性投入，使之成为城市生态骨架和区域生态安全的保障平台。保护大别山、幕阜山和鄂东平原天然湿地群等重要生态屏障区域，尽快建立一批个体规模较大，自我维护能力较强的核心生态支撑节点，使之成为人为活动占优势区域的绿心、绿肺。着重推进以森林公园、动植物园为主的郊野公园的建设，保障风景名胜区的范围界线不受侵蚀，生态系统不被破坏。通过水系连通、区域绿道等工程的建设，构建区域绿色和蓝色通道系统，将生态要素进行功能联结从而形成完善的网络结构，在实现区域生态要素一体化整合与连接的同时，合理分割不同的人为活动影响区域（特别是城市的主要轴向扩展方向）。优化城市及农业地区的景观多样性和复杂性，以显著提升各类屏护性生态系统的生态服务功能。

3. 相关政策建议

加强法制体系和政策体系的建设，营造良好的政策法制环境。严格贯彻执行《环境保护法》、《土地管理法》、《森林法》、《水法》、《野生动物保护法》、《水土保持法》、《草原法》、《节约能源法》等相关法律法规，并结合武汉城市圈实际情况，制定相应的地方法规和条例，建立生态环境建设的法制体系，使武汉城市圈生态环境建设纳入法制化轨道。在加强健全立法的同时，要做到严格执法，加大环境保护执法与宣传的力度，提高全民的法制观念。

基于时空大数据的武汉发展研究：
透视、评价与策略
Research on Wuhan Development Based on Spatial Temporal Date：
PERSPECTIVE，EVALUATION AND STRATEGY

>

第 10 章
Chapter 10

对超出行政界限的各生态区实施政府联盟共管或省直管。武汉城市圈内的各项生态建设任务应向着区域协调的目标入手，对大型生态屏障、生态廊道和生态敏感区应实行政府联盟共管或省直管制度，目标、任务、责任落实到具体的政府日程上来。对于跨行政区的自然保护区，相关政府应明确各自的保护范围、职责，共同合理开发利用江河、湖泊岸线资源和林地资源，尤其是龙感湖、梁子湖和大别山以及其他区域性生态区的开发、利用、保护等诸多工作要加强沟通和协作。对长江、汉江沿线要合理分配排污量和排污口，保证水资源水质满足各城市的可持续发展需求。

研发一个具有查询、预测、预警等功能的决策辅助系统。将城市圈生态环境的各种信息数据按空间分布进行储存管理，开发多因子综合分析、模拟试验、预测预报等功能，为生态环境建设和可持续发展提供科学的决策参考。

参考文献 >

［1］ 生态县、生态市、生态省建设指标（修订稿）（环发［2007］195 号）［S］.2007-12-26.
［2］ 环境保护部.生态环境状况评价技术规范（HJ192—2015）［S］.2015-03-13.
［3］ 仇保兴.兼顾理想与现实——中国低碳生态城市指标体系构建与实践示范初探［M］.北京：中国建筑工业出版社，2013.
［4］ 俞孔坚，王思思，李迪华.区域生态安全格局：北京案例［M］.北京：中国建筑工业出版社，2012.
［5］ 葛继稳，王虚谷.湖北自然保护区［M］.武汉：湖北科学技术出版社，2014.
［6］ 曾群.武汉城市圈生态环境与经济协调发展研究［M］.武汉：华中师范大学出版社，2012.
［7］ 熊鹰.湖南省生态安全综合评价研究［D］.长沙：湖南大学，2008.
［8］ 杨晓丽.武汉城市圈生态环境保护一体化机制创新研究［D］.武汉：华中师范大学，2009.
［9］ 左伟，王桥.区域生态安全评价指标与标准研究［J］.地理学与国土研究，2002，18(1)：67-71.
［10］ 马正龙.长株潭城市群土地利用/覆盖变化遥感动态监测［D］.长沙：中南大学，2011.
［11］ 王宏志，陈诚，徐建军.湖北省植被覆盖指数时空分布特征研究［J］.国土与自然资源研究，2007（4）：49-50.
［12］ 卞洪利.基于粮食安全的县域耕地压力评价［D］.开封：河南大学，2012.
［13］ 徐筱.武汉城市圈国土资源承载力与生态容量研究［D］.武汉：华中农业大学，2013.
［14］ 彭华.土壤侵蚀临界坡度研究进展［J］.水土保持科技情报，2004（2）：30-32.
［15］ 胡敏红.两型社会建设与评价——以武汉城市圈为例［D］.武汉：武汉理工大学，2011.

11

RESEARCH ON WUHAN
PERSPECTIVE
DEVELOPMENT BASED ON SPATIAL
EVALUATION
TEMPORAL DATE
STRATEGY

第 11 章
武汉城市圈城镇扩展与热岛遥感监测

Chapter 11
Orban expanding and heat island remote sensing monitoring in wahan orban cluster

11.1 > 概述

城市是人类活动最密集、土地利用强度最高的区域。随着社会经济的快速发展，城市人口和人为活动不断增加，造成城市用地的不断扩张。城市扩展不仅可造成环境污染、交通堵塞等问题，下垫面的土地利用类型还会改变可造成热岛效应，引起局部气候改变，从而对农业、水资源、自然环境和公共健康造成影响，给城市规划和管理带来多重挑战。因此，准确监测城市扩张范围、评估城市热岛效应、及时获得城市扩张变化信息，具有重要的科学和管理意义。但是城市面积的提取多使用各种不同来源的资料，而且制图范围多基于单一或某个区域，传统监测手段及其差异严重限制了城市面积的动态监测能力和空间范围。

自 1972 年美国发射陆地资源系列卫星 Landsat 以来，卫星遥感技术开始用于城市制图和热岛等生态环境监测。尽管近年来成像卫星的空间分辨率已经超过米级，但是对应传感器的幅宽和重放周期相对有限，不仅难以满足城市圈的大范围动态监测需求，而且易受有云天气的影响。2011 年发现的 NPP 卫星搭载的 VIIRS 载荷具有 750m 分辨率的夜间灯光数据，对夜间灯光数据极其敏感，可每天监测城市区域。1999 年和 2002 年分别搭载在 Terra 和 Aqua 上的中分辨率成像光谱仪可以 1km 的分辨率每天对城市圈的陆面温度进行监测。因此，结合高空间分辨率的窄幅和中分辨率的宽幅卫星载荷可综合观测城市圈的用地变化和热环境。

11.2 > 夜光遥感分析

11.2.1 > 夜光遥感数据

本研究主要借助夜间灯光遥感数据获取研究区域内城市/城镇扩张的准确情况。与普通遥感数据相比，夜光遥感数据具有不受日光、阴影、植被及其他地物影响的特征，并且可以探测低强度灯光，更加利于进行城市化强度及其时空分异分析的相关研究[1]。项目采用美国发射的 DMSP（Defense Meteorological Satellite Program）卫星搭载的 OLS（Operational Linescan System）传感器传回的夜间灯光影像（DN 值范围 0~63），以及于 2011 年发射升空的美国新一代极轨运行环境卫星系统预备卫星 Suomi-NPP 搭载的可见光红外成像辐射仪（Visible Infrared Imager Radiometer Suite，VIIRS）获取的夜间灯光影像（DN 值范围 0~255）开展研究。

其中，DMSP/OLS 影像选取了 F10、F12、F14、F15、F16、F18 六代卫星探测到的 1992~2013 年间共 22 年的非辐射定标的年平均夜间稳定灯光数据，其下载自美国国家海洋和大气管理局网站（http：//ngdc.noaa.gov/eog/index.html）。选用的非辐射定标的 DMSP/OLS 夜间稳定灯光数据的空间分辨率为 30"（弧秒，在武汉城市圈地区约为 1km）。

NPP/VIIRS 影像则选取了 2014 年 1 月、8 月、12 月以及 2015 年 8 月共四个月的经过辐射校正的白天/夜间波段（Day/Night Band，DNB）的月平均影像，选用的 NPP/VIIRS DNB 灯光数据的星下点空间分辨率为 400m/pix，扫描带边缘空间分辨率为 800m/pix，武汉城市圈地区约为 700m/pix。

11.2.2 > 研究方法与技术流程

研究方法主要包括 DMSP/OLS 影像数据校正[2]，基于校正影像的 DMSP/OLS 以及 NPP/VIIRS 夜光影像建成区提取方法研究，并在此基础上对研究区进行社会经济因子以及相关政策的相关统计与分析。研究的主要技术流

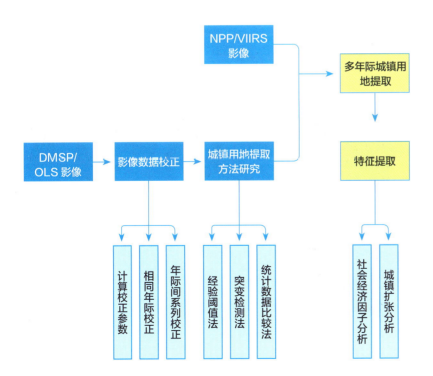

图 11-1 > 研究技术流程图

图 11-2 > DMSP/OLS 影像数据校正后的城镇用地提取结果

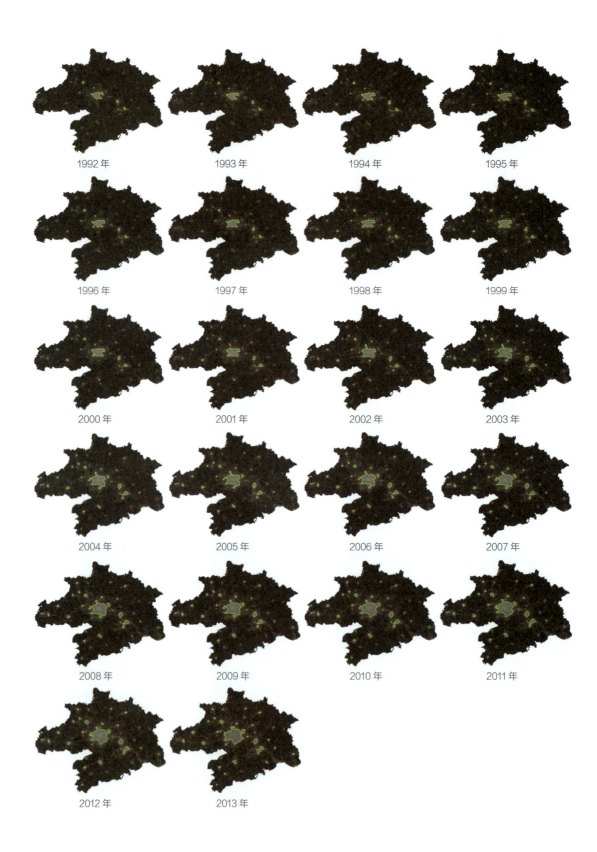

程图如图 11-1 所示。

11.2.3 > 城镇用地提取方法

对夜光影像数据分别采用突变检测法、经验阈值法以及统计数据比较法三种方法对武汉城市圈城镇用地进行提取，选取提取效果最好的方法作为基于灯光数据的武汉城镇用地提取方法，可应用于城镇用地变化监测[3]。三种方法的主要研究思路如下：

（1）突变检测法：研究的主要思路是，夜间灯光图像中，在逐渐增大分割阈值的过程中，代表城市区域的多边形斑块沿着边缘逐渐缩小。当分割阈值达到某一个点时，多边形斑块区域不再沿着边缘缩小，而是从内部破碎，分裂为很多较小的多边形斑块，代表着城市区域的多边形周长会突然增加。这个点即为提取该城市区域的阈值点。

（2）经验阈值法：根据 DMSP/OLS 夜间灯光数据的特点和前人所作的研究，结合实际经验，人为给定一个分割阈值。

（3）统计数据比较法：具体研究思路是，首先设定动态阈值，采用二分法的思路，不断改变此阈值，计算每个动态阈值下城市建成区的面积，同时计算此面积与政府发布统计数据的绝对差值，直至阈值达到某一个点时，其绝对差值小于此阈值前一个灰度值下的绝对差值以及后一个灰度值下的绝对差值。

11.2.4 > 城镇用地提取结果与分析

本研究采用经验阈值法以及统计数据比较法对武汉城市圈城镇用地进行提取，DMSP/OLS 影像采用 52 作为阈值[4]，而 NPP/VIIRS 影像采用 24.72 作为提取阈值。图 11-2 所示为 DMSP/OLS 影像数据校正后的城镇用地提取结果，其中绿色实线内部区域即为提取的建成区。

由于 DMSP/OLS 影像数据分辨率较低，更加适合进行武汉城市圈的大范围的分析研究，武汉城市圈亮像元总数呈现出逐年递增的趋势，可见武汉城市圈的建成区范围在不断扩大。

图 11-3 中对武汉城市圈中 6 个市的建成区亮像元总数进行了比较分析，不难发现各市的建成区面积都呈增长趋势，其中武汉市的建成区面积最大，可见武汉市的发展较其他城市

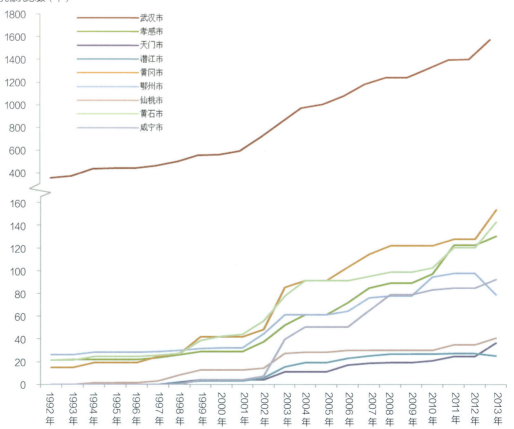

图 11-3 > 武汉城市圈各市建成区亮像元总数随时间变化曲线图

图 11-4 > Landsat 8 卫星 TIRS 与其他系列卫星的比对

Landsat 8 TIRS			Landsat 4/5 TM			Landsat 7 ETM+		
波段号	响应范围（μm）	空间分辨率（m）	波段号	响应范围（μm）	空间分辨率（m）	波段号	响应范围（μm）	空间分辨率（m）
1	10.7~11.3	100	1	10.4~12.4	120	1	10.2~12.3	60
2	11.7~12.5	100						

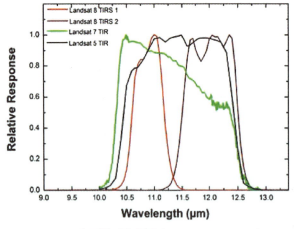

量子阱红外探测器（Quantum Well Infrared Photodetectors, QWIPs）

表 11-1 > VIIRS 通道范围及用途（From NPP Team）

	波段	主要用途	波长（μm）	星下点分辨率（km）
可见光和近红外	M1	海洋水色、气溶胶	0.412	0.742×0.259
	M2	海洋水色、气溶胶	0.445	0.742×0.259
	M3	海洋水色、气溶胶	0.488	0.742×0.259
	M4	海洋水色、气溶胶	0.555	0.742×0.259
	I1	对地成像	0.64	0.371×0.387
	M5	海洋水色、气溶胶	0.672	0.742×0.259
	M6	大气	0.746	0.742×0.776
	I2	植被指数	0.865	0.371×0.387
	M7	海洋水色、气溶胶	0.865	0.742×0.259
中红外	M8	云粒子大小	1.24	0.742×0.776
	M9	卷云、云覆盖	1.378	0.742×0.776
	I3	云图	1.61	0.371×0.387
	M10	雪	1.61	0.742×0.776
	M11	云	2.25	0.742×0.776
	I4	对地成像	3.74	0.371×0.387
	M12	海面温度	3.7	0.742×0.776
	M13	海面温度、火灾	4.05	0.742×0.259
远红外	M14	云顶性质	8.55	0.742×0.776
	M15	海面温度	10.763	0.742×0.776
	I5	云成像	11.45	0.371×0.387
	M16	海面温度	12.013	0.742×0.776

更加迅速，更加巩固了武汉市作为城市圈的龙头老大的地位；另外，研究中还发现黄冈市、黄石市与武汉市的发展趋势较为相近，而仙桃市、潜江市和天门市近几年发展比较缓慢[5]。

11.3 > 城市热岛监测分析

11.3.1 > 热岛分析相关数据

1. Landsat 8 数据

2013年2月11，NASA发射了Landsat 8卫星，携带两个主要载荷：OLI和TIRS。与之前的Landsat系列卫星的传感器相比，Landsat 8卫星在红外通道部分的最大改进是增加了一个红外通道，热红外传感器（Thermal Infrared Sensor, TIRS）的两个红外波段：10波段（10.60~11.19μm）和11波段（11.50~12.51μm），其中10波段位于大气的低吸收区，大气透过率高于11波段，两个通道的空间分辨率为100 m [图11-4]。

2. NPP VIIRS 数据

NPP卫星在2011年10月发射，携带的VIIRS包含22个波段，空间分辨率为375m或者750m，除夜间灯光和成像通道外，16个为用于地气系统辐射定量观测与反演的通道，空间分辨率为750m，简称M通道，在热红外通道波段，M15和M16两个通道与Landsat 8上的TIRS设置类似，但是其空间分辨率较高，具有更好的信噪比和稳定性 [表11-1]。

11.3.2 > 陆面温度遥感反演原理

NPP卫星上的VIIRS的陆面温度反演采用两套算法，首先是基于中心波长10.8μm和12.0μm的两个红外波段[6]，与MODIS的常用分裂窗，其次是加入中心波长为3.75μm和4.0μm的双分裂窗算法。地验证发现VIIRS的传统分裂窗算法比双分裂窗算法具有更高的精度。由于具有较好的信噪比，虽然空间分辨率较粗，但VIIRS的陆面温度结果精度高于Landsat 8数据，精度在1.5 K以内，可用于区域尺度的热岛监测研究。本节以Landsat 8卫星为例，基于双热红外通道的劈窗算法原理如下[7]：

$$T_s = b_0 + (b_1 + b_2 \frac{1-\varepsilon}{\varepsilon} + b_3 \frac{\Delta\varepsilon}{\varepsilon^2})\frac{T_i + T_j}{2} + (b_4 + b_5 \frac{1-\varepsilon}{\varepsilon} + b_6 \frac{\Delta\varepsilon}{\varepsilon^2})\frac{T_i - T_j}{2} + b_7(T_i - T_j)^2$$

公式（11-1）

式中T_s为陆面温度，T_i, T_j不同波段的表观亮温，ε为发射率，b_i为随水汽、地表类型等变化的分裂窗系数。本算法采用的设置方案如下：

（1）大气廓线：两个通道的946条TIGR大气参数（包括透过率、大气上行辐射和大气下行辐射）。

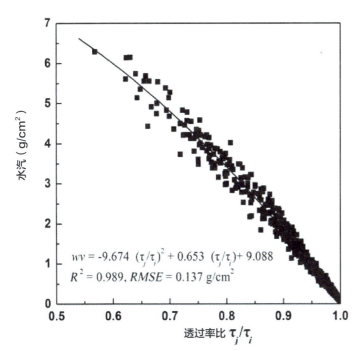

图 11-5 > Landsat 8 热红外通道水汽反演

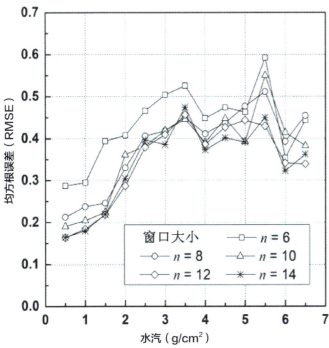

图 11-6 > 像元尺度发射率计算流程

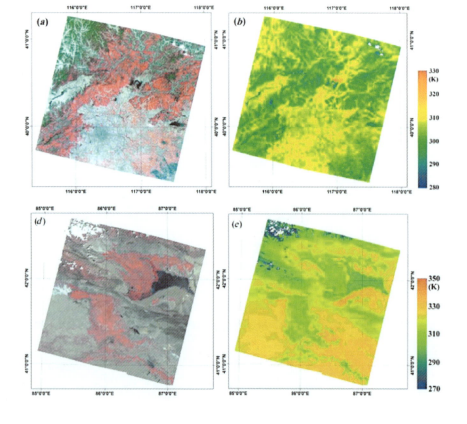

（2）发射率：53种典型地表发射率初值，包括5种水体、8种人造地物、4种植被、5种岩石、30种土壤和1种矿物。

（3）地表温度范围：946条TIGR大气廓线中的最底层气温 T_0 作为近似地表温度，并将其以5℃为步长，从 T_0-10K 到 T_0+20K 设置成7个子集。

总共350966组模拟数据（包括TIRS双通道亮温 T_i 和 T_j，地表温度（LST），和发射率 ε）被用于数值模拟过程中（946条大气廓线 × 53条发射率 × 7个地表温度范围）。

TIRS 传感器设计的噪声 NEΔT 水平（noise-equivalent-change-in-temperature），远高于MODIS（0.05K）和AVHRR（0.1K）同类型通道。在轨传感器等效噪声评价基本思路：对于均匀目标，其观测数据的方差可近。实现劈窗算法，必须已知大气水汽含量和地表像元发射率，本研究基于Landsat 8的自身数据反演大气水汽含量 [图 11-5]。

本研究采用的像元尺度发射率估算方法如图 11-6 所示。

图 11-7 > 典型区域 Landsat 8 陆面温度反演结果图

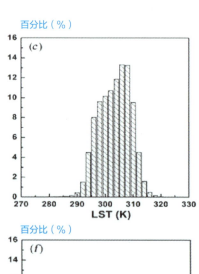

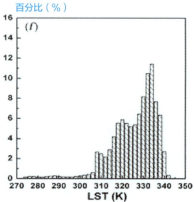

图 11-8 > 典型区域 Landsat 8 陆面温度反演结果地基验证

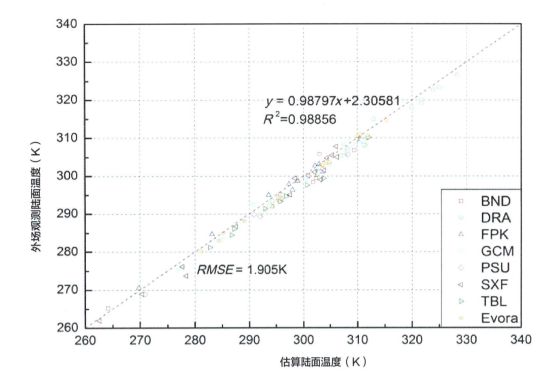

本算法反演的典型陆面温度如图 11-7 所示。

本研究采用的陆面温度反演算法验证结果如下，与地基观测的相关系数达到 0.98856，误差在 1~2K 之内，可较好地用于热岛分布的定量监测 [图 11-8]。

11.3.3 > 城市热岛监测技术流程

随着城市化建设进程的不断加快，当前的城市环境问题也日益严重，热岛效应就是其中之一。热岛效应的出现加强了城市夏季高温的酷热程度，同时还伴随有植被覆盖空洞、城市干岛、城市霾岛等现象，影响城市生态环境质量[8]。因此，基于 MODIS 与 Suomi-NPP 的可见光与红外观测数据，以陆面温度的卫星反演结果为主要依据，估算城市地区热岛效应的时空变化 [图 11-9]。

以武汉城市圈为遥感监测对象，监测武汉主城区的热岛效应。以 MODIS 与 Suomi-NPP 的遥感影像为数据支撑。对城市化过程中的城市热环境时空规律及不同季节城市热环境的变化特征进行监测和分析[9]。主要关键技术如下。

1. 地表温度数据分析

地表温度是反映地表热能的主要因子，是衡量城市热环境状况的重要指标，其反演精度的好坏将直接决定后续分析的可靠性。在完成当前地表温度反演算法评述的基础上，基于 MODIS 与 Suomi-NPP 的可见光与红外观测数据，以陆面温度的卫星反演结果为主要依据，为分析研究地表温度数据的精度与可靠性，为热环境特征的提取奠定数据基础。

2. 武汉城市圈热环境特征描述

城市热环境是城市生态环境的重要组成部分，是衡量城市人居环境质量的重要参数之一。基于陆面温度的卫星反演结果，对武汉城市圈热环境的年际和季节变化特征进行分析。主要基于热场变异指数分析热岛效应空间分布特征，并对热岛效应的成因进行初步分析。

热场变异指数与热岛效应分布。在地表温度反演的基础上，利用热场变异指数对武汉城市圈热岛效应空间分布进行定量分析，热场变异指数定义为

$$HI = (T_s - T_{mean}) / T_{mean}$$

式中：T_s，T_{mean} 分别表示地表温度与地表温度平均值。HI 表示热场变异指数，是一个基于地表温度的相对变量，值越大，热岛效应越明显，相对于地表温度，能更好地描述城市热岛效应。然后，对热场变异指数进行分级，反

图 11-9 > 武汉城市圈热环境遥感监测技术路线

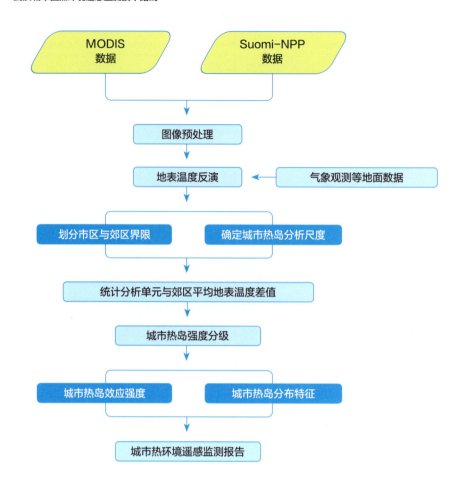

映热岛效应的空间分布,热场变异指数的分级标准根据实际情况确定,将热场变异指数分级,表达热岛效应的强弱。

对于热岛效应成因的分析,主要考虑归一化植被指数(NDVI)与归一化建筑指数(NDBI)两个因素对城市热岛效应的影响。NDBI 可以较为准确地反映建筑用地信息,数值越大表明建筑用地比例越大,建筑密度越高,其表达式为:

$$NDBI = (MIR-NIR) / (MIR+NIR)$$

式中:MIR 为中红外波段,NIR 为近红外波段。在提取 NDVI,NDBI 之后,用热场变异指数表示热岛强度,生成散点图,并将异常点剔除,分别对其进行线性回归,从而分析 NDVI 与 NDBI 对城市热岛的影响。

11.3.4 > 武汉城市圈热岛时空特征及潜在影响研究

基于 Landsat 8 100m 和 NPP VIIRS 750m 两种不同空间尺度的卫星观测数据分别对武汉市和武汉城市圈的陆面温度、城市热岛进行估算,分析不同地物类型的热辐射特性,城市热岛的空间分布特征与季节变化,分析城市热岛对城市环境的潜在影响。

基于 2000~2014 年夏季的 MODIS LST 数据分析武汉城市圈,尤其是武汉城区的热岛时空特征,研究武汉城区的热岛变化趋势,并且与武汉土地利用类型、社会经济发展数据结合,分析城市扩张与土地利用类型变迁对武汉热环境的潜在影响[10]。

1. 基于 Landsat 8/TIRS 影像的武汉城区热岛监测

城市内部大量的人工热源、建筑物和道路等高蓄热体容易吸收太阳辐射,温度显著高于绿地等其他地物类型,造成城市"高温"。基于 Landsat 8/TIRS 反演的 100m 分辨率的武汉都市发展区 2013 年 5 月 12 日的陆面温度分布如图 11-10 所示,可明显看到主城区的建筑物、武汉钢铁厂、汉阳工业园以及道路网等吸热下垫面的分布。热岛不仅和道路、建筑等土地利用类型有关,也与地面建筑类型有关。东

图 11-10 > 武汉都市发展区 2013 年 5 月 12 日 Landsat 8 陆面温度影像图（资料来源：2013 年 5 月 12 日 Landsat 8 数据）

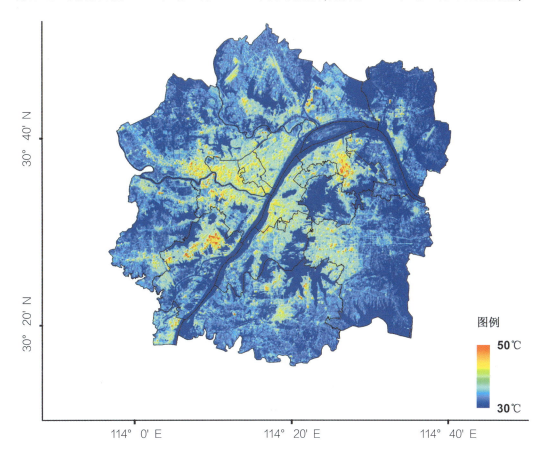

图 11-11 > 武汉都市发展区 2013 年 6 月 13 日 Landsat 8 陆面温度影像图（资料来源：2013 年 6 月 13 日 Landsat 8 数据）

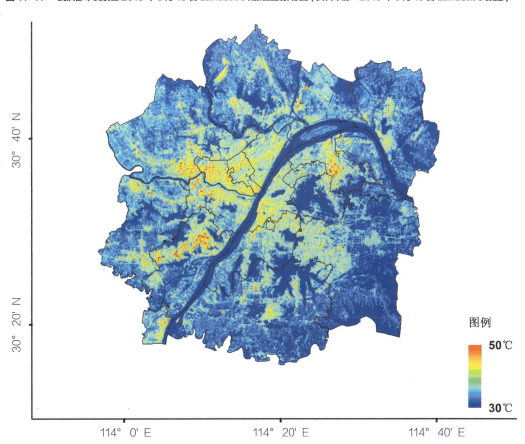

部的武汉钢铁与西部的工业园区的温度远高于其他地区，可能与工厂烟囱、建筑物顶的类型有关。此外，陆面温度也与植被绿化密度具有较大的负相关性。

城市热岛通常在日照强烈的夏季最为明显，图11-11所示为2013年6月中旬武汉都市发展区的陆面温度分布影像图。与5月相比，可更明显地反映出吸热下垫面的空间分布状况。与城郊植被或者水体相比，建筑物和热源在白天的表面温度可高出10~30℃。城区与城郊的显著温差与城区绿地面积具有重要关联，在夏季不仅影响城市高温天气的用电消耗、人体健康，同时也可改变局地大气环境，不利于大气污染物扩散。

2. 基于MODIS的武汉城市圈热岛监测

虽然Landsat 8的TIRS数据具有较高的空间分辨率，但是

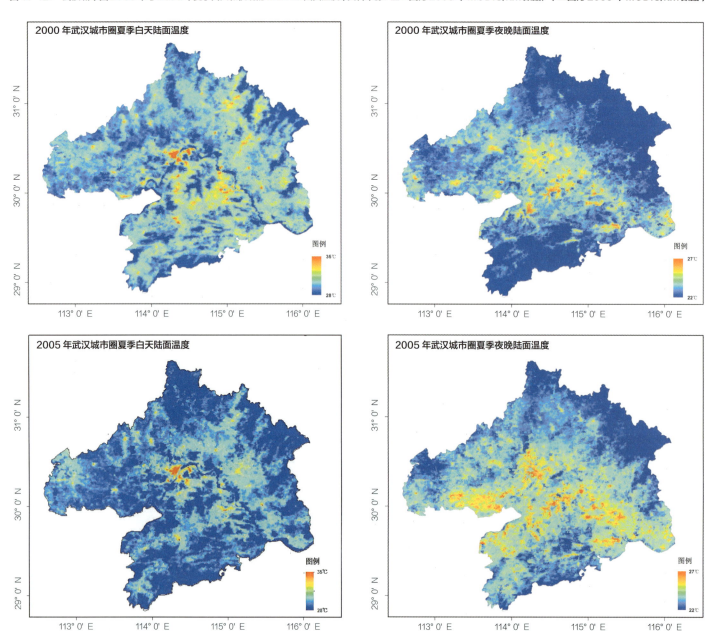

图11-12 > 武汉城市圈2000年与2005年夏季白天和夜晚的MODIS陆面温度（资料来源：上二图为2000年MODIS/km数据；下二图为2005年MODIS/km数据）

由于幅宽有限，不适用于区域尺度的武汉城市圈热环境动态监测。相比之下，MODIS 2330km 的幅宽可实现对城市圈陆面温度的白天和夜晚观测。图 11-12 所示为 2000 年与 2005 年夏季武汉城市圈白天和夜晚的 MODIS 陆面温度影像。整个武汉城市圈的城区部分温度明显高于其他植被或者水体区域，白天的陆面温度较高，但是夜晚的热岛分布更为明显。从陆面温度影像上可以看到，高温区域主要分布在武汉市区以及周边的仙桃、鄂州、黄冈、黄石等城区。城市圈中部的城市群地区高温地区相连，具有明显的区域性特征，与周围山区的温差可在10℃以上。与2000年相比，2005 年武汉城市圈夜间高温区域大幅增加，但是在白天有所减弱。城市热岛不仅受日照条件的影响，还受降水、云量等因素影响。

图 11-13 所示为武汉市夏季夜间的陆面温度时空变化图。与 2000 年夏季相比，2005 年武汉的热岛区域显著增加，在与武汉

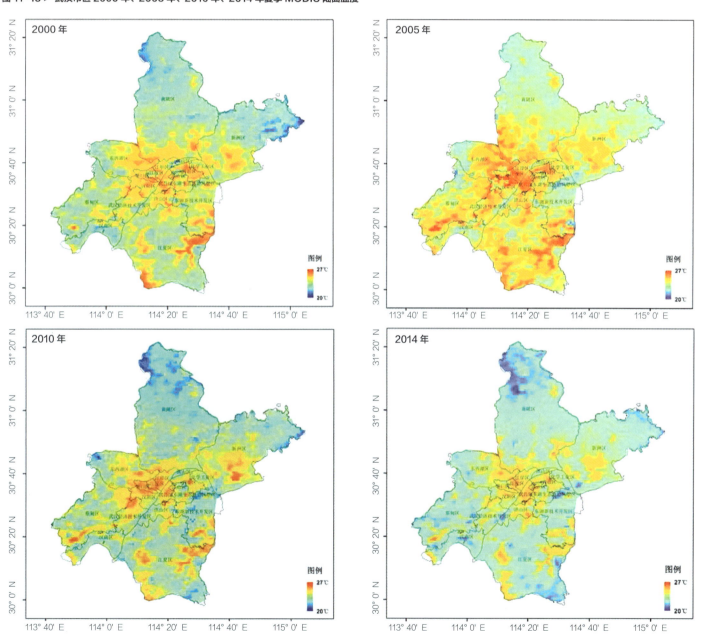

图 11-13 > 武汉市区 2000 年、2005 年、2010 年、2014 年夏季 MODIS 陆面温度

主城区邻近的黄陂区南部、汉阳区南部与西部、新洲城区都有明显的扩张。虽然 2010 年和 2014 年武汉的夏季平均陆面温度显著低于 2000 年和 2005 年，但是高温区域略有增加。由于湖面水体的热容量较大，降温比陆面缓慢，在夜间湖面的温度略高于水体。

由于光照条件、降水等气候变化因子的影响导致的气温的年度变化很大，卫星遥感陆面温度直接用于热岛监测缺乏定量的可

表 11-2 > 宽覆盖、大区域定位精度表

指数划分	温度等级	热岛强度等级
> 3	强高温	强热岛
2 ~ 3	高温	次强热岛
1 ~ 2	弱高温	弱热岛
−1 ~ 1	均温	无热岛
−2 ~ −1	次低温	弱负热岛
−3 ~ −2	低温	次强负热岛
< −3	最低温	强负热岛

图 11-14 > 武汉城市圈 2000~2014 年平均夏季日间强热岛分布频次

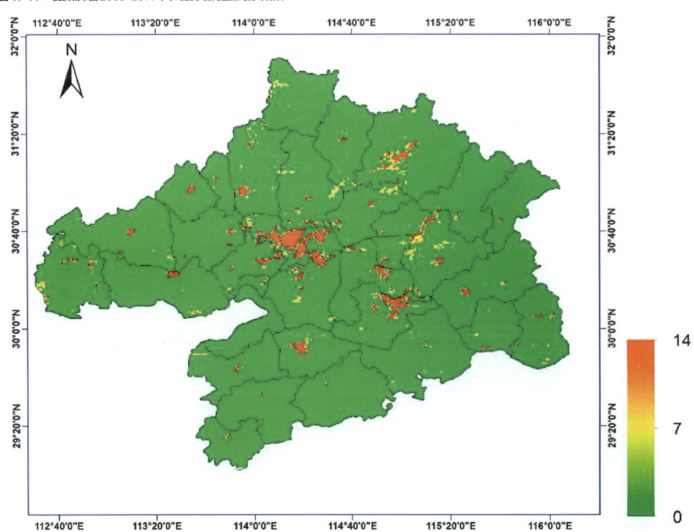

比性。为客观地分析热岛的空间分布与时间变化，消除气候因素的影响，本研究对 MODIS 像元温度进行归一化处理，定义像元的热岛指数为：

$$L_i = \frac{T_i - \frac{1}{n}\sum_{j=1}^{n} T_j}{\sigma}$$

式中：L_i 为热岛指数，T_i、T_j 为像元的温度值；n 为像元个数；σ 为影像内像元温度的标准差。热岛强度等级的划分如表 11-2 所示。

图 11-14 所示为武汉城市圈夏季白天的强热岛分布图频次，武汉城市圈的强热岛主要分布在城区。

图 11-15 所示为武汉城市圈地区夜间的强热岛分布图，与白天相比，强热岛的范围明显减少，主要分布在武汉城区以及少数热点区域。

11.3.5 > 武汉城市圈热岛变迁

图 11-16 所示为武汉城市圈的 2000~2014 年间夏季热岛的变化趋势图。在夏季白天，强热岛的变化并没有明显的趋势，次热岛和一般热岛的面积有所增长；在夏季夜间，强热岛在 2000~2010 年有所增长，并且 2011 年开始下降，而次热岛和一般热岛在缓慢增长。热岛的变化与城市土地利用类型的变化密切相关，可随着城市建筑用地的不断增加而变强，影响整个城区的热环境。

图 11-17 为武汉市的 2000~2014 年间夏季热岛的变化趋势图。在夏季白天，强热岛、次热岛面积具有上升趋势，而一般热岛的面积略微下降；在夏季夜晚，一般热岛在面积在缓慢下降，而强热岛，尤其是次热岛，面积在上升。

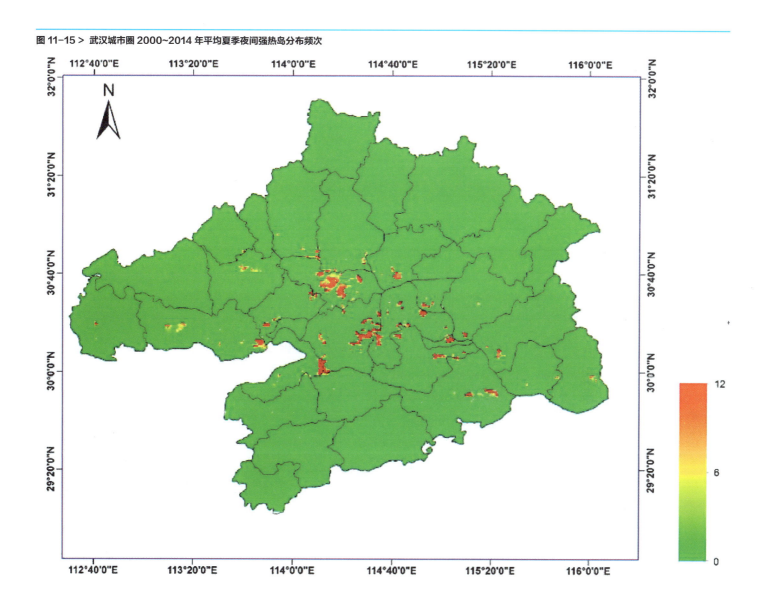

图 11-15 > 武汉城市圈 2000~2014 年平均夏季夜间强热岛分布频次

图 11-16 > 武汉城市圈 2000~2014 年夏季白天和夜间城市热岛面积变化趋势

图 11-17 > 武汉市 2000~2014 年夏季白天和夜间城市热岛面积变化趋势

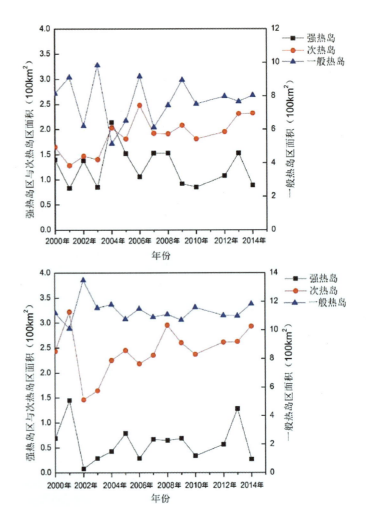

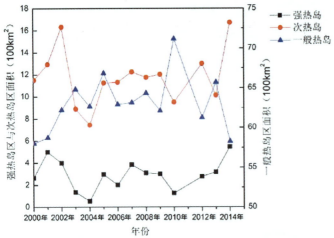

参考文献 >

[1] 杨眉, 王世新, 周艺, 王丽涛. 基于 DMSP/OLS 夜间灯光数据应用研究综述 [J]. 遥感技术与应用, 2011; 51 (7): 856-61.

[2] 曹子阳, 吴志峰, 匡耀求等. DMSP/OLS 夜间灯光影像中国区域的校正及应用 [J]. 地球信息科学学报, 2015, 17 (9): 1092-1102.

[3] 何春阳, 李景刚, 陈晋等. 基于夜间灯光数据的环渤海地区城市化过程 [J]. 地理学报, 2005, 60 (3): 409-417.

[4] 郑辉, 曾燕, 王勇等. 基于 VIIRS 夜间灯光数据的城市建筑密度估算——以南京主城区为例 [J]. 科学技术与工程, 2014 (18): 68-75.

[5] 高义, 王辉, 王培涛等. 基于人口普查与多源夜间灯光数据的海岸带人口空间化分析 [J]. Resources Science, 2013, 35 (12).

[6] 徐希孺, 陈良富. 基于多角度热红外遥感的混合像元组分温度演化反演方法 [J]. 中国科学 (D 辑) 2001, 31 (1): 81-88.

[7] Huazhong Ren, Shunlin Liang, Guangjian Yan, Jie Cheng. Empirical Algorithms to Map Global Broadband Emissivities over Vegetated Surfaces [J]. IEEE Transactions on Geoscience and Remote Sensing, 2013 (51): 2619-2631.

[8] 胡华浪, 陈云浩, 宫阿都. 城市热岛的遥感研究进展 [J]. 国土资源遥感, 2005, 3 (65): 5-9.

[9] 乔治, 田光进. 基于 MODIS 的 2001~2012 年北京热岛足迹及容量动态监测 [J]. 遥感学报, 2015, 19 (3): 476-484.

[10] 倪黎, 沈守云, 黄培森. 园林绿化对降低城市热岛效应的作用 [J]. 中南林业科技大学学报 (自然科学版) 2007, 27 (2): 36-43.

12

RESEARCH ON WUHAN PERSPECTIVE DEVELOPMENT BASED ON SPATIAL EVALUATION TEMPORAL DATE STRATEGY

第 12 章
武汉城市圈"两型"社会建设评估及动态监测

Chapter 12
The assessment and dynamic monitor of construction of "Two-oriented" society: a resource saving and environment-friendly society in Wuhan urban cluster

为贯彻落实好国家《关于进一步做好国家综合配套改革试验区工作的意见》，我国中部城市群总体规划的要求，湖北省两型社会建设与评估的要求，武汉城市圈"两型"社会建设综合配套改革试验工作实际，以及武汉市总体规划修编的要求提供基础和科学依据。

12.1 > 概述

武汉城市圈，又称"1+8"城市圈，是指以武汉为中心，包括武汉周边范围内的黄石、鄂州、黄冈、孝感、咸宁、仙桃、天门、潜江 8 个城市所组成的区域经济联合体，包括 1 个副省级城市、5 个地级市、3 个省直辖县级市、7 个地级市辖县级市和 15 个县，总面积 5.78 万 km^2，总人口约 3000 万人。面积不到全省三分之一的武汉城市圈，集中了湖北省一半的人口、六成以上的 GDP 总量，洪湖市、京山县、广水市和监利县作为观察员也先后加入了武汉城市圈。武汉城市圈成为长江中游最大、最密集的城市群。

自 2007 年 12 月 7 日武汉城市圈获批为"全国资源节约型和环境友好型社会改革试验区"后，其经济迅速成长，综合实力明显提升，已成为促进中部地区崛起的重要战略支撑平台。然而，在经济快速发展的同时，也必然面临一系列重大问题：水土流失加重，生态环境质量下降；环境污染加重，环境结构发生转变；水域利用过度，生态功能下降；耕地面积逐年减少，土地利用结构不够合理，土地资源消耗过快；交通网络拥堵等。这些问题在不同程度上削弱了武汉城市圈可持续发展的综合能力，并威胁到其未来的可持续发展能力。

城市生态环境是城市与城市周围环境所构成的统一体以及这个统一体之间发生的各种相互影响活动，它由水、土地、大气、生物、资源、能源等自然环境和人口、建筑、设施等社会环境组成，是关系到社会和经济持续发展的复合生态系统。了解城市自身生态环境发展水平，加强城市生态环境监测与评价工作，科学地评价人类活动对生态系统的影响，对增强生态环境保护与管理工作和区域可持续发展战略决策都具有重要意义。

近年来，城市生态环境建设已经成为可持续发展研究的热点领域之一。西方发达国家在关于城市生态环境建设与可持续发展方面已经积累了大量可资借鉴的成功经验，无论是美国的"精明增长"模式、欧盟国家的"绿色生态"模式，还是德日的"循环经济"模式，都强调城市建设以及社会、经济发展与生态环境相适应的原则。我国政府部门也历来高度重视城市化可持续发展问题，2005 年中国气象局组织专家编制并发布《生态质量气象评价规范》，开展区域生态质量气象评价；2006 年国家环境保护总局发布《生态环境状况评价技术规范》，开展生态环境质量状况及变化度分级。党的十八大、十八届三中全会将生态文明建设作为国家战略方针的重要内容，并将生态环境建设纳入社会主义现代化建设的生态文明建设的总体布局"五位一体"的建设中。2013 年 7 月，习近平总书记在视察我省时强调"在发展中既要金山银山，更要绿水青山"。省第十次党代会提出"生态立省、建设美丽湖北"的战略，并于 2014 年 11 月由省人大常委会审议批准《湖北生态省建设规划纲要（2014—2030 年）》。国家发展和改革委员会于 2013 年 12 月颁布了《国家生态文明先行示范区建设方案（试行）》，提出了城市生态文明的规划目标。

按照"生态优先，环境先导，人与自然和谐共处，经济与生态环境协调发展"的原则，围绕武汉城市圈"五个一体化"即基础设施一体化、产业发展一体化、区域市场一体化、城乡建设一体化、生态环境一体化的发展目标，在湖北省发改委组织和指导下，武汉市国土资源和规划局开展了"武汉城市圈生态环境和交通设施一体化动态监测与评价信息平台"的建设工作。

12.2 > 总体设计

12.2.1 > 框架设计

平台设计分为基础层、数据层、应用层三层架构体系及平台运行的标准体系和运行机制［图 12-1］。

（1）基础层：基础层是指平台稳定运行所需的软硬件环境以及网络基础设施。软件方面主要包括操作系统、数据库管理系统、应用中间件和开发组件等；硬件方面主要包括服务器、客户机终端、存储设备、网络设备、机房及附属设施等。

（2）数据层：数据层是平台运行的核心，主要包括基础地理数据、地理国情普查数据、生态环境资源数据、交通设施分布数据、指标

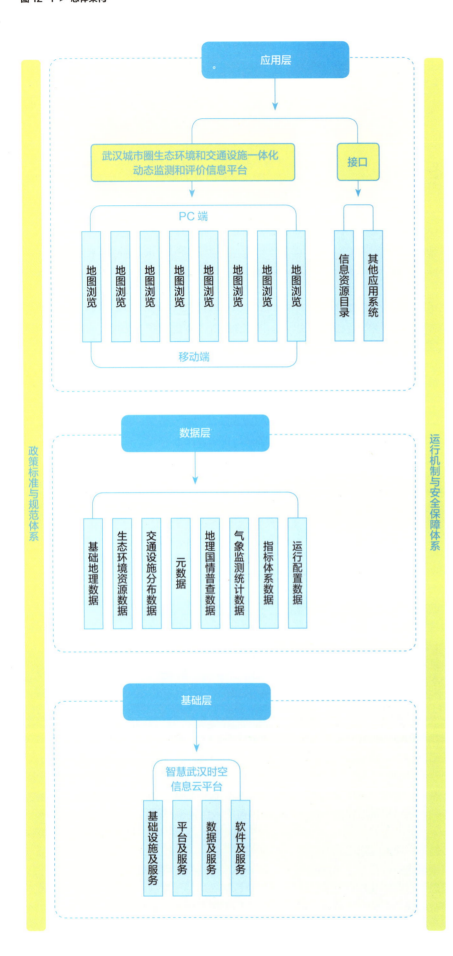

图 12-1 > 总体架构

体系数据、元数据、运行配置数据等。

（3）应用层：应用层包括软件平台和接口两部分。其中，武汉城市圈生态和交通信息平台是一个基于图形操作的管理平台，包括图形浏览、图层控制、综合查询、地图定位、综合评价、数据统计、空间分析、动态监管等功能，并涵盖 PC 端和移动端两种平台版本。满足指挥决策者对城市圈生态资源和交通设施分布情况进行管理。接口是平台与其他应用系统衔接的重要组成部分。

12.2.2 > 技术路线

在数据资源建设方面，采用地理信息在线服务模式，将电子政务地理底图、土地资源等信息通过标准的 Web Service 接口发布成服务，有效整合物理上分布的多样化异构空间与非空间数据，为协税服务提供准确、完整、权威的数据支持。同时，应用 GIS 平台、Oracle 数据库管理技术，按照统一标准建设与整合各类数据库，通过集中与分布式管理相结合、多级备份、相对独立的数据管理机制实现数据的统一管理与维护。

在应用系统建设方面，建立统筹规划，搭建业务应用系统，通过统一接口标准，利用服务交互和消息传递，实现业务应用系统的横向集成。系统总体技术架构如图 12-2 所示。

整个系统的建设技术路线如下：

（1）系统采用浏览器 / 服务器（B/S）系统架构，充分吸纳 B/S 模式的优点，使系统同时具有强大的空间数据展示能力和分析能力，并且保证系统的先进性、可靠性。

（2）数据库管理系统采用当前国际上先进、成熟的关系型数据库管理系统 Oracle 存储海量数据，实现对基础空间数据的集中统一管理和分布式应用。

（3）采用美国 ESRI 公司的 ArcGIS 系列产品作为 GIS 平台，空间数据库引擎使用 ArcSDE，支持 Windows 平台和 UNIX 平台。在应用系统建设方面，采用主流 GIS 二次开发平台 ArcGIS Server 平台。通过空间数据与属性数据的相互关联，以 B/S 技术为基础，进行系统集成。

（4）采用开放式设计来建设空间数据库，注重使用元数据对空间数据和非空间数据的描述和组织，不同类别数据分库存储、统一管理，库与库之间提供多种数据接口。

（5）系统建设与开发采用面向对象的软件工程方法，包括面向对象的分析方法、面向对象的建模技术、面向对象的编程技术。严格按照软件工程的思想和技术要求进行系统需求分析、系统设计、编码、测试和维护、质量控制

图 12-2 > 技术架构图

和系统建设的管理与监控，系统进行的各个阶段都能够提供完备、翔实的文档资料。严格按照软件工程的要求进行系统建设的规划、管理、开发、风险跟进及规避。

（6）基于虚拟化的硬件部署架构。武汉市税源管理地理信息系统硬件基础架构采用最新的 Virutal Center 虚拟化进行搭建，即将一台物理服务器，扩展成多台虚拟服务器，同时运行多个操作系统，且各个虚拟服务器上部署不同的应用服务或应用程序，独立运行、互不影响。并将其组成服务器集群，实现对服务器的可视化管理、动态资源调度、在线迁移、热备机制、存储集中备份机制等特性，从而显著提高了服务器的运行和管理效率且大大降低了总体拥有成本。该架构可单点集中管理服务器和虚拟机，动态浏览当前数据中心的资源映射和拓扑图，监控系统利用率和性能，在线无缝地实行物理系统的转换，快速分配服务资源及进行服务器环境部署、启动和迁移。

（7）基于 ArcGIS Server 集群式服务架构。系统采用多 SOM、多 SOC 集群部署。由于系统在服务并发量比较大时，对单个 SDE 服务器和 Oracle 服务器单点压力过大，需要多台 SOC 服务器作集群部署以满足系统大量用户并发需求。在此部署应用中，由于服务对象管理器 SOM 占用内存相对比较少，所以它可以和 Web 服务器共存在一台计算机上。单 SOM、多 SOC 部署方案主要是 ArcGIS Server 将多个SOC计算机集群用于执行GIS 的任务请求，并可以根据系统需要处理的用户并发数量进行伸缩性扩展。多 SOM、多 SOC 集群部署可以消除多台服务器部署中的单一故障点的风险，确保 GIS 服务器持续可用。

（8）软件开发过程采用面向对象的编程方法（OOP），使用面向对象的 Visual Studio 2008 或更高版本编程环境和面向对象的 COM

组件开发技术。

（9）通过多种方法优化设计、优化配置、提高性能。通过使用多台服务器集群技术来提高服务器性能；通过调整 Oracle 数据库服务器的内存、缓存、数据库服务器进程的优先级、磁盘 I/O 等措施来提高数据库的性能；通过空间索引、属性关键字索引来提高数据库访问的效率，空间数据库采用多级进行索引，实现地图显示的平滑过渡和逐步载入。影像数据库采用多分辨率无缝影像数据库技术，实现高效存储、快速访问和无缝浏览。

12.2.3 > 软硬件环境

硬件环境以智慧武汉时空信息云平台为系统运行空间信息基础设施。主要采用云计算、虚拟化等技术建立计算资源、存储资源等虚拟资源，提供时空信息服务、空间分析服务和空间处理服务。

软件环境包括以下方面：

（1）操作系统，服务器端操作系统为 Windows 2008 server×64，客户端操作系统为 Windows 7 或更高。

（2）空间数据库，由于数据建设的复杂性，数据的检查分多个阶段进行，在入库之前使用 Personal GeoDatabase 作为最终入库前的检查处理数据库，Personal GeoDatabase 采用 Access 数据库。数据库采用成熟的商用数据库 Oracle 11g 进行空间数据库的存储和管理。

（3）空间数据引擎，直接采用 ArcSDE 作为空间数据引擎，与后台的空间数据库相联结，部署在数据服务器上。ArcSDE 是建立在通用工业标准的商用数据库基础之上的空间数据引擎，通过它支持空间数据的组织和访问。

（4）服务器端空间数据的管理，由于系统需要对各种基础地理信息数据、业务应用数据和元数据进行建库和管理，服务器端可以使用 ArcGIS 实现通用的 GIS 数据的企业级管理。

（5）地图服务管理器，系统采用 ArcGIS Server 软件作为政务内网空间数据编辑、处理、发布、共享的服务器。

（6）系统开发环境，本系统在 .net 4.0 框架下，以 JavaScript 为开发语言，在 Visual Studio 2010 集成开发环境下进行系统接口的开发；系统采用 B/S 结构的开发方式，通过 Esri 提供的 ArcGIS API For JavaScript 结合 ArcGIS Server 进行程序的开发。空间数据处理平台选用全球最大的 GIS 技术公司美国环境系统研究所（ESRI）开发的 ArcGIS 10.0。建成的系统软件可以通过 ArcGIS Server 实现对基础数据库和业务数据库的访问，进行数据的查询、分析、统计、输出，实现全局数据共享。

12.2.4 > 数据组织与数据库

1. 数据库设计原则

按照工作需要，数据库管理系统将分别建立基础地理信息矢量数据库、栅格数据库、业务数据库和元数据库进行统一的管理。数据库设计遵循以下原则：

（1）标准化。严格按照国家和相关行业的标准和本项目的规范要求来建设，在数据的分类编码、数据格式、数据接口、管理系统等方面严格执行管理制度和严密的系统操作制度，严格控制数据的质量。

（2）实用性。充分考虑各部门应用的需要，确立系统的实用性。与此同时，应注意设计风格统一、界面友好、操作简便、功能完善、系统维护性能好。另外，数据库的建设要考虑其客观的经济效益。

（3）先进性。系统建设方案必须充分考虑技术的发展趋势，保证技术上的先进性。在软硬件配置、软件选型和系统设计、实现过程中充分地考虑系统的发展和升级，使系统具有较强的扩展能力，确保系统具有较长的生命周期。

（4）开放性。整个数据库采用开放式设计，使用户在以后的建设和生产中能够不断地扩充各种新的功能，适应新技术的变化。系统须具备统一的接口，以便为后续的应用系统开发提供数据支持。

（5）可扩展性。数据库建成以后，更新和维护工作是一项长期和非常重要的任务。因此，要充分考虑数据库的可扩展性，预留各种接口，以便日后可以灵活、方便地进行数据扩展、更新和完善。

（6）稳定、高效性。稳定性是指系统的正确性、健壮性两个方面。数据库系统的设计应充分考虑容错能力，限制和防范各种不规范操作，数据库系统的维护应满足数据的准确性、一致性和完备性要求，确保数据库系统的高度稳定和可靠。

（7）安全性。系统的开放性不可避免地给系统带来数据安全的新挑战和新危险。因此，必须建立完善的安全防护机制，通过检查上机权限对业主不同的级别数据库用户进行数据访问与存取控制来保障数据库的安全与机密。

2. 数据库建设框架

需根据不同的数据特点和功能应用需求进行数据库的划分，形成一个适合实际使用、管理维护和专题信息发布的数据库体系。数据库划分如图 12-3 所示。

3. 数据库总体设计

（1）数据库体系基本模型

数据库体系分为三个部分：现状信息数据库体系、专题成果及评价指标数据库体系和运行维护数据库体系。现状信息数据库体系是指存储和管理基础地理信息、国情普查成果信息、环境和交通现状调查信息的数据库；专题成果及评价指标数据库体系是指存储各种专题分析结果数据及评价指标体系的数据库；运行维护数据库体系是指存储和管理与软件平台运行、数据描述和系统维护相关信息的数据库。

现状信息数据库体系和专题成果及评价指标数据库体系管理的是海量的地理空间信息和文本信息，包括以下数据类型：矢量数据库、栅格数据库、元数据库和属性数据库等。

运行维护数据库体系主要是指对上述各数据库体系进行统一维护的一个系统维护数据库。

（2）数据库体系接口

数据库体系分为数据库体系外部接口和内部接口。外部接口是指与数据库体系支撑的各种数据库管理系统、用户服务平台等功能性系统的接口；内部接口是数据库体系内部数据库之间的接口。

根据系统解决方案设计，数据库体系是其他管理系统的数据基础。数据库体系中的所有数据库支持构建于这些数据库之上的所有系统使用 ado.net 和 ArcSDE 两种方式进行数据库中数据的访问。其中，ArcSDE 接口方式用于空间数据的访问；ado.net 接口方式用于非空间数据的访问。

数据库体系的内部接口是体系内不同数据库之间数据访问和交换方法的定义。维护数据库中的数据字典描述和定义整个数据库体系中每个数据库中的实体信息。数据库间的相互访问和关联使用数据字典进行。数据库间的要素的访问和关联统一使用这种值对的模式进行。

（3）数据库对象命名规则

对于空间数据，各个数据都在各个数据的设计（物理设计）中详细介绍了其内容的命名

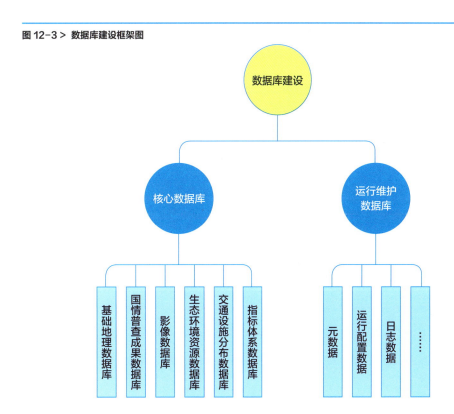

图 12-3 > 数据库建设框架图

规则；非空间数据对象的命名规则为：前缀＋一位数据对象类型代码＋对象中文名词首字母的大写，每个部分使用"_"进行分隔。

4. 数据库建设成果

数据库建设成果包括基础数据成果和分析评价成果。基础数据成果包括以下几类。

（1）武汉城市圈行政边界［图 12-4］
（2）资源三号卫星影像［图 12-5］
（3）1:5 万数字高程模型（DEM）
（4）地表覆盖数据［图 12-6］
（5）公路、道路［图 12-7］
（6）水资源［图 12-8］

分析评价成果包括以下几类。
（1）耕地压力指数［图 12-9］
（2）生物丰度指数［图 12-10］
（3）森林覆盖率［图 12-11］
（4）水网密度［图 12-12］
（5）高速公路密度［图 12-13］

图 12-4 > 武汉城市圈行政边界

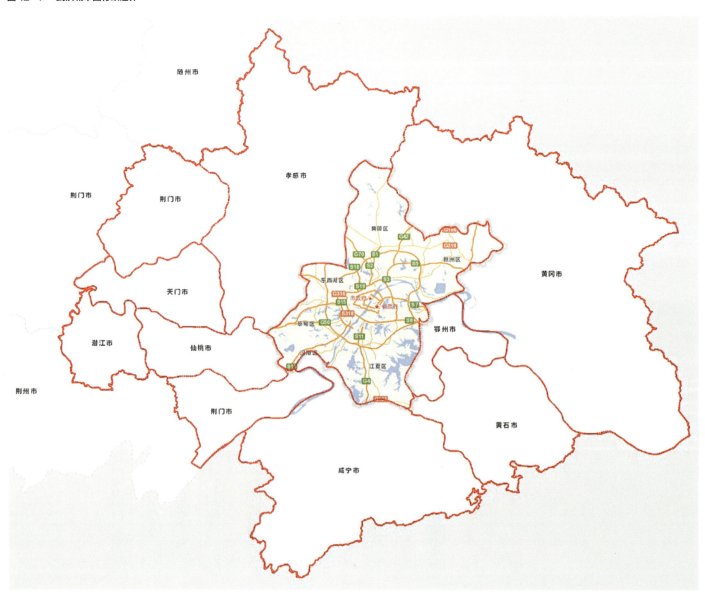

图 12-5 > 武汉城市圈卫星影像

图 12-6 > 武汉城市圈地表覆盖

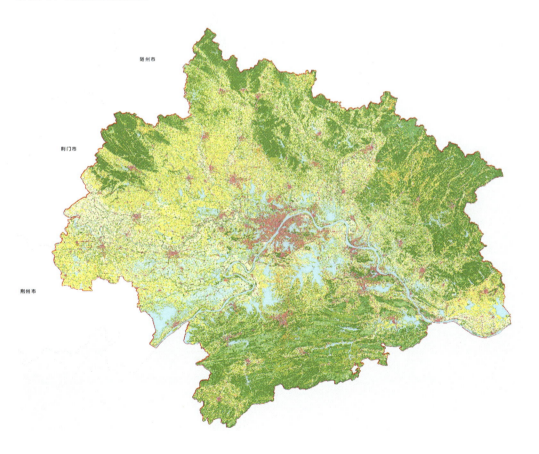

图 12-7 > 武汉城市圈公路、道路网

图 12-8 > 武汉城市圈水资源

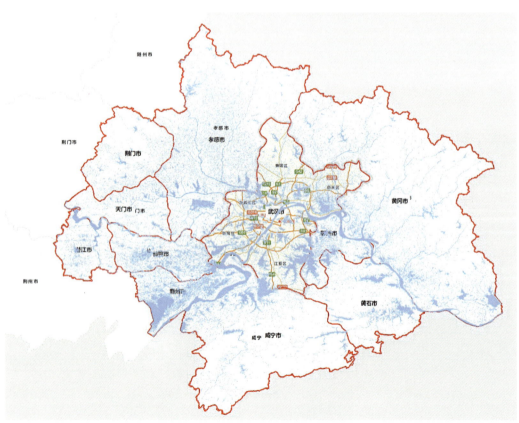

图 12-9 > 武汉城市圈耕地压力指数

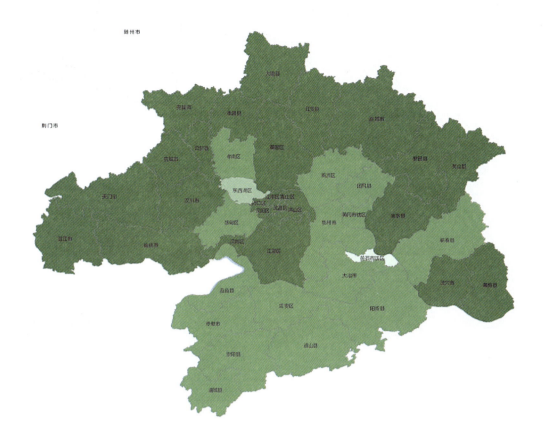

图 12-10 > 武汉城市圈生物丰度指数

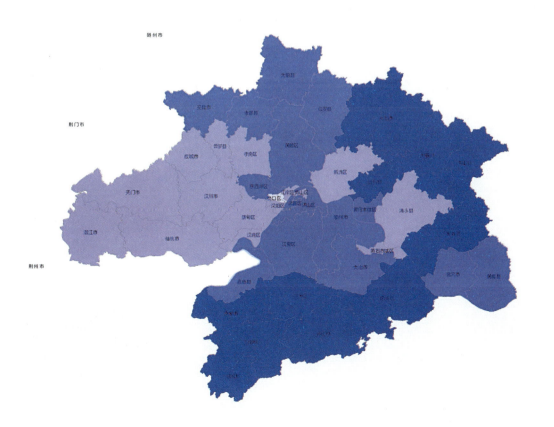

图 12-11 > 武汉城市圈森林覆盖率

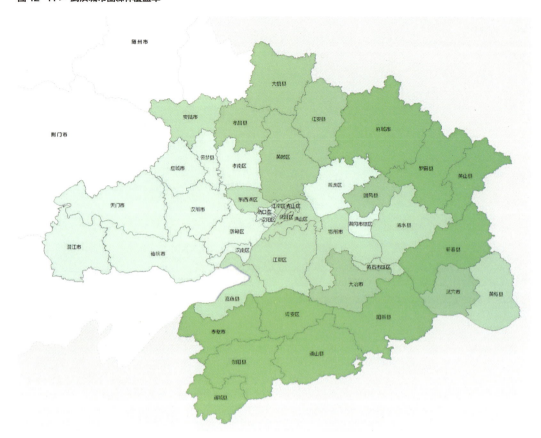

图 12-12 > 武汉城市圈水网密度

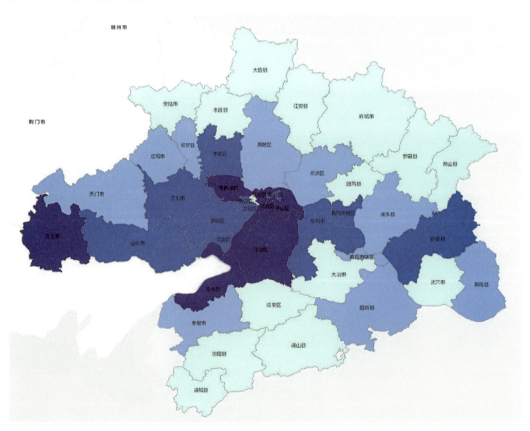

图 12-13 > 武汉市城市圈高速公路密度

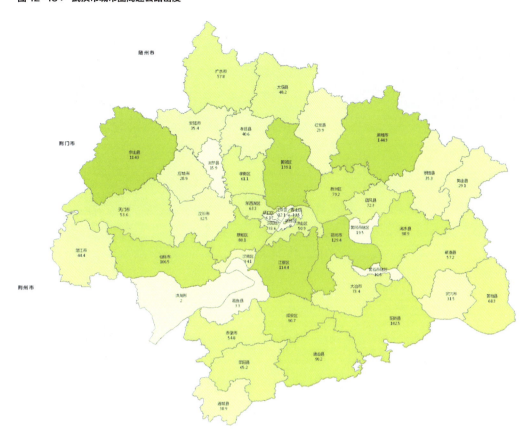

12.3 > 生态环境与交通动态监测评价系统

12.3.1 > 功能框架

武汉市城市圈生态环境资源与交通设施评价信息系统主要功能模块[图12-14]。

信息平台提供了地图浏览、图文互查、地图定位、数据统计、空间分析、指标评价、决策支持、管理维护平台等八个功能模块[图12-15]。

12.3.2 > 功能设计

1. 地图浏览

系统提供了对基础地理信息（地理框架数据、卫星遥感影像、数字高程模型），国情普查成果数据（耕地、园地、林地、草地、房屋建筑、道路、构筑物、人工堆掘地、荒漠与裸露地表、水域等十大类），统计分析结果数据等进行浏览展示及地图和影像进行切换的功能。

2. 图文互查

图文互查模块提供了按要素、按属性两种方式进行查询的功能，其中按要素查询提供了点、线、面、多边形等多种查询方式，按属性查询提供了对全字段进行所有定位的功能。

图 12-14 > 武汉市城市圈生态环境资源与交通设施评价信息系统

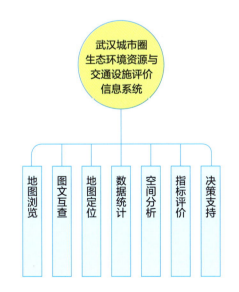

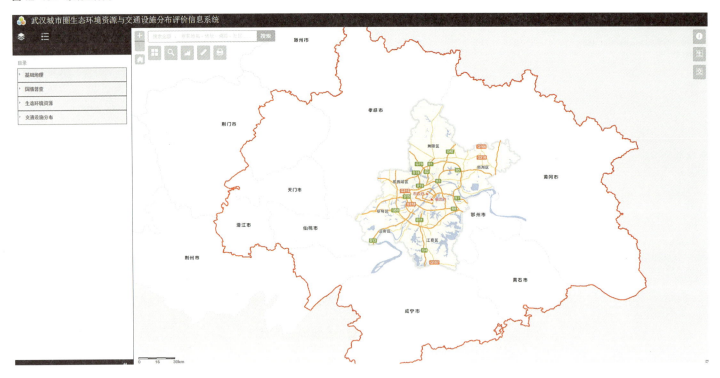

图 12-15 > 系统主界面

3. 地图定位

系统提供了多种方式定位的功能，包括地名定位、道路定位、坐标定位。

4. 数据统计

提供了按照城市圈市域范围、县域范围对各类国情普查成果进行统计的功能。用户可以指定区域，按照国情普查数据分类标准统计该区域中各类信息的面积和比重，并以专题图的形式进行展示 [图 12-16]。

5. 空间分析

提供了空间分析量算功能，包括距离量算、面积量算等。

6. 指标评价

提供对国情普查结果进行评价分析的功能，并对各类专题分析结果进行综合展示。

7. 决策支持

通过数据统计、空间分析、指标评价等功能为领导决策提供支持。

8. 管理维护平台

平台维护管理模块主要包括平台配置管理和用户权限管理。平台配置管理包括数据接口配置、根据用户权限平台初始加载的数据配置、根据用户权限平台加载的功能配置；用户权限管理包括角色的添加与删除、角色的权限修改、用户的添加与删除、用户名及密码修改、用户对应的角色修改。

12.4 > 监测体系建设

12.4.1 > 机制与制度建设

考虑到平台数据的权威性、规范性与复杂性，平台需要使用不同领域的多种数据信息，从数据来源的角度看，这些信息分布在全市不同的部门、不同物理位置，具有分布式的特征，同时这些信息都是对城市一体化程度的表达和描述。根据数据信息的复杂性，尽管其内容和表达方式不同，但具有重复性。通常数据集成的管理模式主要有以下三种：①集中建库管理、集中更新维护；②集中建库管理、分工更新维护；③分布式建库管理、分布式更新维护。本平台的数据库采用的是集中建库管理、分工更新维护的管理模式。

"集中建库管理、分工更新维护"管理模式的主要思路是数据库由一个统一机构集中统

图 12-16 > 统计分析

一管理，各数据生产部门通过网络对相应的数据进行更新维护。各数据生产部门只负责各自数据的维护，保障数据的及时更新，并提供数据的网络传输接口或 Web 服务接口 [图 12-17]。

12.4.2 > 规范与标准建设

由于数据分散在不同部门，不同部门的数据标准均不同，因此需要按照国家和行业的相关规范和标准，建立项目相关的工作规范、数据标准及软件接口标准。

1. 工作规范与标准化

建立信息资源目录，实现各类数据的持续更新，清理来源于不同部门的信息数据，实现协同工作的规范与标准。

2. 数据标准

为了保证数据的有效更新和数据交换，需制定相应的数据共享标准。主要包括统一数据分类和编码标准，统一数据的格式等内容。

3. 软件接口标准

制定武汉城市圈生态环境和交通设施一体化动态监测与评价信息平台的接口标准。保证与其他相关应用系统的对接。主要包括系统与数据的接口、系统内部模块间的接口、系统与其他应用系统间的接口、为后期建设预留的接口。

12.4.3 > 安全体系建设

系统数据管理与维护的安全体系包括信息安全管理规章制度、应用安全、数据安全、系统安全、网络安全和物理安全等 [图 12-18]。

层次一：物理安全

图 12-17 > 数据更新维护示意图

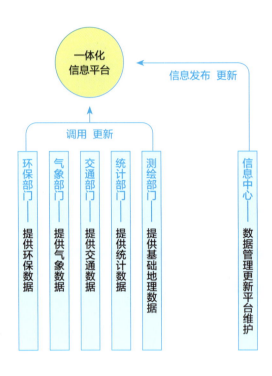

物理安全主要包含主机硬件和物理线路的安全问题，主要由硬件设备及机房的设计来保证，即关键设备或部件采取冗余设计。

层次二：网络安全

网络安全是指网络层面的安全，该层次的安全主要由网络拓扑结构设计及网络协议的选用来保证，通过设计双路由或环形网络结构，使整个网络不会由于局部的故障而瘫痪。

层次三：系统安全

系统安全是指主机操作系统层面的安全，这一层次的安全问题来自网络内部采用的各种操作系统，如运行各种 Unix 的操作系统的系统目录设置、账号口令设置、安全管理设置等的安全问题，以及操作系统本身和可能驻留在操作系统内部的黑客程序带来的威胁。

层次四：数据安全

作为一个生产服务网络，还必须考虑在网上传输或者存储的数据信息的安全，使得数据即使被窃取，也无法泄露数据的内容及含义，从而起到保护信息的作用。

层次五：应用安全

应用安全是指主机系统上应用软件层面的安全，该层次的安全威胁来自网络自身的防火墙的配置、内外 Web 站点的服务及对数据库的保护等。

图 12-18 > 安全体系结构图

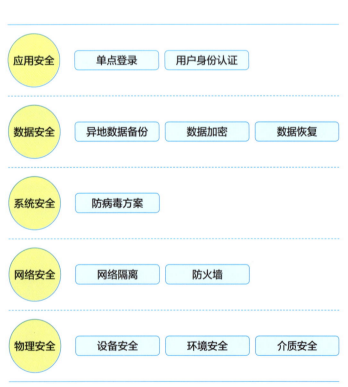

参考文献 >

[1] 曹子阳，吴志峰，匡耀求等. DMSP/OLS 夜间灯光影像中国区域的校正及应用 [J]. 地球信息科学学报，2015，17 (9)：1092-1102.

[2] 毛齐正，罗上华，马克明，邬建国，唐荣莉，张育新，宝乐，张田. 城市绿地生态评价研究进展 [J]. 生态学报，2012 (17)：5589-5600.

[3] 程伟，吴秀芹，蔡玉梅. 基于 GIS 的村级土地生态评价研究——以重庆市江津区燕坝村为例 [J]. 北京大学学报（自然科学版），2012 (6)：982-988.

[4] 杨阳，蔡怡敏，白艳莹，陈卫平，杨秀超. 区域生态系统健康动态评价——以毛集生态实验区为例 [J]. 生态学报，2016 (14)：1-9.

[5] 王钊齐，李建龙，杨悦，李辉，吴敏，王轲，史雪娟，史伟成，谢伯军. 基于遥感的城市生态环境质量动态变化定量评价——以江苏省宜兴市为例 [J]. 宁夏大学学报（自然科学版），2016 (1)：1-8.

[6] 张远景，俞滨洋. 城市生态网络空间评价及其格局优化 [J]. 生态学报，2016 (21)：1-16.

[7] 徐建军. 基于 GIS 和 RS 的生态环境影响评价研究 [D]. 武汉：华中师范大学，2008.

[8] 王驰宇. 城市宏观交通战略模型及其应用研究 [D]. 南京：南京林业大学，2008.

附录

RESEARCH ON WUHAN
PERSPECTIVE

DEVELOPMENT BASED ON SPATIAL
EVALUATION

TEMPORAL DATE
STRATEGY

附表一
教育设施评价准则表

类别	教育设施	
类型	中学	小学
建筑面积（现状评价标准）	230m²/千人	450m²/千人
用地面积（现状评价标准）	350m²/千人	730m²/千人
服务半径（现状评价标准）	1000m	500m
座位数（现状评价标准）	22.5个/千人	48个/千人；小学师生比1:19.5
建筑面积（武汉市规划标准）	—	—
用地面积（武汉市规划标准）	230~350 m²/千人	650~730 m²/千人
服务半径（武汉市规划标准）	—	—
座位数（武汉市规划标准）	25个/千人	55个/千人
建筑面积（国标）	—	—
用地面积（国标）	—	—
服务半径（国标）	≤1000m	≤500m
座位数（国标）	城市中学师生比1:13.5	城市小学师生比1:19
服务半径（其他城市标准）	—	—
建筑面积（其他城市标准）	—	—
用地面积（其他城市标准）	—	—
座位数（其他城市标准）	班师比1:3.6（上海市）；1:19.3（湖北省）	班师比1:3（上海市）；1:23.8（湖北省）

附表二
社会福利与保障设施评价准则表

类别	社会福利与保障设施			
类型	市级养老福利设施	区级养老福利设施	居住区级福利设施	老年康乐设施
建筑面积（现状评价标准）	90m²/千人	—	—	—
用地面积（现状评价标准）	130m²/千人	—	—	—
服务半径（现状评价标准）	4km	2km	800m	500m
座位数（现状评价标准）	—	—	—	—
建筑面积（武汉市规划标准）	—	—	10000~15000m²	—
用地面积（武汉市规划标准）	≥90m²/千人	1~1.5hm²/处，床均不低于100m²（市、区级福利设施）	0.5~1hm²/处 90~100m²/人	—
服务半径（武汉市规划标准）	原则上按每区一处安排	—	—	—
座位数（武汉市规划标准）	2015年，60岁以上老人千人床位数50张	2020年，60岁以上老人千人床位数60张	—	—
建筑面积（国标）	—	—	—	—
用地面积（国标）	—	—	—	—
服务半径（国标）	—	—	—	—
座位数（国标）	—	—	—	—
服务半径（其他城市标准）	—	—	≤1000m（上海）	—
建筑面积（其他城市标准）	床均建筑面积25~42.5m²（上海）	—	—	—
用地面积（其他城市标准）	中心城区0.2~0.4m²/人（天津）	—	—	—
座位数（其他城市标准）	—	—	—	—

附表三
医疗卫生设施评价准则表

类别	医疗卫生设施				
类型	三级医院	二级医院	一级医院	社区卫生服务机构	基层医疗卫生机构
建筑面积状（现评价标准）	200~400m²/千人	—	—	25m²/千人	—
用地面积（现状评价标准）	360~450m²/千人	—	—	25m²/千人	—
服务半径（现状评价标准）	12km	6km	2000m	1000m/500m	500m
座位数（现状评价标准）	—	—	—	—	—
建筑面积（武汉市规划标准）	—	—	—	3000~5000m²；不小于150m²	—
用地面积（武汉市规划标准）	—	—	—	25m²/千人	—
服务半径（武汉市规划标准）	—	—	—	—	—
座位数（武汉市规划标准）	2015年，千人病床6.5~6.9张；2020年，千人病床7.5张	—	—	—	—
建筑面积（国标）	—	—	—	≥1400m²；≥150m²；	—
用地面积（国标）	—	—	—	24m²/千人	—
服务半径（国标）	—	—	—	≤500m	—
座位数（国标）	—	—	—	—	—
服务半径（其他城市标准）	—	—	—	—	—
建筑面积（其他城市标准）	—	—	—	—	—
用地面积（其他城市标准）	中心城区 0.9~1.1m²/人（天津）	—	—	—	—
座位数（其他城市标准）	"十二五"期间户籍人口千人病床数达到6.94张（天津）	—	—	—	—

附表四
商业设施评价准则表

类别	商业设施			
类型	A 类	B 类	C 类	D 类
建筑面积（现状评价标准）	90m²/千人	—	—	—
用地面积（现状评价标准）	130m²/千人	—	—	—
服务半径（现状评价标准）	3000m	2000m	1000m	500m
座位数（现状评价标准）	—			
建筑面积（武汉市规划标准）	至 2020 年，都市发展区人均商业营业面积 1.4m²/人			
用地面积（武汉市规划标准）	—			
座位数（武汉市规划标准）	—			
建筑面积（国标）	—			
用地面积（国标）	—			
服务半径（国标）	—			
座位数（国标）	—			
服务半径（其他城市标准）	市级 ≤ 8km；区级 ≤ 4km；居住区级 ≤ 1500m（天津）	—	—	—
建筑面积（其他城市标准）	0.6m²/人（杭州）	—	—	400~500m²/千人
用地面积（其他城市标准）	中心城区 3.2m²/人（天津）	—	—	—
座位数（其他城市标准）	—			
座位数（其他城市标准）	—			

附表五
文化设施评价准则表

类别	文化设施		
类型	市级文化设施	区级文化设施	社区级文化设施
建筑面积（现状评价标准）	—	—	—
用地面积（现状评价标准）	—	—	—
服务半径（现状评价标准）	8km	4km	1000m
座位数（现状评价标准）	—	—	—
建筑面积（武汉市规划标准）	—	—	≥ 300m²
用地面积（武汉市规划标准）	2015年，人均0.95m²；2020年，人均1m²	—	—
座位数（武汉市规划标准）	—	—	—
建筑面积（国标）	—	—	—
用地面积（国标）	—	—	—
座位数（国标）	—	—	—
服务半径（国标）	—	—	—
服务半径（其他城市标准）	9km（郑州）	6.5km（郑州）；≤ 4km（杭州）	2.5km（郑州）
建筑面积（其他城市标准）	—	—	—
用地面积（其他城市标准）	中心城区 0.8m²/人（天津）；≥ 0.2m²/人（杭州）	—	—
座位数（其他城市标准）	—	—	—
座位数（其他城市标准）	—	—	—

附表六
体育设施评价准则表

类别	体育设施		
类型	市级体育设施	区级体育设施	社区级体育设施
建筑面积（现状评价标准）	—	80m2/千人	10~30m2/千人
用地面积（现状评价标准）	—	200m2/千人	20~100m2/千人
服务半径（现状评价标准）	8km	4km	1500m
座位数（现状评价标准）	—	—	—
建筑面积（武汉市规划标准）	—	—	10~30m2/千人
用地面积（武汉市规划标准）	2015年，人均0.95m2；2020年，人均1m2	120~200m2/千人	20~100m2/千人
服务半径（武汉市规划标准）	—	—	—
座位数（武汉市规划标准）	—	—	—
建筑面积（国标）	—	—	—
用地面积（国标）	—	—	—
服务半径（国标）	—	—	—
座位数（国标）	—	—	—
服务半径（其他城市标准）	—	—	1.5~2km（南宁）
建筑面积（其他城市标准）	—	—	—
用地面积（其他城市标准）	中心城区0.5~0.8m2/人（天津）	—	—
座位数（其他城市标准）	—	—	—

附表七
加油加气站设施评价准则表

类别	加油加气站设施		
类型	加油站	加气站	油气合建站
建筑面积（现状评价标准）	—	—	—
用地面积（现状评价标准）	—	—	—
服务半径（现状评价标准）	1200m	1200m	1200m
座位数（现状评价标准）	—	—	—
建筑面积（武汉市规划标准）	—	—	—
用地面积（武汉市规划标准）	1200~3000m^2	CNG加气站一般 0.2~0.4hm^2	—
服务半径（武汉市规划标准）	1000m	1000m	1000m
座位数（武汉市规划标准）	—	—	—
建筑面积（国标）	—	—	—
用地面积（国标）	—	—	—
服务半径（国标）	900~1200m	—	—
座位数（国标）	—	—	—
服务半径（其他城市标准）	—	—	—
建筑面积（其他城市标准）	—	—	—
用地面积（其他城市标准）	≤3000m^2（南京）	≤3000m^2（南京）	≤4500m^2（南京）
座位数（其他城市标准）	—	—	—

附表八 武汉城市圈生态资源环境评价指标信息一览表

序号	指标项	相关信息
1	耕地压力指数	指标定义：区域最小人均耕地面积与区域人均耕地面积的比值，用以衡量某一区域耕地资源的紧张程度。数值越小，耕地资源压力越小
		计算公式：$K=S_{min}/S_n$
		式中：K 为耕地压力指数，S_n 为实际人均耕地面积（hm^2/人），S_{min} 为最小人均耕地面积（hm^2/人）。当耕地压力指数 $K<1$ 时，人均耕地实际值大于最小人均耕地面积值，表示耕地无明显压力；$K=1$ 时，两者相同，需加紧保护耕地，以保证人们正常生活；$K>1$ 时，耕地压力明显，应采取紧急措施
		最小人均耕地面积是在一定区域范围内，在一定食物自给水平和耕地综合生产能力条件下，为满足每个人正常生活的食物消费所需的耕地面积。计算公式为：$S_{min}=\beta \times G_r/(P \times Q \times V)$
		式中：S_{min} 为最小人均耕地面积（hm^2/人），β 为粮食自给率（%），G_r 为人均粮食需求量（kg/人），P 为粮食单产（kg/hm^2），Q 为粮食播种面积占总播种面积的比重（%），V 为复种指数
		指标标准化：该指标采用"最小值—最大值法"进行标准化处理，将低标准定为评价单元的最大值，将高标准定为评价单元的最小值。标准化公式为：
		耕地压力指数标准值 $=(K_{max}-K)/(K_{max}-K_{min})$
		式中：K_{min} 为评价区域单位耕地压力指数最小值，K_{max} 为最大值
2	生物丰度指数	指标定义：评价区域内生物的丰贫程度。通过单位面积上不同生态系统类型在生物物种数量上的差异，间接地反映被评价区域内生物种类的丰贫程度。数值越大，生物物种越丰富
		计算公式：2015年新版《生态环境状况评价技术规范》（HJ 192-2015）加入了生物多样性指数，但数据获取困难。本研究沿用2006年版《生态环境状况评价技术规范》(HJ/T 192-2006)中该指标的计算方法，计算公式为：
		生物丰度指数 $= A_{bio} \times$（$0.35 \times$ 林地 $+ 0.21 \times$ 草地 $+ 0.28 \times$ 水域湿地 $+ 0.11 \times$ 耕地 $+ 0.04 \times$ 建设用地 $+ 0.01 \times$ 未利用地）/ 区域面积；
		式中：A_{bio} 为生物丰度指数的归一化系数，$A_{bio} =100/A_{max}$；$A=0.35 \times$ 林地 $+ 0.21 \times$ 草地 $+ 0.28 \times$ 水域湿地 $+ 0.11 \times$ 耕地 $+ 0.04 \times$ 建设用地 $+ 0.01 \times$ 未利用地；A_{max} 为评价单元内 A 的最大值
		指标标准化：上述计算方式已进行标准化处理
3	森林覆盖率	指标定义：指一个国家或地区森林面积占土地面积的百分比，是反映一个国家或地区森林面积占有情况或森林资源丰富程度及实现绿化程度的指标。数值越大，森林占比越大
		计算公式：森林覆盖率 = 森林面积 / 区域总面积
		《森林法》规定的森林面积，包括郁闭度 0.2 以上的乔木林地面积和竹林地面积、国家特别规定的灌木林地面积、农田林网以及村旁、路旁、水旁、宅旁林木的覆盖面积。国家特别规定的灌木林地，是指年降水量小于 400mm 地区的灌木林及其他地区的灌木经济林
		指标标准化：该指标采用"0—最大值法"进行标准化处理，高标准设为目标值。目标值通过对国家生态县市、武汉城市圈"两型"社会建设的森林覆盖率指标进行研究，综合考虑武汉城市圈县市地形情况，确定各县市森林覆盖率的目标。指标标准化公式为：森林覆盖率标准值 $=A$/ 目标值 $\times 100$。标准值大于 100 的，取值为 100
4	植被覆盖指数	指标定义：用以评价区域植被覆盖的程度，用被评价区域内林地、草地、农田、建设用地和未利用地五种类型的面积占被评价区域面积的比重表示。数值越大，植被覆盖的程度越高
		计算公式：植被覆盖指数 $= A_{veg} \times$（$0.38 \times$ 林地 $+ 0.34 \times$ 草地 $+ 0.19 \times$ 耕地 $+ 0.07 \times$ 建设用地 $+ 0.02 \times$ 未利用地）/ 区域面积
		式中：A_{veg} 为植被覆盖指数的归一化系数，$A_{veg}=100/A_{max}$；A_{max} 为评价单元内 A 的最大值
		指标标准化：上述计算方式已进行标准化处理
5	25°以上坡度地区占比	指标定义：坡度是影响坡面土壤侵蚀的重要因素，在一定条件下，坡面土壤侵蚀随着坡度的增大而增加，但存在一个临界坡度，当超过这个坡度后，坡面土壤侵蚀量反而随着坡度的增大而减少。总结国内外研究成果，参考《中华人民共和国森林法实施条例》的相关规定，本研究将坡度的临界值定为25°。25°以上坡度地区占区域面积的比例，用以反映坡面土壤侵蚀风险高低，数值越小，侵蚀风险越低

序号	指标项	相关信息
		计算公式：25°以上坡度地区占比（A）=25°以上坡度地区面积/区域总面积
		指标标准化：采用最小值—最大值法进行标准化，将高标准定为评价单元的最大值（A_{max}），低标准定为评价单元的最小值（A_{min}）。标准化公式为：
		25°以上坡度地区占比标准值=（$A_{max}-A$）/（$A_{max}-A_{min}$）×100%
6	建设用地面积占比	指标定义：建设用地面积占区域总面积的比例，用以反映人类建设活动对生态基底的影响程度。数值越小，影响越轻
		计算公式：建设用地面积占比 = 城乡建设用地面积/区域面积 ×100%
		指标标准化：采用"最小值—最大值法"进行标准化，将高标准定为评价单元的最大值（A_{max}），低标准定为评价单元的最小值（A_{min}）。标准化公式为：
		建设用地面积占比标准值=（$A_{max}-A$）/（$A_{max}-A_{min}$）×100%
7	地质灾害隐患区面积占比	指标定义：地质灾害隐患区面积占区域总面积的比例。地质灾害隐患区指自然或人类活动的作用下，发生地质灾害可能性较大且可能危害人民生命或财产安全的区域或地段。数值越小，治理情况越好
		计算公式：地质灾害隐患区面积占比 = 地质灾害隐患区面积/区域总面积
		式中：地质灾害隐患区面积以第一次全国地理国情普查数据为依据
		指标标准化：采用"0—最大值法"进行标准化，将高标准定为评价单元指标最大值（A_{max}），标准化公式为：
		地质灾害隐患区面积占比标准值=（$A_{max}-A$）/A_{max}×100%
8	水网密度指数	指标定义：评价区域内水资源的丰富程度，利用评价区域内单位面积河流总长度、水域面积表示。数值越大，水资源越丰富
		计算公式：水网密度指数=（A_{riv}×河流长度/区域面积+A_{lak}×水域面积（湖泊、水库、河渠）/区域面积）/2
		式中：A_{riv}为河流长度归一化系数，A_{riv}=100/A_{max}；A_{lak}为水域面积归一化系数，A_{lak}=100/A_{max}
		指标标准化：上述计算方式已进行标准化处理
9	断面水质达标率	指标定义：水质达标的水体占水体总量的比例，"达标"指县（市、区）辖区地表水环境质量达到相应功能水体要求、跨界断面出境水质达到国家或省考核目标。该指标用以表示断面水质达标率，数值越大，水环境质量越好
		计算公式：断面水质达标率 = 认证断面水质达标频次之和/认证断面监测总频次 ×100%
		指标标准化：采用"0-最大值法"进行标准化处理。武汉城市圈的水生态作为区域特色生态资源，建设要求较高，将高标准设为100%。标准化公式为：
		断面水质达标率标准值 = 断面水质达标率 ×100%
10	城市空气质量优良率	指标定义：城市空气质量达到"优"和"良"标准的天数占全年天数的比例，用以衡量一年内城市空气质量优劣。数值越大，空气环境质量越好
		计算公式：城市空气质量优良率 = 空气质量优良天数/全年天数 ×100%
		指标标准化：该指标采用"最小值—最大值法"进行标准化处理。依据城市圈评价单元的指标现状值，将高标准设为评价单元最大值（A_{max}），低标准设为评价单元最小值（A_{min}）。标准化公式为：
		城市空气质量优良率标准值=（$A-A_{min}$）/（$A_{max}-A_{min}$）×100%
11	城镇污水处理率	指标定义：城镇经过处理的生活污水、工业废水量占污水排放总量的比重。数值越大，说明污水集中收集、处置设施的配套程度越高，水污染胁迫越小
		计算公式：城镇污水处理率（A）= 经过处理的生活污水、工业废水量/污水排放总量 ×100%
		指标标准化：该指标采用"最小值—最大值法"进行标准化处理。依据城市圈评价单元的指标现状值，将高标准设为评价单元最大值（A_{max}），低标准设为评价单元最小值（A_{min}）。标准化公式为：

序号	指标项	相关信息
		城镇污水处理率标准值 ＝（$A-A_{min}$）/（$A_{max}-A_{min}$）×100%
12	生活垃圾无害化处理率	指标定义：指进入清运环节、转运环节和无害化处理设施的生活垃圾量与生活垃圾排放量的比值。该指标可以反映一个地区在垃圾处理方面的环境友好程度，数值越大，对环境越友好
		计算公式：生活垃圾无害化处理率（A）＝生活垃圾无害化处理量 / 垃圾产生量 ×100%
		垃圾产生量用垃圾清运量数据代替；卫生填埋场、焚烧厂、垃圾堆肥厂建设和各项污染物排放浓度满足相关标准的，处理的垃圾量认定为无害化处理量
		指标标准化：该指标采用"最小值—最大值法"进行标准化处理。依据城市圈评价单元的指标现状值，将高标准设为评价单元最大值（A_{max}），低标准设为评价单元最小值（A_{min}）。标准化公式为：
		生活垃圾无害化处理率标准值 ＝（$A-A_{min}$）/（$A_{max}-A_{min}$）×100%
13	单位 GDP 能耗	指标定义：指一次能源供应总量与该地区国内生产总值 (GDP) 的比率，是反映能源消费水平和节能降耗状况的主要指标。该指标说明一个国家经济活动中对能源的利用程度，反映经济结构和能源利用效率的变化。数值越小，能源消费水平越低，节能降耗状况越好
		计算公式：单位 GDP 能耗（A）＝ 能源消费总量 / 国内生产总值
		指标标准化：采用"最小值—最大值法"进行标准化，将高标准定为评价单元的最大值（A_{max}），低标准定为评价单元的最小值（A_{min}）。标准化公式为：
		单位 GDP 能耗 ＝（$A_{max}-A$）/（$A_{max}-A_{min}$）×100%
14	环保投资占 GDP 比重	指标定义：环保投入占 GDP 的比重是国际上衡量环境保护问题的重要指标。指用于环境污染防治、生态环境保护和建设投资占当年 GDP 的比例。数值越大，环保投入越高，相应条件下该地区的环境质量更有保障
		计算公式：环保投入占 GDP 的比重 ＝ 环保投入资金 / 当年国内生产总值 ×100%
		指标标准化：该指标采用"最小值—最大值法"进行标准化处理。依据城市圈评价单元的指标现状值，将高标准设为评价单元最大值（A_{max}），低标准设为评价单元最小值（A_{min}）。标准化公式为：
		环保投入占 GDP 的比重 ＝（$A-A_{min}$）/（$A_{max}-A_{min}$）×100%
15	人文保护地区面积占比	指标定义：指受保护人文地区占国土面积比例，指辖区内各类（级）自然、文化保护区、自然、文化遗产、风景名胜区、旅游区、森林公园、地质公园、湿地公园等面积占区域总面积的比值。数值越大，说明对优质自然生态资源保护越好
		计算公式：人文保护地区面积占比（A）＝ 人文保护地区面积 / 区域总面积
		人文保护地区面积根据地理国情普查数据，计自然、文化保护区、自然、文化遗产、风景名胜区、旅游区、森林公园、地质公园、湿地公园面积。
		指标标准化：该指标采用"最小值—最大值法"进行标准化处理。依据城市圈评价单元的指标现状值，将高标准设为评价单元最大值（A_{max}），低标准设为评价单元最小值（A_{min}）。标准化公式为：
		人文保护地区面积占比标准值 ＝（$A-A_{min}$）/（$A_{max}-A_{min}$）×100%
16	高新技术园区面积占比	指标定义：指高新技术园区面积占城镇建设用地面积比例。该指标数值越大，说明科技主导的环境友好型产业规模越大，相应的环境质量越好
		计算公式：高新技术园区面积占比（A）＝ 高新技术园区面积 / 城镇建设用地面积
		高新技术园区面积根据政府相关部门确定的范围计算
		指标标准化：该指标采用"最小值—最大值法"进行标准化处理。依据城市圈评价单元的指标现状值，将高标准设为评价单元最大值（A_{max}），低标准设为评价单元最小值（A_{min}）。标准化公式为：
		高新技术园区面积占比标准值 ＝（$A-A_{min}$）/（$A_{max}-A_{min}$）×100%
17	生态功能区面积占比	指标定义：指划入区域生态功能区的面积占区域面积的比例。生态功能区指在生态现状调查、生态敏感性与生态服务功能评价的基础上，分析其空间分布规律，确定不同区域的主导生态功能，制定的生态功能区划。主要包括生态调节功能区、产品提供功能区与人居保障功能区等。该指标数值越大，生态功能保护越好

序号	指标项	相关信息
17	生态功能区面积占比	计算公式：生态功能区面积占比（A）= 生态功能区面积 / 区域总面积。 指标标准化：该指标采用"最小值—最大值法"进行标准化处理。依据城市圈评价单元的指标现状值，将高标准设为评价单元最大值（A_{max}），低标准设为评价单元最小值（A_{min}）。标准化公式为： 生态功能区面积占比标准值 =（$A - A_{min}$）/（$A_{max} - A_{min}$）×100%

附表九 武汉城市圈森林覆盖率目标值一览表

类型	森林覆盖率目标值	个数	县市名称
山区	75%	7	罗田县、英山县、咸安区、赤壁市、通城县、崇阳县、通山县
山地—丘陵区	60%	5	蕲春县、阳新县、团风县、麻城市、红安县
丘陵区	45%	12	黄陂区、黄石市市辖区、大冶市、鄂州市、孝昌县、大悟县、浠水县、安陆市、黄梅县、嘉鱼县、武穴市、江夏区
平原区	18%	19	新洲区、江岸区、江汉区、硚口区、汉阳区、武昌区、青山区、洪山区、东西湖区、汉南区、蔡甸区、孝南区、云梦县、应城市、汉川市、黄冈市市辖区、仙桃市、天门市、潜江市

RESEARCH ON WUHAN
PERSPECTIVE

DEVELOPMENT BASED ON SPATIAL
EVALUATION

RESEARCH ON WUHAN
TEMPORAL DATE
STRATEGY

基于时空大数据的武汉发展研究：
透视、评价与策略
Research on Wuhan Development Based on Spatial Temporal Date :
PERSPECTIVE, EVALUATION AND STRATEGY

>

后记
Evolution

本书由武汉市地理国情普查综合统计分析研究项目成果编撰而成。地理国情是空间化、可视化的国情信息，地理国情普查是国务院统一部署开展的一次重大国情国力调查。武汉市地理国情普查由武汉市国土资源和规划局牵头，30多家委办局共同参与完成。此项地理国情普查自2013年7月到2015年12月历时两年半，充分利用已有基础测绘成果，整合利用各部门的普查数据，在全市范围内查清自然和人文地理要素的范围、位置、基本属性和数量特征，积累了一批丰富的数据、报告、图件、数据库和应用平台等成果。

回想两年半的时光，最为亮点、最为创新的当属地理国情普查综合统计分析研究，被国家测绘地理信息局列为全国统计分析两个城市级试点之一。综合统计分析研究设想之初是服务武汉国家中心城市建设，希望利用地理国情普查成果和多项专题调查成果，深入分析和挖掘，开展一系列研究，从地理空间的角度，展现一张全息动态的地理市情图，探寻土地、规划、生态、经济、交通、历史文化保护等城市问题的解决之道。

两年磨一剑。实际上，工作也是按照这个思路一步一步地往前推进。2014年初，调研了武汉市大专院校、科研院所和事业单位的科研成果，摸清相关领域的研究基础，广泛征询选题，依据国家相关要求，编制《地理国情普查综合统计分析研究大纲》。经过两轮专家研讨，形成了综合统计分析研究的顶层设计，划定了围绕指标体系与方法、生态环境协调性、城乡空间发展、公共服务设施、经济发展和历史文化资源等六方面的综合分析内容。2014年6月，《地理国情普查综合统计分析研究大纲》正式通过了武汉市第一次地理国情普查办组织的专家评审，标志着综合统计分析工作全面启动。磨刀不误砍柴工。从顶层设计到项目落地，短短一年半时间，完成了12个项目的内容细化，经费落实，公开招投标以及各项目开题、中期检查和成果验收。尽管时间紧迫、任务繁重，凭着一股子干事业的精神，项目管理部门主动作为带头干，邀请武汉大学李建松教授、刘艳芳教授、李志刚教授、华中科技大学黄亚平教授、华中师范大学罗静教授、武汉市社科院汪涛研究员、湖北省发改委马金钟处长、湖北省交通厅廖向东处长等遥感信息、区域地理、规划、交通、经济、社科等方面的专家研讨，技术众筹集各家之长，完成了我们最初的设想，工作收效显著、成果丰硕，为本书的编写积累了宝贵的一手资料。

本书编撰灵感来源于综合统计分析这项工作。全书资料收集整理工作与项目验收同步开展。章节内容主要摘自各项目研究报告，由于受篇幅限制，四次组织项目技术人员对文字内容精简提炼，力求保留各研究的核心和精髓。在此基础上，本书核心编写人员对书稿内容进行了重新编排，并数易其稿，反复斟酌最终成稿。

本书的研究成果得到了多方面的支持。感谢湖北省测绘地理信息局何保国副局长、郭建华副局长协调城市圈数据，对项目实施给予的关心和帮助。感谢武汉市国土资源和规划局刘奇志副局长给予项目建设的宝贵建议。感谢武汉市测绘研究院地理国情监测专班全体同仁在研究项目组织和地理国情普查数据整理中提供的支持和帮助。感谢项目协作单位武汉市国土资源和规划信息中心黄新主任，武汉市规划编制研究和展示中心胡忆东主任，武汉市土地利用和城市空间规划研究中心黄焕副主任，武汉市交通发展战略研究院刘东兴院长等对相关专题研究的大力支持。感谢武汉市国土规划局汪培、司瑶在资料收集、本书出版做了大量的沟通与协调工作。

武汉，跻身国家超大城市行列，面临着更多的机遇与挑战。武汉地理信息时空大数据中心上线、智慧武汉时空信息云平台推广、众规武汉等一系列工作，促使武汉智慧城市的实践不断丰富完善，本书的错漏在所难免，恳请各界同仁批评指正。

在本书即将交付之际，希望武汉市的探索实践，帮助那些正在做和即将要做城市发展研究、时空数据统计分析等工作的政府、企事业科研人员和学者们，不断发挥时空大数据的价值，提升城市服务能力，推广示范价值。

图书在版编目（CIP）数据

基于时空大数据的武汉发展研究：透视、评价与策略 / 盛洪涛等编著 .—北京：中国建筑工业出版社，2017.3
ISBN 978-7-112-20424-3

Ⅰ.①基… Ⅱ.①盛… Ⅲ.①城市建设－研究－武汉 Ⅳ.①F299.276.31

中国版本图书馆 CIP 数据核字（2017）第 037133 号

责任编辑：刘丹 张明
责任校对：焦乐 关键

基于时空大数据的武汉发展研究：透视、评价与策略
盛洪涛 田燕 赵中元 肖建华 罗琼 编著

中国建筑工业出版社 出版、发行（北京海淀三里河路 9 号）
各地新华书店、建筑书店经销
北京顺诚彩色印刷有限公司印刷

开本：965×1270 毫米 1/16 印张：16$\frac{1}{2}$ 字数：526 千字
2017 年 7 月第一版 2017 年 7 月第一次印刷
定价：168.00 元
ISBN 978-7-112-20424-3
（29922）

版权所有 翻印必究
如有印装质量问题，可寄本社退换
（邮政编码：100037）